★ 建设更高水平的"齐鲁粮仓"县域样板书系 ★

黄河下游新农耕文明的齐河样态

熊万胜 孙德奎 ◎ 著

人民出版社

目　录

序　言　让传统农耕文明融入新时代 …………………………… 1

第一章　根脉不绝:齐河农耕文明的深厚底蕴 …………………… 1

　　第一节　黄河下游的农业生态 ………………………………… 2
　　第二节　富有生命力的家庭经营传统 ………………………… 11
　　第三节　绵延不绝的村落共同体 ……………………………… 19
　　第四节　齐河农耕文明的当代转型 …………………………… 30

第二章　文化引入:新技术条件下的农民素质提升 …………… 41

　　第一节　"齐装满员"的齐河农业劳动力大军 ……………… 42
　　第二节　农民培训是一项艰苦的工作 ………………………… 60
　　第三节　齐河县农民的学习与创造 …………………………… 77

第三章　家计更新:新家计模式中的农业家庭经营 …………… 92

　　第一节　撑开于城乡之间的农民家庭 ………………………… 93
　　第二节　齐河农村"半工半耕"的结构转变 ………………… 121
　　第三节　齐河农民的家庭收支水平 …………………………… 131

第四章　村社不老:新双层经营体系中的村社传统 ·········· 144

  第一节　以自然村为单元的乡村治理共同体 ············ 145
  第二节　村社组织在社会化服务中的中介作用 ············ 168
  第三节　村社传统:农业适度规模经营的社会基础 ·········· 183

第五章　上下同心:新形势下县域社会中的"粮食共识" ·········· 200

  第一节　国家导向与齐河选择 ························ 201
  第二节　心怀"国之大者":齐心合力推进粮食高产创建 ······ 221
  第三节　"粮王"评选与齐河农民的种粮信念 ············ 239

第六章　让齐河农耕文明展现新的魅力 ···················· 258

  第一节　让城市发现乡村之美 ························ 258
  第二节　在现代发扬村社之美 ························ 263
  第三节　让农业释放创造之美 ························ 275

参考文献 ·· 282
后　　记 ·· 285

序　言　让传统农耕文明融入新时代

党的十八大以来,习近平总书记多次强调赓续农耕文明的重要性。2022年12月23日,习近平总书记在中央农村工作会议上再一次强调:"我国拥有灿烂悠久的农耕文明,必须确保其根脉生生不息,做到乡村社会形态完整有效,文化基因、美好品德传承弘扬,农耕文明和城市文明交相辉映,物质文明和精神文明协调发展,广大农民自信自强、振奋昂扬,精神力量充盈。"[①]的确,农耕文明是中华文化的根基,乡村振兴是华夏复兴的保障,农业安全是国家安全的前提。

一

在古代,农耕文明的繁荣高度依赖于特定的自然条件——尤其是水热资源的配合。这些条件在纬度23.5°至40°的亚热带地

[①]　习近平:《加快建设农业强国　推进农业农村现代化》,《求是》2023年第6期。

黄河下游新农耕文明的齐河样态

区最为优越。然而,放眼全球,如此适宜农耕的土地却并不多见:欧洲、南部非洲和南美洲的同类区域大多被海洋占据;西亚、北非和大洋洲的相应地带则以荒漠为主;北美洲的条件虽相对较好,但其亚热带地区也被墨西哥湾分割得支离破碎。

地球上最广阔而连续的亚热带沃土,恰恰位于太平洋西岸。在这片得天独厚的土地上,人们遵循自然的节律,春播夏耘,秋收冬藏。与游牧、商业或渔猎文明不同,农耕文明对环境的稳定性要求极高,而历史也证明,这里的确孕育了一个长期保持统一的国家——古人称之为"华夏",今人则称其为"中国"。正因如此,农耕文明不仅塑造了这片土地的生活方式,更成为中华文明最核心的精神底色。

所谓农耕文明,不等于农业的文明或者农村的文明。它是指与农耕活动相关的优秀文化成果,其内涵包括三个方面:(1)农业耕作本身的文明,如耕作技术、各种农产品加工工艺等;(2)直接促进农业耕作的文明,如家庭经营制度、村社传统、重视农业的国家治理模式;(3)农业生产直接促成的文明,如聚落形态、生活方式、相关的文化艺术、政治制度等。如果全面展开这三个方面,研究将浩如烟海。因本书系主要研究山东省齐河县的粮食生产经验,聚焦齐河人为什么会如此重视粮食且能够种好粮食。所以展开的是与粮食生产相关的"地"(土地)、"技"(农业技术)、"利"(社会化服务)、"义"(政府责任)和"人"(承载文明的相关主体)。基于这样的谋篇布局,本书对农耕文明的研究侧重于直接促进农业耕作的文明以及农业生产直接促成的文明,尤其是研究那些直接促成了粮食发展的文明要素。研究齐河人为什么会如此重视粮食生产,又为什么能搞好粮食生产,以期从特殊中发现一般规律,用齐河经验启发全国各地。

二

山东省齐河县位于黄河下游冲积平原,得天独厚的地理环境使其成为农耕文明传承发展的理想之地。从字形学角度看,"齐"字篆体形似整齐的麦穗,生动印证了这片土地悠久的麦作历史和卓越的农耕传统。黄河在此蜿蜒62.5千米,不仅赋予齐河"北方丰水县"的独特身份,更以天然屏障保护了这片沃土——全县1411平方千米疆域中,耕地占比高达60%,毗邻济南却完好保存了完整的农业生态。

粮食生产一直是农耕的主要内容,作为黄河下游农耕文明的当代典范,齐河创造了令人瞩目的粮食生产奇迹:129万亩耕地支撑着常年220万亩的粮食种植规模,年总产稳定在22亿斤以上。齐河县的粮食单产持续保持在山东省的最前列,也位于全国产粮大县的最前列。2022年,粮食种植面积达229.19万亩,总产突破28.75亿斤,更在20万亩连片耕地上实现了"吨半粮"(亩产1546.33公斤,即小麦亩产693.91公斤、玉米亩产852.42公斤)的产能突破。基于这样的成绩,齐河人在近两年喊出了"吨半粮、齐河创"的响亮口号,全面启动了"吨半粮"的产能建设。

在工业化与城镇化浪潮奔涌的当下,对粮食生产的重视并非一件水到渠成之事。齐河人对粮食的珍视,首先源于农民基于生计的理性抉择。齐河农民人均耕地超过2.5亩,不少村庄的人均耕地更是超过3亩,这就使得一个五口之家的自有耕地可达一公顷。中老年农民在这些土地上种植粮食的同时,还能就近从事兼业工作。一个大家庭中几代人亦工亦耕,彼此支撑,在家庭内部形成了"城乡资源互补"的生活模式。

齐河农民重视粮食生产与能够将粮食生产做好,是性质截然不同的两件事,后者显然是一个更为复杂的社会系统工程,涉及诸多社会经济和技术条件。农业生产经营自古以来就需要邻里之间的相互帮衬,如今更离不开周全的社会化服务,需要在更大范围内完成分工协作。齐河县"完整有效"的村社传统与"治理有效"的基层组织,孕育了"崇德尚义、务实进取、开放包容、敢为人先、爱国爱乡"的齐河精神。从世界农业史的视角来看,最为恰当的农业经营组织始终是适度规模经营的农民家庭。农业经营的适度规模会随着各种社会经济技术条件的变化而不断调整,只有那些社会资本丰富且乡村治理有效的地区,才能普遍实现这种调整,及时地把土地集中到需要土地的家庭手中。齐河人的确做到了这一点,调研团队所到之处,村里的劳动力都经营着规模相近的耕地,既没有闲置的土地,也没有失业的人员,这着实令人赞叹!

齐河县通过实践探索,构建起独具特色的新型双层经营体系。相较于传统模式,新型双层经营体系在家庭经营上,将分工协作的网络向更广阔的领域与更深层次拓展。这一变革对政府治理能力提出了更高要求:既要统筹协调大规模农田水利建设,又要精心搭建精细化的农技推广与社会化服务体系。此类工作虽关乎国家粮食安全战略大局,但对县级地方政府而言,往往意味着高额财政投入与有限产出的矛盾,加之重视粮食生产和耕地保护客观上限制了工业化、城镇化的发展空间。在当前城镇化浪潮渐退、地方财政承压以及疫情对经济冲击的处境下,齐河县委、县政府依然将粮食生产作为重中之重的政治任务,确保农业基础设施的投资不降反增。

"上下同欲者胜",这句古训在粮食生产领域尤为适用,在当代社会更具现实意义。谈及农耕文明,便无法绕开国家的重要作用。马克思提出的"亚细亚生产方式",不仅是对东方社会形态的高度概括,也可视为对传统中国农耕文明特质的深刻总结。在这一模式中,国家凭借强大的组织能力主导农业生产,成为农耕文明延续发展的核心支撑力量。

城乡文化交融向来是中国城乡关系的显著特征。古代即便存在繁华都市,却未滋生出根深蒂固的"市民优越感",这从《红楼梦》中刘姥姥在大观园受到的礼遇便可窥见一斑。在计划经济时期的城乡二元体制下,工农、城乡差别叠加,曾强化了人们的身份意识。但随着城乡壁垒逐步打破,新市民群体不断壮大,城乡一体化进程加速推进,乡村生活加速向城市化转型,城市也出现了"逆城市化"趋势。乡村独特的自然与人文魅力吸引着新一代城里人,城市文明与农耕文明正呈现出深度融合的态势。虽然齐河县目前城乡差异依然明显,乡村生活的城市化程度不及南方发达地区,但这反而凸显了农耕文明对齐河城市发展的深远影响。

总体而言,黄河下游农耕文明的齐河样态呈现出鲜明特色:科技赋能农业发展,新型双层经营体系高效运转,村社传统得以传承发扬,政府治理与农业生产紧密协同,同时积极拥抱城市文明,展现出独特的发展魅力与时代价值。

三

本次调研活动于 2023 年 5—7 月分三阶段开展，累计历时 18 天，共有三个大团队（另外两个团队由北京师范大学董磊明教授带领和中国人民大学仝志辉教授带领）协同进行，一起开展研讨和共享研究资料。这次调研活动由山东省乡村振兴研究院组织协调，潘永海、刘书梅两位老师的敬业精神保障了各项工作的有序实施。其间，齐河县委党校给予全力支持，孙德奎副校长几乎全程参加了调研活动，他不仅是这次调研活动的本地通和好向导，而且凭借其对齐河文化的研究积淀，为团队的学术思考提供了重要启发。

就我们团队而言，参与调研的师生包括熊万胜教授（华东理工大学）、孙德奎副校长（齐河县委党校）、张建雷副教授（陕西师范大学）、王佳璐（博士生）、王诗玮（博士生）、郑楷（博士生）、郭琳琳（硕士生）、高坤（硕士生）、马思仪（硕士生）。王阳副教授（华东理工大学）和史天逸（博士生）参与了前期的调研和讨论。调研团队分为两个小组，分别聚焦晏北街道（由熊万胜和孙德奎带队）和仁里集镇（由张建雷带队），足迹覆盖 25 个行政村、多个管区（社区）以及社会化服务组织，累计访谈干部与农民 60 多人次，完成了 120 多户的农民家庭生计来源的结构化调查。非常感谢所有在这次调研活动中予以配合和帮助的人。特别值得提及的是，调研中处处感受到齐河县干部的专业素养——他们不仅展现出高度的责任意识，更在交流中体现出对乡村治理的深度思考，为研究提供了丰富的实践素材；齐河百姓的淳朴民风亦令人印象深刻,如在义和村调研时,一位陌生老奶奶从门洞中主动挥手致意的细节,生动诠释了传统乡村"人情社会"的温暖质感,展现出乡土中国的伦理底色。

调研结束之后,团队大部分成员齐聚华东理工大学,围绕调研素材展开集中研讨与学术创作。本书共设六章,主要内容和初稿执笔人分别为:

第一章在黄河下游的视野下概述了齐河县的农业生态以及农耕文明的传统。这章由郑楷完成。

第二章刻画当代齐河农民"画像":高种粮积极性、广泛参与度、较高农业技术水平。这章的第一节以及第三节的部分内容由马思仪完成,第二节以及第三节的部分内容由高坤完成。

第三章探讨非农就业与城镇化背景下,农业家庭经营与家庭整体发展的协同模式。这章主要由王诗玮完成,第二节的部分内容由高坤完成。

第四章研究了新双层经营体系与齐河的村社传统。这章由郭琳琳完成。

第五章研究工业化城镇化进程中,齐河县政府与社会形成的"粮食共识"及其治理逻辑。这章由王佳璐完成。

第六章研究了农耕文明的转型及其与城市文明的对接。这章由熊万胜完成。

书稿先后由张建雷、孙德奎和熊万胜统稿修订,其中张建雷重点打磨了关于农业家庭经营和新双层经营模式的内容;孙德奎深化了对齐河县情的把握。

农耕文明作为中华文明的根基,始终是治国安邦的"国之大者"。山东省素为儒家文化发源地,调研中我们深切感受到,齐河县将儒家伦理与农耕文明有机融合,形成了独具特色的乡村治理文化。受山东省乡村振兴研究院的委托,我们抱着认真学习的态度,参与到这项研究中,尽管团队秉持"白天调研、夜间研讨至深夜"的严谨态度,但受限于研究周期与认知深度,对部分议题的挖掘仍显不足。作为阶段性成果,本书所留存的学术空间,期待未来通过持续田野调查与理论深耕进一步拓展。

第一章　根脉不绝：齐河农耕
　　　　文明的深厚底蕴

中国农耕文明源远流长、博大精深，是中华文化的根基所在。党的十八大以来，习近平总书记多次强调赓续农耕文明的重要意义，指出"我国拥有灿烂悠久的农耕文明，必须确保其根脉生生不息，做到乡村社会形态完整有效，文化基因、美好品德传承弘扬，农耕文明和城市文明交相辉映，物质文明和精神文明协调发展，广大农民自信自强、振奋昂扬，精神力量充盈"。需要注意的是，农耕文明不等同于农业文明或农村文明，而是指与农耕相关的文化成果中值得肯定的部分，其内涵极为丰富。本章将深入探索山东省齐河县农耕文明的深厚底蕴，着重探讨直接促进农业耕作的文明成果，以及由农业生产直接催生的文明形态，尤其聚焦于解答为何粮食生产在齐河县备受重视，且能够取得显著成效。

齐河县地处黄河下游大平原，其自然地理环境得天独厚，为农耕文明的孕育、发展与传承提供了极为重要的基础条件。从历史发展的角度来看，齐河县始终高度重视农业，而粮食生产作为农业耕作的核心内容，在当地农业发展中占据着关键地位。因此，若要深入理解齐河县农耕文明的深厚底蕴,首先应当对齐河县的农业生态环境以及农业发展历史进行全面介绍,这也构成了本章第一节的主要内容。当然,重视农业发展、提升粮食生产水平,是一项复杂的社会系统工程,其影响因素绝非仅仅局限于自然地理条件,特别是在工业化与城市化快速推进的时代浪潮中,情况更是如此。齐河县在粮食生产方面所取得的显著成效,与当地对农耕文明的传承与发展紧密相关。本章的第二节和第三节将深入描述当地富有生命力的家庭经营传统,以及绵延不绝的村落共同体,旨在梳理农耕文明在齐河县得以赓续的社会条件。第四节则从五个方面,简要概括齐河县农耕文明的当代转型,旨在阐明农耕文明在传承发展过程中所展现出的与时俱进的一面。随着时代的不断发展,农业耕作技术持续进步,农业文明也在传承中发展,在发展中传承,不断被赋予全新的内涵。

第一节 黄河下游的农业生态

一、因河而成的地貌形态

齐河县地处黄河下游左岸,系黄泛冲积平原地貌形态,受黄河影响甚大。黄河每一次决口及河道变迁,都会使地面出现不同程度的起伏,河系重构,土质更新。由于黄河历史变迁,冲刷淤积的时间、地点、流速、流向不同,因而形成了地形起伏、岗洼相连、沙丘溜道并列的复杂地貌。境内地势西南高而东北低,海拔在19—35米,自然坡降七千分之一左右。而垂直黄河方向又东南高西北低,自然坡降五千分之一左右。所以境内巴公河、十八户河、倪伦河等都自东南流向西北。全县以马集乡潘庄村为最高点,高程35米。大黄乡"大黄洼"(黑牛庄、王洪、生官屯一带)为最低点,高程[1] 19.5米。

从类型上来说,齐河县域内的地貌类型大体有以下六种:决口扇形地、河滩高地、浅平洼地、背河槽状洼地、缓平坡地以及沙质河槽地。[2] 其中,黄河沿岸为决口扇形地,这也是齐河县最主要的地貌类型。全县共有决口扇形地82.29万亩,占总面积的40.45%。从地域分布来说,目前决口扇形地主要分布在县经济开发区和安头乡、表白寺镇、晏城街道、祝阿镇、焦庙镇、胡官屯镇、赵官镇、仁里集镇、马集镇等乡镇。其特点是地势高,沿黄河向外逐渐倾斜。潜水埋深一般2—3米。黄河堤外3—5千米内,受侧渗影响,潜水埋深[3]一般1—2米,故盐碱地较多。临黄河堤内、徒骇河两侧与县西北边缘故河道为河滩高地,此类地全县共有25.5万亩,占总面积的12.53%。临黄堤内滩地,由于汛期河水漫滩,逐年淤高,一般高出堤外地面3—4米。土壤多为沙壤土。因受黄河弯曲回流影响,局部落淤为黏土。潜水埋深3—4米,无盐碱化现象。其他河滩高地,主要是古河道在堤防束缚下,逐渐淤积而成,或洪水泛滥堆积而成。徒骇河两侧1—2千米范围内地形较高,也属河滩高地。华店镇的油坊村、明机寨村,刘桥镇的千佛阁村、陈楼村、老焦村,焦庙镇的流水村、宋坊村,潘店镇的季庄村、东腰站村、西腰站村、王洲潘村、蜂王村,仁里集镇的石围子村、大张村、后王营子村一线,是洪水泛滥堆积而成的缓岗地。河滩高地和缓岗地往往伴

---

[1] 高程是测绘用语,指某点沿铅垂线方向到绝对基面的距离,称绝对高程,简称高程。
[2] 齐河县地方志编纂委员会:《齐河县农业志(1949—2010)》,齐河地方志办公室2014年版,第95—96页。
[3] 潜水埋深指潜水面至地表面的距离。

有浅平洼地和槽状洼地,如"大黄洼"、沿老赵牛河洼地等。河滩高地和缓岗地因地势较高,潜水埋深一般2—3米,土地较少盐碱化。

分布在黄河决口淤积区的北缘与徒骇河高地之间的为浅平洼地,此类地全县共有14.98万亩,占总面积的7.36%。从地域分布上来说,较大面积的有大黄乡中东部的"大黄洼",宣章屯镇中西部,刘桥镇的"流洪洼",潘店镇的"李汉武洼"等。浅平洼地多是静水沉积而成,土壤表层质地多是黏质土,不易耕作。潜水埋深较浅,一般1—2米,易于受涝。旧河槽或决口泛滥道多背河槽状洼地,面积达到18.01万亩,占总面积的8.85%。沿老赵牛河、邓金河、新赵牛河等较长的槽状洼地,是洪水泛滥形成的溜道,是静水沉积而成,表层质地为重壤土。由于地势低洼,潜水埋深较浅,一般1—2米,易于受涝。因质地偏黏,又比较肥沃,是粮食重要产区。缓平坡地主要分布在决口扇形地与浅平洼地和槽状洼地之间,面积达到59.49万亩,占总面积的29.24%。该地类的表层质地多为壤土,潜水埋深一般2—3米。由于地势平缓,坡度较小,如灌溉不合理或排水不畅,易出现盐碱。最后一种地类是沙质河槽地,面积达3.20万亩,占总面积的1.57%。这种地类主要分布在黄河决口扇形地内,其是指因决口冲刷,形成的一些指状形溜道。这种地类因地势低洼,易涝易碱。

齐河县域范围内地形地貌受黄河影响甚大,呈现多样化的特征,六种地类各有特征。总体而言,虽然齐河县域内盐碱地较多,但易于耕种的地类在面积上具有优势,这对粮食生产而言具有重要的意义。

二、得天独厚的农业灌溉条件

灌溉是农业生产过程中必不可少的环节,其首先满足了作物对水分的要求。与此同时,灌溉还可以调节土壤温度、湿度、土壤空气和养分,甚至有些灌溉形式还可以培肥地力和冲洗盐碱。简言之,灌溉是确保稳产高产的重要手段。而就农业灌溉来说,齐河县有丰富的水资源可以利用。

齐河县域内河系比较发达,地表水资源丰富。齐河县总体属海河流域,土地总面积1411平方千米。黄河滩区为黄河流域,即黄河系;徒骇河以南为徒骇河系;徒骇河以北为德惠新河系。黄河为齐河县东南边界,属过境河流,上自马集镇潘庄村入境,由祝阿镇油坊赵庄村出境,全长63.4千米,流域面积37.18平方千米。徒骇河属于海河流域,位于黄河下游北岸,流经河南、河北、山东三省从西南向北呈窄长带状。河道全长436千米,堤防全长747千米,流域总面积13902平方千米。齐河县境内主要支流有赵牛新河、老赵牛河、六六河等。德惠新河位于徒骇河和马颊河之间,是1968—1970年新开挖的一条河道,上起德州市的平原县王凤楼镇,流经陵城区、临邑县、乐陵市、庆云县入滨州市,境内河道长度121.59千米,流域面积2138.51平方千米,齐河县境内流域面积12.21平方千米。与此同时,齐河县因为毗邻黄河,引黄灌溉也十分方便。齐河县发展引黄灌溉起步较早,大面积开发利用于20世纪70年代。先后建成潘庄、李家岸、韩刘、豆腐窝4个引黄自流灌区和王庄、王窑、大王庙3个虹吸灌区,全县灌区灌溉面积104.2万亩。21世纪以来,年平均引水量2.62亿立方米。灌溉完成后,多余的灌溉用水经县内各主要河流和排水干沟汇入徒骇河,从而构成了庞大密布的徒骇河系。全县30平方千米以上的排水河道有17条,均为徒骇河系。

除可利用的丰富地表水之外,齐河县的地下水资源也十分丰富。所谓地下水资源量是指与当地降水和地表水体有直接水力联系、参与水循环且可以逐年更新的动态水量,即浅层地下水资源量。根据《德州市第三次水资源调查评价》,齐河县地下水资源量为22402万立方米,地下水资源量模数为16.49万立方米/平方千米。在总量丰富的条件下,齐河县的地下水资源可开采量也是十分丰富的。所谓地下水可开采量是指在保护生态环境和地下水资源可持续利用的前提下,通过经济合理、技术可行的措施,在近期下垫面条件下可从含水层中获取的最大水量。据2022年的勘测数据,齐河县含跨流域引水补给地下水可利用量为15158万立方米,当地地下水可利用量为12074万立方米。

综上所述,齐河县因为水资源丰富,农业灌溉条件可谓是得天独厚。一方面,齐河县有着丰富的地表水资源可以利用,县域内的水系以及滔滔的黄河水都可以为农业灌溉提供条件;另一方面,全县的地下水蕴藏量也十分丰富,并且浅层水以淡水为主,这为机井灌溉提供了十分便利的条件。

三、四季分明的气候条件

齐河县属于暖温带半湿润季风气候区。年平均气温14.2摄氏度,降水量521.2毫米,日照平均为2656.4小时,风速2.2米/秒,无霜期235天。主要气候特点是:四季分明,气候温和,冷热季和干湿季明显。春季干旱少雨多风沙,夏季炎热多雨时有涝,秋季凉爽常有晚秋旱,冬季严寒干燥雨雪稀少。具体而言,这种气候条件对农业生产有以下几点影响。

第一章　根脉不绝：齐河农耕文明的深厚底蕴

第一，光照资源丰富，作物光合作用时间长。全年日照时数2682小时，全年日照率60.4%。年光能总辐射量平均533817焦耳。农作物生长季节内(4—10月)，日照平均为1700.1小时，日照百分率为59.1%，在省内属居中偏长，属北方长日照区。第二，气温适宜，农耕期长，适合多样化的作物生长。齐河县农耕期为286.2天，积温5041.2摄氏度，这为多种多样的作物种植提供了极大的便利条件。第三，地温以7月为轴形成对称，适宜两季耕种。全县年平均地面温度15.2摄氏度，平均最高地面温度26.9摄氏度，平均最低地面温度8.7摄氏度。上半年随深度增加而降低，下半年随深度增加而增高。年变化呈一峰一谷型，以7月为轴形成对称。4月中旬上升到14摄氏度以上，是春播的好季节。7月上升到顶点，以后开始下降，10月初下降到18摄氏度以下，是秋种的佳期。第四，降水量相对较少且高度集中，适宜晚秋作物的生长成熟。齐河县多年平均降水量为590.9毫米，最大年份达1131.8毫米(1961年)，最小年份仅为220.2毫米(1968年)，极值比为5.14。降雨年际变化大，降水量高度集中。夏季(6—9月)降水量占全年的75%。

齐河县域内四季分明，日照时间长，气温地温适宜。在这种气候条件下，不仅农耕期长，而且多样化的植物适宜生长。就农作物种植而言，小麦、夏玉米、棉花以及春花生都是适合种植的作物类型；就发展林业果业而言，杨树、柳树、刺槐、苹果树、梨树、桃树等都是适合栽种的树木类型。可见，就气候条件而言，齐河县发展农业的自然条件是十分优越的。

四、齐河县的农业发展历史

齐河县是一个古老的农业县,时至今日,虽然县内农业在国民经济中的份额有所下降,但依然没有颠覆农业的基础性地位。与此同时,还需要注意的是,从传统的小农生产到现代的机械化农业,随着生产力的进步以及生产关系的变革,齐河县的农业生产在不断地发展进步,突出表现为粮食总产量的不断攀升。

首先,从粮食的产量来看,新中国成立以后的农业得到了前所未有的发展,期间虽有波折,但没有影响农业总体向好的发展趋势。新中国成立之前,多种条件的制约导致齐河县农业生产发展十分缓慢。一方面,作为农业生产的主体,广大农民受帝国主义、封建主义、官僚资本主义的统治,苦难深重,无法集中力量发展农业生产;另一方面,土地作为农业生产的关键性资源高度集中在地主阶级手里,农民受到地主的残酷剥削,这种封建的生产关系严重阻碍了农业生产力的发展。[①] 此外,此时的农业生产技术也比较落后,加之自然灾害比较频繁,故而农业产量极低,大灾之年甚至濒临绝收。

新中国成立以后,这种情况得到了根本性的改变。随着农业生产的重要性被突出,国家和各级政府都积极采取措施来促进农业生产力的发展、改善农业生产关系,这极大地提高了农业生产的水平。1951年全面完成土地改革后,齐河县在大力兴修水利、增施肥料、推广新式农具、实行精耕细作、普及农业科学技术的同时开展了互助合作运动,至1956年,全县已经实现了互助合作化生产,这大大提高了生产效率,一般比单干农民增产一成以上,该年

---

① 齐河县地方志编纂委员会:《齐河县农业志(1949—2010)》,齐河地方志办公室2014年版,第166页。

全县农业总产值、粮食总产、单产分别比1949年增长42.9%、33.9%、41.3%。① 在这之后，进入人民公社化运动和"文化大革命"时期，虽然农业生产的发展在此期间经历了波折，但好在中共十一届三中全会后纠正了农村工作中长期以来在指导思想上存在的"左"的错误，解放了长期被束缚的生产力，从而使农业有了长足的发展。1978—1985年，齐河县农村全面实施了以家庭联产承包责任制为主要内容的一系列重大改革，农业生产全面发展。1978年，全县农业总产值9080.0万元，粮食单产228公斤，总产20031.4万公斤，植棉面积6.9万亩，单产10.8公斤，总产74.8万公斤。1985年，全县农业总产值30750.0万元，粮食单产479公斤，总产30894.0万公斤，植棉面积36.5万亩，单产70公斤，总产2525.5万公斤。几年时间，农业总产值、粮食单产、粮食总产、植棉面积、棉花单产、棉花总产、农民纯收入分别提高238.7%、110.1%、54.2%、429.0%、6.5倍、32.8倍、7.8倍，1984年是县内棉花生产历史高峰，植棉面积达到53.9万亩，单产91公斤，总产4905.0万公斤。② 具体如表1-1所示。

表1-1 齐河县实行责任制前后农村经济变化情况

（单位：万公斤、万元、头、只、公斤、元）

年度	1980	1981	1982	1983	1984	1985
粮食总产	19047.8	20957	20670	28779	30808	30894
棉花总产	604.7	1578.0	2777	3666.5	4905	2525.5

---

① 齐河县地方志编纂委员会：《齐河县农业志(1949—2010)》，齐河地方志办公室2014年版，第169页。

② 齐河县地方志编纂委员会：《齐河县农业志(1949—2010)》，齐河地方志办公室2014年版，第173—175页。

黄河下游新农耕文明的齐河样态

续表

年度	1980	1981	1982	1983	1984	1985
大牲畜	37871	43900	56900	61799	72400	84100
猪	144890	127700	125400	90102	84724	93279
羊	142509	143200	120400	80009	65526	57700
农业总收入	7779	13365	23424	31739	38996	36605
人均分配	141	241	420	400	488	447
人均口粮	201	248.5	276	380	397.5	400

资料来源:《齐河县农业志(1949—2010)》,齐河地方志办公室2014年版,第175页。

在这以后,齐河县的农业生产可以称得上是又好又快发展。尤其是进入21世纪后,国家取消了农业税,同时加强了对农业的补贴,出台了一系列惠农政策和惠农项目,更是进一步为当地农业发展注入了强心剂。2004年、2008年,齐河县两次获"全国粮食生产先进县""全省粮食生产先进县"称号,2009年、2010年蝉联"全国粮食生产先进县标兵"荣誉称号。2010年与1985年相比,粮食总产由30894.0万公斤增长到116150.6万公斤,增长了3.8倍。十余年来,齐河县作为超级产粮大县,高度重视挖掘粮食产能,大力建设高标准农田,使农业生产尤其是粮食生产又得到了进一步的发展。

从"男耕女织"的小农经济到现如今机械化生产的现代农业,纵观齐河县的农业发展历史,农业生产在历史过程中获得了长足性的发展。在这个过程中,齐河县在粮食生产领域已经取得了颇多成就。展望未来,随着齐河县继续深入挖掘粮食产能,当地的农业生产水平想必会更上一层楼。

第二节 富有生命力的家庭经营传统

随着城市化、工业化的发展以及农业科学技术的进步,农村的家庭经营模式已然随着时代的潮流发生变迁。首先,不再是全部家庭成员把全部精力投入农业生产过程中,家庭成员的职业结构发生了变化,出现了多种形式的家庭成员的半工半耕。其次,以家庭为单位的农业生产不再"过密化",随着农村家庭剩余劳动力的转移,农业生产走向去"过密化"。最后,随着农村家庭部分成员的非农化以及农业生产的去"过密化"和"机械化",耕作方式也从传统的精耕细作走向了简单农业的模式。所以,需要注意的是,家庭经营既有变化的一面也有稳定的一面。在齐河县,我们看到了当地富有生命力的家庭经营传统。农业生产作为传统家庭经营的重点领域,时至今日依然具有重要的地位。对齐河县绝大多数的农业家庭来说,粮食生产仍然是重要的家庭经营活动,农忙时节依然可以看到一家子男女老少在田间劳作的场景。

一、农民家庭的就业模式变迁

中国是一个农业大国,农业具有举足轻重的地位。一方面,农业在国民经济中的份额一直保持了较大的比重。另一方面,农业人口占据总人口的绝大多数。当然,随着农业现代化的发展,上述情况已经悄然发生变化,尤其是后者。新中国成立以来,尤其是改革开放以后,虽然县域范围内农业人口在数量上占据优势地位,但其比重总体上是下降的。以农村家庭作为观察单位,其正从家庭成员的全农业化向半工半耕过渡。

据2014年《齐河县农业志》的数据显示,新中国成立初期(1949年)该县的农业人口在数量上占据绝对优势地位。当时全县总人口486221人,其中农业人口478441人,占98.4%,城镇居民、干部、工人等非农业人口7780人,仅占1.6%。如果以村庄为统计单位,农业人口在数量上的优势地位会更为明显。① 据《王官屯村村志》以及《大马头村志》记载,1949年前,村庄没有副业,全村人都从事农业生产。新中国成立前后至改革开放前,除了极少数商人和公教人员外,绝大部分人从事农业生产,职业结构比较单一。可见,改革开放前,齐河县的农村家庭基本处于全农业化的状态。所谓全农业化,不仅是农村家庭的劳动力全部投入农业生产经营的过程中,还意味着每一个家庭成员都全身心从事农业生产这一件事。到了20世纪80年代以后,这种情况逐渐发生了变化。随着家庭联产承包责任制的施行,农业生产的机械化程度不断提高,部分农村劳动力得以从农业生产中部分或全部解放出来,开始搞一些副业。不过,"农民受雇于工厂并不意味着迁居到城镇,而且有的新工业点就设在村庄里,并非设在乡政府所在的'中心地点'。其结果是出现了大量的半农半工的村庄"。② 此外,需要注意的是,此时的半工半耕主要是立足于农户个体而言的,可以说是半工半耕的第一种状态。具体来说,就是农户农闲的时候打工,农忙的时候继续从事农业生产活动。这主要是由于户口的限制,农村人口无法向城市流动,打工的人不可避免地要和农业生产发生

---

① 齐河县地方志编纂委员会:《齐河县农业志(1949—2010)》,齐河地方志办公室2014年版,第161页。
② 黄宗智:《长江三角洲小农家庭与乡村发展》,中华书局1992年版,第292页。

联系。据相关资料记载,这种状况在村庄是比较常见的。《大马头村志》记载,1990—2000年,农闲时部分村民会外出打工经商。务工者多为建筑壮工,后有少量技工。对此,《王官屯村志》中也有相关记载,1980年实行家庭联产承包责任制后,不少农民会根据自己技能在农闲的时候投入工业、运输等行业中。不仅是农民个人,从家庭的角度来说,得益于部分或全部家庭成员的半工半耕不少家庭在这个时期其实已经基本实现了从全农业化向半工半耕的过渡。当然,随着城乡二元体制的瓦解,农村年轻人口向城市流动,以家庭为单位的半工半耕得到了进一步的发展,并且出现了一种新的情况,即年轻人完全脱离农业生产在城市工作生活,老年人留在村里负责农业生产。从一个农村家庭的现实状况来看,这两种不同意义上的半工半耕往往会在家庭内部同时出现。

总的来说,随着城市化以及工业化的发展,加之农业生产机械化水平的不断提高,无论是家庭成员农闲时打工,还是家庭中的年轻成员从农村转移到城市,完全脱离农业生产实现非农化就业,农村家庭正从全农化走向半工半耕的状态。据大马头村2018年的数据统计,全村共有从业人员440人,其中从事第一产业者369人,占全部从业人员的83.86%;从事第二产业者44人,占全部从业人员的10%;从事第三产业者27人,占全部从业人员的6.14%。农村家庭成员职业结构的变迁是工业化以及城市化的成果,同时也是农业现代化发展的必然结果。当然,需要注意的是,这种变迁并没有将农村家庭与农业生产隔离,以家庭为单位,齐河县的农村家庭和农业生产的联系依然紧密。

二、去"过密化"的家庭经营

尽管中国传统农业具有多样化的特点,但始终陷入"过密化"的状态。直至改革开放以后,工业化以及城市化的发展促使大量农村年轻劳动力向工厂以及城市流动,我国农业才开始去"过密化"的过程。在这种去"过密化"的过程中,农业的机械化程度也不断提高,从而促使家庭农业生产达到了一种适度规模的状态。

明清以来,中国形成了一种"过密化"的小农经济,对此黄宗智先生已经用大量的调查材料进行了验证。明初以后,农业生产经营遭遇双重困境,一方面是日益增长的人口压力,1400年中国的人口在6500万—8500万人,1770年达到2.7亿人,到1850年已经蹿升到4亿人;另一方面则是农业经营规模的日益缩小,在冀、鲁西北平原,从明初的15亩以上减少到20世纪的人均3亩。[1] 随着人地之间的矛盾越来越突出,单位面积土地上承载的劳动力越来越多,农业的"过密化"便成了一个不可避免的过程,华北平原的农户曾不顾单位工作日边际报酬的递减而把生产进一步密集化。[2] 新中国成立以后到20世纪80年代以前,农业的"过密化"特征得以延续和保留,人民公社的经济、政治体制和以农补工、城乡分割的二元经济、社会体制不仅制约了我国农业的发展,更加重了中国农业的"过密化"与"内卷化"。据《齐河县志》记载,20世纪80年代以前,齐河县的农业人口数占到总人口数的95%以上,1976年人民公社结束时这个占比高达98.94%。相关村志也有记载,20世纪80年代以前,除了极少数商人和公教人员外,绝大部分村民从事农业生产。可见,改革开放前,与全国各地相似,齐河

---

[1] 黄宗智:《华北的小农经济与社会变迁》,中华书局1986年版,第119页。
[2] 黄宗智:《长江三角洲小农家庭与乡村发展》,中华书局1992年版,第128页。

县农业生产的"过密化"特征也是非常明显的。

改革开放以后,随着家庭联产承包责任制的施行,一方面农业生产力得到了发展,另一方面农村实质剩余的劳动力得以有机会向乡镇企业以及城市流动,农业因此走向去"过密化"。据相关数据统计,改革开放以来截至2011年,全国总共有2.5亿左右的农村劳动力转移出去从事非农工作,以全国70万个行政村来计算,2亿多农民工相当于平均每个村700个劳动力中就有300个左右脱离农业。①《齐河县志》的相关数据统计也显示,20世纪80年代以后农业人口占总人口的比重在逐年下降,这是农业走向去"过密化"的标志性特征。以一个村作为观察单位,这种农业生产领域的"过密化"更为明显。

表1-2 王官屯村1990年及2014年职业统计　　　　（单位:人）

年份	在业人口总数			农林牧渔水业			工业（木业）		
	合计	男	女	合计	男	女	合计	男	女
1990	404	215	189	343	161	182	23	18	5
2014	590	360	230	50	5	45	80	55	25

年份	建筑业			交通运输业			商业饮食业		
	合计	男	女	合计	男	女	合计	男	女
1990	23	23		10	10		5	3	2
2014	250	185	65	40	40		170	75	95

资料来源:《王官屯村村志》,第60页。

如表1-2所示,村庄在农业生产方面投入的劳动力明显减少。在城市化以及工业化带来农业的去"过密化"的同时,农业的

---

① 陶颖怡:《"过密化"与去"过密化":中国农业变迁的一个解释框架》,《南昌大学学报（人文社会科学版）》2011年第1期。

机械化水平也在不断提升。齐河县在20世纪70年代后期逐步推广机械窄行条播，至20世纪80年代末机播面积已超过耧播。1986年，全县有小麦播种机929台，机播面积8.8万亩。1998年，小麦机播面积达到80%以上。2010年，小麦播种机械化水平达到99.8%，其中80%以上面积实现了精播半精播。2014年，全县主要粮食作物基本实现全过程机械化，耕、种、收综合农机化水平达到91.3%，其中玉米机收水平达到80%，小麦机械化水平达到100%。

对齐河县来说，"过密化"作为传统农业的典型特征在20世纪80年代以后逐渐成为过去式。随着工业化城市化的发展，农村劳动力向城市工厂的流动使实际耕作者所能获得的耕地面积不断增加，农业生产走向去"过密化"。与此同时，农业生产的机械化水平不断提高，使单位面积土地所需的人工不断减少。至此，以家庭为单位的农业生产走向适度规模，理想条件下夫妻俩可以全职经营200亩左右的土地，区别于以往把所有的家庭劳动力投入少量土地上。当然，需要注意的是，家庭农业生产的去"过密化"、农村家庭剩余劳动力的转移，只是意味着家庭收入来源的多样化，并没有彻底改变家庭农业经营收入作为家庭收入来源一部分的状况。从调研的结果来看，对齐河县的部分农村家庭来说，家庭农业经营收入依然是家庭收入的主要来源。

三、精耕细作的家庭经营

精耕细作是中国传统农业的基本特征之一，其是人多地少格局下为了缓解"人口压力"的必然选择。精耕细作需要以一定的人口为必要前提，通常和家庭成员的全农业化以及农业生产的

"过密化"相联系。现如今,随着农村年轻劳动力的非农业转型以及农业生产的去"过密化"以及机械化,齐河县的农业生产方式正逐渐转向现代化的精耕细作。

据《齐河县农业志》记载,齐河县的农业生产从战国时期起开始由粗放耕作转到"深耕熟耰",即逐渐趋向精细化,对时宜的掌握,要求越来越正确和细致。秦汉时期,人们便在原来四季观念的基础上,运用当时天文学成就,将全年划分为24份,每份15天,来表示一年中季节和气候的变化。明清时期,精耕细作又有进一步发展。所谓"粪多力勤"已成为当时农业生产的基本特点。自中华民国到1949年前后,农业生产都是延续传统的耕作习惯。所谓精耕细作,体现在多个方面。首先是田间地头的规划,为了在有限的土地上获得最大的产出,农民不仅要选择高产的作物种植,还要考虑作物和土地的契合度,在不同的地上种植不同的作物。正如杨懋春先生在书中记叙的那样:"大部分土地适宜种植甘薯和花生,产量很高。因为大多数家庭拥有的土地数量有限,因此他们不得不种植最适宜土壤、最有希望获得高产的作物。6月到10月甘薯、花生和大豆占了整个庄稼地的50%到60%;其次比较重要的作物是黍占30%;只剩下10%种植其他作物和蔬菜……每户家庭种植十分之一到半亩萝卜。菜豆和豌豆种在庄稼行间或田地边上。"[1]其次是合理的时间规划,保证作物之间能接茬。小麦和甘薯的种植便是如此,小麦收割后,空地上必须马上做好种甘薯的准备。最后是精细化的田间管理,不论是何种作物,为了提高产量,总是需要一些费时费力的操作。以黍的种植为例,"密密的幼株

---

[1] 杨懋春:《一个中国村庄山东台头》,江苏人民出版社2001年版,第19页。

必须疏植以得到自由生长的空间,这只能借助于一把锄头手工进行,所以工作缓慢而吃力。只有经验丰富的农民才能把良株与弱株、幼草分开。约一周或十天后,田间需要锄草,需要在植株的底部培土让植株直立起来。十天或两个星期后,再重复一次,同样的工作需要重复三四次,草除得越干净,庄稼长得越好"①。这种精耕细作的农业生产方式需要大量的人力投入,农忙时往往需要全部家庭成员的参与。种植甘薯需要在小麦收割后的短时间完成,这时候往往需要家庭成员的协作。"农夫的妻子和孩子们在家里忙着把苗圃里的长蔓藤剪下来,捆成一束,放在篮子里带到田间。经验丰富的父亲在垄顶上种苗,稍年长的儿子或雇工用桶去附近的河、池塘或井里挑水。年幼的女儿和儿子在刚刚种上苗的小坑里灌入一品脱②水。母亲和年长的女儿用土把坑填起来。"③

　　当前,由于可投入农业生产的劳动力减少,加之农业生产的机械化水平不断提升,农业生产实际上已经走向了简单农业的模式。这种模式的变迁主要体现在以下两个方面。第一,种植结构趋于单一化。为了方便机械化作业,齐河县的作物结构趋于单一化,不再以家庭为单位进行合理的田块规划,而是大规模统一种植小麦和玉米。这种变化既是政策引导的结果,也是农民自己的理性选择。第二,田间管理变得省时省力。一来,包括疏株、锄草在内的一些耗费人工的方式已经被淘汰,农户对作物的照管步骤简化。二来,机械对人工的替代越来越彻底,除浇水步骤外,其余的田间管理都能通过托管服务完成。

---

① 杨懋春:《一个中国村庄山东台头》,江苏人民出版社2001年版,第21页。
② 品脱是一个容量单位,符号为PT。1品脱等于568.26125毫升。
③ 杨懋春:《一个中国村庄山东台头》,江苏人民出版社2001年版,第23页。

不过,需要注意的是,农业耕作的简便化并不意味着完全粗放化,在科学技术的指导下依靠机械化作业,齐河县的农业精细化程度实际上是比较高的,只是这种精细化区别于精耕细作模式下极致的精细化。从某种意义上来说,随着农业现代化的发展,机械化的农业耕作模式实际上代表了农业生产方式变革的大方向。与此同时,需要强调的是,农业机械化并没有瓦解当地的家庭经营传统。随着农业机械化程度的不断提高,由老人进行平时的田间管理确实是可行的,但农忙时间尤其是收获季依然需要懂机械的年轻人回村担责。故而,从农业生产的全过程来看,齐河县的农业生产依然属于家庭经营的范畴,并不是留守老人的独角戏。

第三节　绵延不绝的村落共同体

纵观历史,我国乡村自古以来就具有共同体的属性。费孝通在对乡村进行经验考察的基础上,将传统的村落共同体理解为"乡土社会",熟人社会、差序格局、礼治秩序是这种自然共同体的基本特征。这种传统的村落共同体对农耕文明的延续以及乡村社会发展而言具有重要意义。然而,在现代化、城市化、工业化、信息化等多重力量的冲击下,村落共同体的演进正在普遍发生,部分地区的村落共同体甚至出现了瓦解的态势。在这样的大背景下,齐河县的村庄却因其独特性在社会结构已然改变的情况下,依然保持着绵延不绝的活力。

一、小农经济的聚落形态

对村落共同体的考察首先应该注意到村民的生活空间即聚落问题,聚落形态的变化与村落共同体的演进是相互交织、相互联系的两个过程。村落共同体的演进过程会通过聚落形态的变化直观表现出来,而聚落形态的改变则会深刻影响村落共同体。现如今,我们之所以还能在齐河县看到富有生命力的村落共同体,也许和当地依然保持着小农经济的聚落形态有关。

在农耕社会中,聚落的初始状态应该是分散的。当家庭经营制度发展到一定程度之后,为了生产的方便或者由于人口自然增长与自然灾害等因素,人们分散居住并发展出新的居民点是自然的。侯旭东认为,"大体地说,自先秦到秦汉,百姓居住场所经历了由集中在封闭有围墙的聚落(城居)到逐渐以城居与生活在无围墙聚落(散居)并存的变化"[①]。即使在聚落规模比较大的华北地区,这种聚落分散的趋势也比较明显。当然,这种分散往往是有边界的。有边界的分散会逐渐转换为集中的状态,从而形成我们今天所见的村界明显的自然村。在华北地区这种有边界的分散较之南方更为明显。北方地区的饮食以面食为主,蔬菜不如南方重要,房屋之间的小块空地更适合作为预留的宅基地而不是菜地,一旦分家析户,就容易在聚落内部盖起房子。[②] 与此同时,由于华北地处平原地带,人与人之间不易受到地形的隔绝,因此聚落集中会更为明显,规模也会偏大。研究华北村落的学者早已注意到,华北地区多集村且村落的规模较大,这与江南、华南等地区的村落形态

[①] 侯旭东:《北朝村民的生活世界》,商务印书馆2005年版,第42页。
[②] 熊万胜:《聚落的三重性:解释乡村聚落形态的一个分析框架》,《社会学研究》2021年第6期。

有很大的区别。① 可见,即使分散的意愿如此强大,农民在自主开发的过程中考虑到节约耕地还是会倾向于一定程度的集中。如果考虑到国家、地方宗族势力以及外来威胁等的影响,这种集中的态势会更为明显。从国家的角度来考虑,为了强化对小农的控制,集中显然比分散更为理想。历史地看,相较于南方地区,官府对北方地区农民的控制更强。何炳棣认为,至少在明代,中国北方大部分劳役是直接向百姓征发的,原有的人口登记制度比南方维持得更久。② 这种国家的强制力在很大程度上造就了北方地区更为集中的聚落形态。不论南北,宗族势力都倾向于推动聚落的集中,我们看到很多传统的宗族村落都是屋舍俨然的。③ 至于自然灾害、土客矛盾等外来威胁则会进一步促进聚落的内聚。有学者认为,华北多集聚型村落,主要因河流泛滥、平原地区的工作距离较大以及寨堡(围墙)的发展,导致了村落的内聚化发展。④

如上所述,在小农经济条件下,分散只是聚落的初始状态,其最后会在多方因素的推动下走向集中。换言之,在小农经济条件下,不论是南方还是北方,内聚的聚落形态才是普遍的,传统村落共同体也是在这种聚落形态下生成的。今天,齐河县的村落共同体之所以依然富有生命力,与这种聚落形态的延续密不可分。所谓聚落空间形态上的内聚,就是松散的村落向内集中、紧密结合的过程。⑤ 齐河县当地村庄的这种内聚特征是十分明显的。

---

① 黄忠怀:《明清华北平原村落的裂变分化与密集化过程》,《清史研究》2005年第2期。
② 何炳棣:《明初以降人口及其相关问题:1368—1953》,葛剑雄译,生活·读书·新知三联书店2000年版,第304页。
③ 叶露、黄一如:《新中国成立后乡村营建与设计介入的关联性研究》,《新建筑》2020年第5期。
④ 黄忠怀:《明清华北平原村落的裂变分化与密集化过程》,《清史研究》2005年第2期。
⑤ 黄忠怀:《明清华北平原村落的裂变分化与密集化过程》,《清史研究》2005年第2期。

村庄内部的房屋不仅排布整齐,而且十分紧凑,房子绝大多数都是五间一层的小平房,并且一间房子挨着一间房子。而齐河县之所以能够延续这种聚落形态与南北方的治理传统不同有关。历史地来看,北方治理的基本单元是村,而南方则是乡。到了今天,同样以行政村作为基本治理单元,相较于南方,北方的村庄治理更尊重自然的村落。因此,北方村庄更易完整稳定,这可以从村界的变化上体现出来。以王官屯村为例,民国时期,该村就是一个独立的单元,村落占地250亩。东与大费村、桑元赵村土地相接约0.7千米,南与北孙村土地相接约0.5千米,西与福王村土地相接约0.5千米,北与小黄、袁孙村土地相接约0.5千米。1958年土地调整后,该村的村界大体稳定,只是北面的边界有所拓展,从原先与小黄、袁孙村土地相接约0.5千米调整为相接约0.4千米。到了1980年,随着村落面积的扩大,村庄边界虽有微调,但总体上还是保留了原初的风貌。村落占地面积达到305亩。东与晏黄公路相接约0.4千米,南与北孙村土地相接约0.4千米,西与福王村土地相接约0.4千米,北与小黄、袁孙村土地相接约0.4千米。这是齐河县村庄的一个缩影,与大多数地方不同,数十年间,当地村庄大部分没有经历归并和拆分。故而,聚落形态在历史演变的过程中基本保持稳定,只有人口增长所带来的聚落的自然生长。更值得一提的是,在齐河县,即使是几个村庄一起上楼,一个村庄的村民也会划分到一块区域内,并且保留村"两委"。这样一来,即使村庄的物理边界消失了,村庄依然作为一个独立的单元稳定存在。

空间形态上的内聚很容易带来社会内聚,也即村落内部人群之间的紧密结合,从而形成村落共同体。传统的村落共同体便是在内聚的小农经济的聚落形态中形成的。所以,需要注意的是,内部的聚落并不能消解聚落分散的自然力量。随着小农经济的解体以及现代化的发展,聚落的分散成了自然的趋势,相应的村落共同体也趋于瓦解。然而,在这样的大趋势下,齐河县的村庄维持住了小农经济的聚落形态,这是当地村落共同体能够抵挡时间和外力侵蚀的重要原因。

二、村落内部的互助协作

如上所述,在小农经济条件下,聚落往往呈现内聚的特点。这种内聚的聚落形态方便了人们之间的互相协作,而村落共同体往往与这种互助协作相联系。一方面,传统村落共同体中人与人之间密切的社会关系往往通过人们在生产以及生活中的互助协作侧面表现出来;另一方面,经常性的互助协作会强化村落成员之间的紧密联系。从调研的结果来看,齐河县的村庄依然保留着互助协作的传统。

"守望相助"作为中国传统社会的一种生活理想,在先秦时期便已开始深入人心。在传统的村庄社会中,村落成员之间的互助协作是很有必要的,也是比较常见的,华北地区自不例外。在19世纪末到20世纪初,为了应对农忙季节常见的牲口(畜力)不足问题,华北地区的农民除了考虑用"搭套"形式以及"换驴工""工换工"等畜力交换形式之外,采用无偿借用役畜的方法加以解决也是非常普遍的。而这种役畜的无偿借用及其盛行实际上反映的是村落成员之间在农业生产领域的互助协作。就维系村落共同体而言,这种行为的背后具有重要的意义。张思认为,乍一看役畜的借用如家常便饭,但其成立依据的却是村落共同体成员之间相互扶助的亲密感情,并且每一次成功的借用都在强化成员之间的联系。① 现如今,虽然畜力已经被农业生产所淘汰,但这种生产领域的互助协作依然存在。比如,在齐河县,我们就看到了不同层次的互助协作。首先,村庄大户之间有互助协作,具体表现为机械的选择上。一般情况下,大户购买机械是趋异而非趋同,以村而非家为单位实现机械全配套。举个例子,张三购买播种机,李四就会购买收割机,两个人可以形成合作。其次,同村的大户和散户之间有互助协作。通常情况下,村庄的大户在完成自家的播种以及收割以后都会服务本村的散户,虽然这种服务不是无偿,但出于情分考虑价格会较市场价更低。鉴于这样的情况,本村的散户在时间允许的情况下也会优先考虑本村自有的机械,从而和大户形成了长期的互助合作关系。再次,村庄散户之间也会有互助协作,最为典型的例子就是"合阄"。所谓"合阄"就是在调地抓阄时,关系好的几家人不再各自分开抓阄,而是合在一起只抓一次阄。这样一来,几家人的土地会连片在一起,在规模化作业的过程中,几家人的农业生产过程会紧密联系,进而实现全过程的互助协作。正如役畜的借用体现并强化村落共同体成员之间相互扶助的亲密感情一样,当下这种生产领域的互助协作在维系村落共同体方面也发挥着重要作用。与此同时,还应该注意到的是,除了生产领域,村落成员在生活领域也有互助协作的传统,比较典型的就是操办红白事时全村帮忙的传统。在齐河县,几乎每一个村庄都有红白理事会,其存在的意义便是延续村民在红白事操办过程中的互助传统。在红白事操办方面,齐河县当地一直有"一家办事,全村帮忙"的传统。

---

① 张思:《役畜借用习惯与近代华北村落共同体的变迁》,《河北广播电视大学学报》2013年第1期。

这种帮忙不同于南方办酒席过程中的"帮工",而是真正的街坊邻里之间的互帮互助,来干活的人甚至都是回家吃饭的。现如今,这种传统依然在延续,红白理事会的成员都是一些德高望重的老人,他们主要负责在操办红白事的过程中给来帮忙的村民派活。

互助协作是传统村落共同体生命力的重要表征之一,互助协作的发生往往意味着村落成员之间有着亲密的感情。我们之所以能在齐河县感受到村落共同体的生命力,其实与互助协作在村庄生产以及生活领域的延续密切相关。

三、"礼治"的简约治理

乡村治理现代化是中国式现代化的重要组成部分。需要强调的是,我国的乡村治理虽然也有科层化的一面,但构成我国乡村治理现代化的基本特性并非科层治理,而是简约治理。[①] 不过,令人惋惜的是,部分地区的乡村治理陷入了科层化的泥淖,表现出了过度"行政化"的特征。相比之下,齐河县的难能可贵之处在于,其依托于传统的"礼治"在乡村治理的过程中实现了简约治理,礼治在当地依然具有生命力,治理的人格化特征明显。

费孝通老先生在《乡土中国》一书中提及,乡土社会并非"无法无天"或者"无政府状态",而是礼治社会,"礼"就像是一只看不见的手维护村庄的社会秩序。[②] 所谓礼治,其相对于法治而言,至少具有以下几个特点。首先,礼治讲究利用道德约束力来让人主动服从。"礼并不是靠一个外在的权力来推行的,而是从教化中

[①] 欧阳静:《简约治理:超越科层化的乡村治理现代化》,《中国社会科学》2022年第3期。
[②] 费孝通:《乡土中国》,北京大学出版社1998年版,第49页。

养成了个人的敬畏之感,使人服膺;人服礼是主动的。"①这和法治不同,法律往往是制定好的,法治通常意味着"制定好"和"被服从"。其次,礼治是通过潜移默化的形式来进行乡村治理。教化是礼治的核心理念,其意味着让人们形成一种自觉的行为规范。这区别于法治利用强制力来改造人们思想观念的实践。再次,在处理矛盾与调解纠纷方面,礼治通常表现为"无讼"。在传统乡村社会中,村民犯错误或互相闹矛盾时通常不会诉诸公堂,而是由德高望重的老人进行训斥或调解。在这点上,法治与礼治有着根本性的区别,前者往往和打官司联系在一起。厘清礼治的特点后,我们会发现,齐河县的村庄治理不仅有法治的一面,还保留了更多礼治的色彩,其明显表现在红白事的操办以及矛盾调解方面。

就红白事的操办来说,村庄有明确的标准,并写入了村规民约中,村民都会遵循。比如,双庙宋村就规定,办红事的时候,烟一般是20元每盒,份子钱是100—200元;办白事的时候,烟一般是10元每盒,份子钱也是100—200元。此外,村庄还有红白理事会来专门负责操办村庄的红白事,尤其是白事,届时村民都需要参与。至于矛盾调解可以用一个小故事来生动说明这种礼治的特点。调研过程中,小安村的书记曾提及这么一个故事:村里面有兄弟俩人,父亲是退休工人,有退休金。因为哥哥跑车很忙,弟弟主要负责照顾父亲,所以父亲的退休金便给了弟弟。父亲生病了,弟弟找哥哥拿钱。哥哥认为父亲有退休金,足以支付医药费,不愿意出钱。兄弟俩因此产生了矛盾,还闹到了法院。法院判定弟弟胜诉,哥哥每月要支付给父亲一定的赡养费。一开始的时候哥哥还能履

---

① 费孝通:《乡土中国》,生活·读书·新知三联书店1985年版,第52页。

行承诺,但到后来的时候又不给了。兄弟俩为此找到了村党支部书记,书记对哥哥说"你既然找到我,就应该把钱拿上"。于是,哥哥同意每个月拿给父亲2000元的赡养费。不过,弟弟没有同意,要求哥哥支付父亲一半的医药费,同时也不承认哥哥给过赡养费。兄弟俩闹得很僵。后来,父亲去世了,出殡的时候弟弟不同意哥哥参与,于是便干仗了。最后,这事是由书记出面摆平的,书记和部分村民一起镇住了场面,确保了丧礼的正常进行。

如上所述,在齐河县的村庄中,村民的行为依然受到相互感情、亲戚纽带以及参加组织的众人所承认并受其约束的是非标准的制约。尤其在矛盾调解的过程中,村干部依然在利用乡土社会中的人情、面子和"关系"等"行动伦理"来处理问题。在村庄礼治普遍衰落的背景下,齐河县村庄的礼治之所以得以保持活力,与华北村庄宗族的存在息息相关。"不久以前,人们可能还怀疑宗族是华北社会文化网络中一个重要因素的观点,他们觉得与南方的宗族势力相比,北方的宗族显得微不足道……摆脱一族统治村庄的旧思想,我们便会发现,北方宗族并不是苍白无力的,虽然它并不庞大、复杂,并未拥有巨额族产、强大的同族意识,但在乡村社会中,它仍起着具体而重要的作用。"[1]相较于南方那种制度性的宗族,华北的宗族可以称为文化性的宗族。[2] 不同于制度性的宗族,文化性的宗族倾力于维系血缘共同体,并不会倾向于把村庄打造成政治共同体,故而更容易配合政权实现国家意志。通俗来说,文化性的宗族不会形成严苛的族规,从而导致村庄成为国家政权控

---

[1] [美]杜赞奇:《文化、权力与国家:1900—1942年的华北农村》,王福明译,江苏人民出版社1996年版,第81—82页。

[2] 姜波:《文化宗族对乡村治理的影响研究》,福州大学2015年博士学位论文。

制之外的自治单位。正因为如此,在国家基层政权建设不断强化的背景下,文化性的宗族更容易保留以及复兴,并且国家力量也倾向于借助这类宗族势力来维系村庄的社会秩序。在齐河县,我们就看到了这种现象。一方面,当地村庄的书记往往是该村大姓家族的代表人物。另一方面,书记会借由宗族的作用来改善村庄治理,比较典型的就是拜年磕头。毛官周村的书记就觉得拜年磕头要延续下去,甚至挨家挨户地磕头可以改为团拜。这种磕头的礼俗可以强化村民长幼尊卑的观念,这正是村庄礼治的核心。杜赞奇也曾提到,华北宗族所强调的忠孝思想,一直被认为是协调人际关系和维护社会秩序的有效工具。[①]

一般认为,华北地区的宗族观念不如华南地区强烈,但它在当代乡村社会中的影响也是不可忽视的。在齐河县,我们看到,华北地区这种文化性宗族对维持村庄礼治而言具有特殊的意义。并且,由于文化性宗族相较于制度性宗族更易留存和复兴,从而为村庄礼治的维系提供了持续性的动力,直至今日。而这种充满活力的村庄礼治不仅发挥了基层简约治理的功能,保持了乡村治理的活力,实际上也为传统村落共同体的维系创造了有利条件。

四、村民老龄化与村庄不老

随着城市化以及工业化的发展,农村剩余劳动人口向外转移是社会发展的必然结果。从积极意义上来说,其有利于破解农业"过密化"现象。然而,由于城乡农村大量人口外流,村民普遍出

[①] [美]杜赞奇:《文化、权力与国家:1900—1942年的华北农村》,王福明译,江苏人民出版社1996年版,第86页。

现了"老龄化"现象。这种现象在各地的村庄都很普遍,其对村庄治理有着广泛而深远的影响。

从调研的结果来看,齐河当地村民老龄化的趋势也十分明显。对此,可以用四个街/镇四个村的数据来直观呈现。第一,晏北街道小安村。该村的户籍人口有399人,其中常住人口100来人,97处院子中有50处常年不住人。目前,常住村庄的村民基本都是60岁以上的老年人,年轻人都去县城买房了。第二,晏北街道刘善村。该村一共有653人,182户,其中常住人口200来人,常住户50—60户。村庄中老年人居多,60岁以上的有100多人,年轻人都外出打工了,很少回来居住。第三,仁里集镇梅庄村。该村一共有610人,198户,实际在村的只有200多人,且基本是老年人在村,年轻人外出的比较多。第四,华店镇后拐村。该村一共有120多户,人数为340人,其中有70—80人是常年在家的。常年在家的人群中都是45周岁以上的,年轻人大多在杭州市的水产批发市场打工。固然,在这类村庄中,年轻人并没有完全断绝与村庄的关系。

从调研的结果来看,村民的老龄化已经影响到了村庄的治理和公共生活。在村庄治理方面,突出表现为村干部队伍的老化,多数村庄的主要村干部年龄都偏大。至于公共生活,则表现为以广场舞为代表的文化娱乐活动的式微。对此,小安村的胡书记已经有了强烈的感受,他告诉我们:"2013—2016年的时候广场舞是比较火热的,当时村里的广场舞队伍还会到周围的村演出。2016年之后年轻人都外出打工了,人员变少了,广场舞也就没有了。"然而,需要强调的是,村民的老龄化并没有明显削弱齐河县村庄的生命力。一方面,依托于礼俗、宗族,村干部在村庄治理的过程中依然维系着村落内部的内聚力。不论是成立红白理事会,还是春节期间组织团拜,都具有这方面的功能。另一方面,村民之间依然保持着自然的黏合力。不论是白事的全村到场,还是平日里巷口闲话、打牌,都展现了村民之间没有消失的熟人关系网络。可见,村民的老龄化并没有引起村庄的衰亡。在齐河县,我们看到的是在村老人的其乐融融,年轻人和村庄之间也依然保持着紧密的联系,村民的老龄化和村庄的不老或者说传统村落共同体的绵延构成了村庄矛盾统一的两个方面。

第四节 齐河农耕文明的当代转型

一、农耕文明的"祛魅"

"祛魅"是农耕文明从传统向现代转型中出现的一个重要变化。传统农耕文明一方面遵循自然规律,将二十四节气作为指示时宜的重要指标;另一方面又相信超自然的力量,希望通过修庙祭祀来祈求风调雨顺。相较于这样的农耕文明形态,现代农耕文明则是"祛魅"的,农业在拥抱科学技术的过程中淡化了宗教与迷信因素。现代的小农不再是迷信的,而是一群按规律办事懂科学技术的高素质农业劳动者。在齐河县,我们真真切切地体会到了这种变化。

在传统社会中,因为科技水平低下,人们会更多地相信超自然的力量。这在中国是十分普遍的现象,齐河县自不例外,华北地区的村庄尤为重视土地庙。华北地区几乎村村都有土地庙,对一个村落而言,最早形成的庙宇就是土地庙,土地庙的建立是村落形成的标志性特征。① 现如今,这种情况已经改变了,"庙"已经成为人们的记忆,不再像以往那般深刻影响村庄的农业生产以及村民的日常生活。这在齐河县表现得尤为彻底,很多村庄在名字里都有一个"庙"字,但这些原本存在的庙以及与之相关的祭祀仪式几乎都消失了。这种变化是时代发展的必然结果,同时也得益于齐河县政府长期以来对农民的培训。从20世纪90年代开始,齐河县便开始推行以实用技术培训、科普培训、职业技术教育和劳动力转移培训为重点的农民科学技术教育。进入21世纪以来,尤其是2008年之后,齐河县充分利用农业科技发挥支撑作用,建立了农技服务体系。现如今,政府的技术推广是齐河县农民技术获取的主渠道,这种技术的推广沿着县—镇—管理区—村—大户—散户的逻辑向下传导,科技示范主体、新型职业农民发挥辐射作用,带动散户接受先进技术,增强了广大农民的科技意识,提高了农民的种植能力,为农民们"能种地"和"种好地"提供了制胜"法宝"。

从崇拜神灵到相信科学,得益于时代的发展以及政府长期以来的艰苦培训,齐河县的小农已经从经验和超自然力量的控制中解放出来,具备了较高的农业技术水平。这不仅促进了农业的稳产高产和持续增产,还创造了一种新的农耕文明样态。在齐河县,我们看到现代科技和农业生产的结合催生了科学的"祛魅"的现代农耕文明。

二、作为家庭经营活动的农业生产

农业对传统的农村家庭而言具有举足轻重的地位。一方面,

---

① 黄忠怀:《从聚落到村落:明清华北新兴村落的生长过程》,《河北学刊》2005年第1期。

在传统社会中,囿于生产工具落后,个体的生产能力有限,全部的家庭劳动力都需要投入自家的一亩三分地上,致使农业生产成了重要的家庭经营活动,家庭成员也依托农业生产维系着彼此之间的联系。另一方面,在城市化以及工业化创造足够多的非农就业机会之前,农业生产是农村家庭劳动力唯一可以投身的领域,由农业生产创造的粮食以及财富维系着家庭的生存和发展。现如今,随着工业化以及城市化的发展,农民的收入结构发生了变化,农村的年轻劳动力开始向城市流动。这种革命性的变化导致农业生产在家庭中开始被重新安排。

新中国成立以来,齐河县的农村劳动力负担耕地面积除1959年、1960年因劳动力锐减而负担耕地增加外,呈现减少趋势。进入20世纪90年代后期,特别是21世纪以来,随着以农业机械化程度提高为典型的农业生产条件的改善,农业生产不再需要"过密化"的劳动力投入,农村的剩余劳动力越来越多,农业生产主体的剩余劳动时间也越来越多。农村劳动力的非农化和半工半耕在齐河县已经是普遍的现象。与此同时,随着第二、第三产业的发展,城镇建设速度的加快,非农业领域对农村劳动力的吸附能力越来越强,相应的农村劳动力对农业生产的依附程度越来越弱。鉴于以上两点,农产品收入占农民收入的份额逐步降低是自然而然的结果。1954年前,县内农村是农户分散经营,家庭农业经营收入占农户总收入的比重,都在80%—90%。从1956年完成农业社会主义改造,1958年实现人民公社化,一直延续到1982年家庭联产承包责任制普及前,农业生产大都是集体经营,农户的收入来源主要靠从集体经济分得,一般都占农户收入的65%—80%。1982年全县普及了家庭联产承包责任制,家庭经营收入的比重大幅度上升,一直到20世纪90年代中后期,农户总收入几乎全部来自家庭经营收入,这里的家庭经营主要是农业生产。21世纪以来,这种农业收入占据主导地位的农民收入结构逐渐发生改变,经商、务工等非农收入成为农民纯收入的重要组成部分之一。2001年,经商、务工收入占农民纯收入的21%。到了2010年,其他非农收入占农民纯收入的比重已经过半,达到了54.1%,其中经商、务工收入已占到农民纯收入的40.2%。这意味着农民主要收入来源已经完成了由农业向非农的转型。当然,不仅是收入结构,城市化以及工业化还形塑了农村家庭的居住形态。从生活来源的数据来看,齐河县的农民家庭呈现出了在城乡之间撑开的形态,家庭成员"候鸟式"地在城乡之间周期性往返。从农户个体来说,不论是晚上回老家居住还是一周回来几次抑或其他,"城乡两栖"在齐河县已经是一种非常普遍的现象。这是农村家庭在接力式城镇化过程中几乎必然出现的现象。

一方面家庭的主要收入来源不再来自农业生产,另一方面城乡间不定形式的流动自然导致农村家庭的主要劳动力不会全身心投入农业生产过程中。如此一来,可以看到,在传统向现代转型的过程中,农业生产不再作为首要的任务被齐河县的农村家庭安排。家庭的维系和发展不再主要依靠农业生产,这是农耕文明转型的必然结果。不过,需要注意的是,从家庭的收入来源看,由农业生产创造的财富并没有被忽略不计,半工半耕才是齐河农民家庭的主要家计模式。这意味着,农业生产对齐河县的大部分农村家庭而言依然是重要的家庭经营活动,农忙时节的协作维系着代际之间的亲密关系,这是农耕文明转型过程中稳定且颇具魅力的一面。

三、农村的新双层经营体系

随着社会主义改造、建设和改革历程,中国农村的经营体系一直在发展变化,从家庭分散经营到集体统一经营再到改革开放以后的双层经营,大体上是一个"分分合合、有合有分"的过程。近年来,随着农业社会化服务体系的健全完善,具体表现为农业机械化水平的提高、信息化和智能化的发展,在农业生产经营领域一种新双层经营体系得以呈现。在齐河县,我们便看到了发育成熟的"新双层经营体系"。

20世纪80年代初期,人民公社解体后,以家庭联产承包责任制的推行为基础,中国农村建立了统分结合的双层经营体制。这是最初的也是为我们熟知的双层经营,在农村构建了一种"集体—农户"的简单格局。毋庸置疑,这种双层经营体制是中国农村历史发展和现实要求共同催生的,极大地解放了当时被束缚的生产力。然而,随着社会主义市场经济的发展,这种原初的双层经营模式已经没办法满足现在农村的现实需要。一方面,集体经济组织的功能被弱化,集体所有和集体经营的"统"变得有名无实;另一方面,由于国家承诺土地承包30年和更长时间不变,个体农户已经从"统"中长期分离,"统""分"很难再有机结合。[1] 然而,需要注意的是,统分结合双层经营对农业生产经营来说是必要的,毕竟单靠小农自己的力量没办法在农业现代化的道路上走好走远。鉴于此,在农业生产领域,农村需要在坚持统分结合双层经营体制的同时,突破"集体—农户"的简单格局,创新农村经营体系。这种创新已经在齐河县得到了实践。依托于成熟的农业社会化服

---

[1] 冯毓奎:《统分结合双层经营体制的变革与创新》,《襄樊学院学报》2008年第7期。

务体系,当地通过村党支部领办农机专业合作社以及村"两委"班子协调外部社会化服务资源,突破了"集体—农户"的简单格局,形成了"家庭经营+社会化服务"的新双层经营体系。比较典型的例子就是刘桥镇西杨村。2013年9月,西杨村党支部李书记等5名干部发起,带动15个党员户,注册成立"年丰粮食种植合作社",对合作社500亩耕地实行统一管理运营。在取得效益后,合作社积极吸纳村民入社为村民提供除灌溉之外从种植到收获的全过程服务。现如今,合作社又开始积极主动与市场对接,和齐河县绿丰种业公司签订良种供应合同,同时与齐力新农业服务有限公司合作开展药物防治,打造"村党支部+合作社+企业+农户"的运行模式。在合作社的运营下,全村土地实现"八统一"管理,农户将土地托管,自己只负责浇水,西杨村已然形成了成熟的新双层经营体系。

西杨村是齐河县的典型同时也是缩影,新双层经营体系在齐河县的农村已经普遍呈现,差别仅在于成熟程度不同。作为农耕文明的延续和创新,这种新双层经营体系的构建与当地的村社传统密不可分,后者潜移默化地塑造着农村经营体系的样态。一方面,由村社传统造就的农业适度规模经营使家庭分散经营的一层依然会存在;另一方面,以自然村为单元的治理维护了村干部的权威,使统合分散的小农依然具备很大可能性。鉴于以上两个方面的情况,统分结合双层经营在齐河县不仅必要而且可能实现,新双层经营体系的探索也因此具备了现实性。故而,可以认为,村社传统使农耕文明在齐河县得以延续和发展,从而催生出了新双层经营体系这一成功的探索。

四、新形势下的"国之大者"

无农不稳,无粮则乱。粮食是生存问题、经济问题,也是社会问题、政治问题,关系到我国发展全局,习近平总书记曾明确强调粮食安全是"国之大者"。在国家导向下,齐河县上下一心,凝聚"粮食共识",重视粮食产能建设,积极推动农业生产水平的提高。对齐河县而言,新形势下的粮食生产不仅是一种文明存续方式和生产惯性,更体现了将粮食安全牢牢掌握在自己手中的政治使命感和责任感。"抓粮食就是讲政治",这赋予了齐河农耕文明以新的内涵。

古语有云:"悠悠万事,吃饭为大","民以食为天"。纵观历史,粮食生产切实关乎温饱,故而一直受到当权者的重视。现如今,随着生产力的发展,我国已经用有限的资源稳定解决了十四亿多人口的吃饭问题。不过,需要注意的是,吃饭问题的解决并不意味着粮食生产不再重要。当前世界正处于百年未有之大变局,国际形势复杂严峻,全球粮食产业链供应链不确定风险增加,我国粮食供求紧平衡的格局长期不会改变。今后一个时期粮食需求还会持续增加,供求紧平衡将越来越紧,确保粮食安全的弦要始终绷得很紧。2022年全国两会期间,习近平总书记在看望参加全国政协十三届五次会议的农业界、社会福利和社会保障界委员时指出,在粮食安全这个问题上不能有丝毫麻痹大意,不能认为进入工业化,吃饭问题就可有可无,也不要指望依靠国际市场来解决。[①] 可见,在新形势下,党和国家对粮食生产的重视程度不仅没有降低,而是在不断提高,确保粮食安全需要上下同心筑牢国家粮食安全防线。

---

① 《习近平看望参加政协会议的农业界社会福利和社会保障界委员》,新华社,2022年3月6日。

第一章　根脉不绝：齐河农耕文明的深厚底蕴

在这样的导向下，各地政府对粮食生产的重视程度越来越高，粮食生产已经成为政治使命，成为地方党政部门的中心工作。这点在齐河县粮食高产创建的过程中可以明显感受到。齐河县作为山东省三个20亿斤超级产粮大县之一，素有"黄河粮仓""中国优质小麦之乡"等美誉。齐河县粮食高产创建的成功，根本在于地方党政部门在推动高产创建工作的过程中促使全县上下形成了重视粮食生产的集体共识，基础在于打造条线权责明晰的组织管理体系，动力在于形成保障涉农项目顺利落地的财政支持。早在2008年，齐河县便开始启动粮食高产创建活动，先后获得全国首批整建制粮食高产创建示范县、全国粮食增产模式攻关示范县、全国粮食绿色增产模式攻关示范县等荣誉称号。在创建过程中，政府通过中心工作、书记牵头、政治激励等多种手段在全县范围牢固树立起"抓粮食就是讲政治"的社会信念，充分激发全县干部群众对粮食生产的重视，形成了全县上下全力以赴抓好粮食生产的社会风气。

总的来说，作为新形势下的"国之大者"，粮食生产不仅因为涉及吃饭问题而变得重要，更是因为其关乎国家安全和发展。鉴于此，农业生产尤其是粮食生产开始与政治使命相联系，不仅需要农民的努力，更需要政府以及社会各界人士的重视。在齐河县，我们就看到了粮食高产创建被作为党政部门的中心工作与政治使命推进，齐河人在这个过程中形成了"粮食共识"。赋予农业生产以政治色彩，凝聚全县之力发展粮食生产，这无疑展现出了一种新的农耕文明样态，是齐河农耕文明当代转型的一个重要面向。

五、农耕文明和城市文明的交相辉映

随着城市的扩张,中国的陆地国土面积中广大部分成为城市的郊区。从历史来看,齐河县是一个古老的农业县。不过,现如今的齐河县正从普通的农业县向大都市郊区跃升,并且已经显露出了相关特征。这种大都市郊区的定位实际上意味着我们需要在新的视野中思考齐河县的农耕文明。

当代的郊区社会是一种城乡关系相对紧密的人口流入型社会。所谓紧密型城乡关系指的是这样一种城乡关系状态:城市政府对周边地区的控制和资源反哺两方面的力度都比较大,同时乡村居民的日常生活在城乡之间共同展开,形成了一种城乡两栖的生活形态。[1] 通俗来说,所谓人口流入型社会则是指大量外来人口流入当地且成为常住人口。[2] 如上所述,齐河县已经初具大都市郊区的典型特征,集中表现在城乡关系的紧密性方面。首先,我们可以看到,在建设用地增减挂钩政策的影响下,齐河县地方政府对周边乡村土地使用权的控制。这种控制主要表现在两个方面。第一,对乡村存量的建设用地指标的控制。据小安村的书记介绍,小安村发展的关键一步是在 2011 年。该年,书记和主任一起,发动村里的副主任、组长、文书和党员,将占地 50 亩的老村址整理出来出租,实现了集体经济的增收,带动了村庄发展。在这之后,这种形式的集体经济发展已经不可能了。在新的规划中,绝大多数村庄的建设用地指标都被划拨给了开发区或者城区。第二,大力推动村民上楼,通过以租代征的方式征收宅基地。为了产生建

---

[1] 熊万胜:《郊区社会的基本特征及其乡村振兴议题——以上海市为例》,《中国农业大学学报(社会科学版)》2018 年第 3 期。

[2] 熊万胜:《郊区社会的基本特征及其乡村振兴议题——以上海市为例》,《中国农业大学学报(社会科学版)》2018 年第 3 期。

第一章 根脉不绝：齐河农耕文明的深厚底蕴

设用地指标供给城市发展，当地政府近年来将部分村庄拆迁并入社区。在补偿方面，房屋的补偿是一次性支付的，标准是100万元/人。至于土地的补偿则是通过以租代征的方式，标准是1200元/亩/年。与此同时，村民回迁小区的时候还需要按标准支付一定的回迁费。从这种上楼方式来看，足见城市政府对周边乡村土地使用权的低成本全面控制。其次，我们可以看到，地方政府对周边乡村发展机会的限制。随着齐河县大力推进高标准农田建设，周边村庄大部分的耕地都变成了基本农田，只能种植粮食作物。这意味着不仅是集体企业，规模化的养殖业都没法在村庄发展，严重限制了村集体和农户的经济发展机会。最后，我们发现，由于当地打工比较方便，当地农村家庭内人口的居住空间分布比较集中，"两栖家庭"和"同城家庭"的生活状态比较普遍。从生活来源的结果来看，村庄中年轻人在齐河县买房的情况是比较普遍的，父母一般都会为子代在县城准备一套婚房。如此一来，年轻村民定期在城乡之间穿梭的情况是比较常见的，从而出现了一种城乡两栖的生产生活形态，对此全书的第三章会有详细的数据说明。当然，也会有一些农村家庭在县城有两套房，全家共同居住于县城，尤其以上楼的村民为典型。这种乡村居民的日常生活状态很好地折射出了当地紧密型的城乡关系。

农耕文明作为一种适应农业生产生活需要的文化集合往往与乡村紧密联系。这意味着，在城乡分野的情况下，城市文明与农耕文明是并行发展却不交织的两个部分。不过，随着齐河县开始向大都市郊区转型，城乡关系变得紧密，这种情况已经悄然发生变化，农耕文明与城市文明在城乡融合发展的过程中相互交织。

鉴于此,就齐河农耕文明的发展而言,不仅要做到各美其美,更要讲究美美与共,在与城市文明的交相呼应中展现自身新的独特的魅力。

第二章 文化引入:新技术条件下的农民素质提升

泱泱华夏,煌煌巨史。在灿烂的历史长河中,农业科技的发展与农民智慧的结晶交相辉映,为中华民族的繁衍生息提供了坚实的基础。早在先秦时期,我国就出现了农家学派和农书,其中《吕氏春秋·上农》是我国现存最早的系统性农学篇章。秦汉以来,历代农学家不断总结农业生产经验,《氾胜之书》《四民月令》《齐民要术》等农书相继问世,至明清时期更诞生了《农政全书》《天工开物》集大成之作。这些经典著作系统记录了我国传统农业科技的发展脉络,共同构筑起中华农耕文明的璀璨丰碑。

齐河县是享誉全国的"黄河粮仓",现代农耕文明在齐河县展现出强大的生命力和创造力。齐河农民在传统农业的基础上,积极引进先进的农业生产技术,推动农业产业结构的优化升级。齐河县的农业焕发出勃勃生机,农民的收入持续增长,农民的生活条件显著改善。现代的齐河县是历史齐河的延续,现代的齐河农耕文明是传统农耕文明的继承和升华。齐河人民接过了先贤们手中的火炬,运用现代技术和更加科学的农业知识,塑造了新的现代农耕文明。

高素质的农业劳动力是农业发展的基础,齐河县农业发展得益于齐装满员的劳动力大军,本章第一节便是对此进行论述。农耕文明直接体现在先进的农耕技术上,技术能否传播到齐河农民手中,这是齐河县粮食生产的关键。河有主干,大河无水小河干,政府的培训体系构成齐河农民技术获取的主渠道;大河滔滔,而小河亦可润物无声,通过大户带动和农资店销售等渠道,齐河农民也源源不断地获得了新的技术产品,本章第二节、第三节的内容便在于描述农业技术传播的这两种渠道。

第一节 "齐装满员"的齐河农业劳动力大军

本节试图描绘"齐装满员"的齐河农民画像,以揭示在当前我国的农业发展条件下,齐河县是如何破解"谁来种地""谁会种地""谁能种地"的农业发展困难。

一、齐河县的农业劳动力大军

(一)人员齐整的农业劳动力队伍

新中国成立以来,齐河县的农业劳动力总数整体上呈逐步增长的趋势。然而,在20世纪60年代初,受三年自然灾害以及经济困难的影响,农村人口和劳动力数量出现下降。从20世纪60年代中后期到70年代,出生率提高以及卫生医疗水平的发展,县域内人口激增,农村人口和劳动力数量也随之增长。20世纪70年代到90年代末,农村人口和劳动力数量持续增长,主要反映在

20世纪六七十年代生育高峰期出生的孩子,在20世纪八九十年代涌入劳动力市场。在21世纪初至今的时期内,劳动力自然增长减缓。在城市化进程加快的大环境下,农村人口的变化相对不大,但农村劳动力占农业人口比例有所增加。显然,相较于我国务农人数持续下降的整体趋势,齐河县的农业劳动力数量反而呈现增长趋势,如图2-1所示。

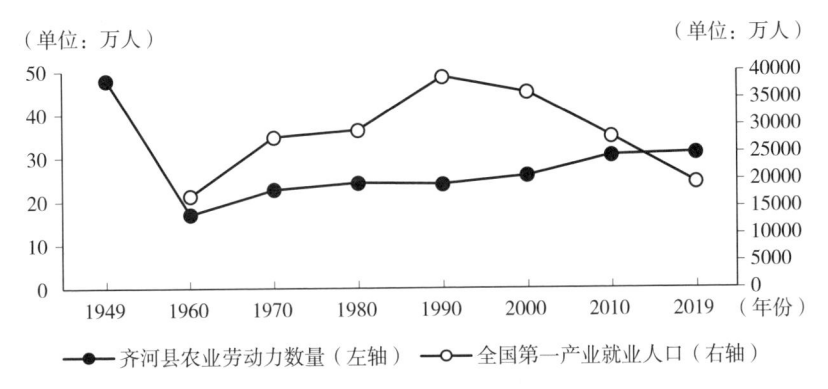

图2-1　1949—2019年齐河县农业劳动力与全国第一产业就业人口趋势变化

资料来源:齐河县地方志编纂委员会:《齐河县农业志(1949—2010)》,齐河地方志办公室2014年版,第162页;国家统计局:《中国统计年鉴》(1981—2020)。

通过对比山东省及德州市2022年统计年鉴的相关数据,也可以发现,齐河县的农业劳动力占比是最高的,占农村劳动力总人数的39.1%,如图2-2所示。

齐河县的农业劳动力人口占比较高,主要与齐河县便利的地理区位有关。齐河县毗邻山东省省会城市济南市,县域经济较为发达,为农民们进城务工提供了极为便利的条件。便利的交通条件也使农民在务工的同时能够兼顾农业生产劳动。在这种背景下,齐河县农村形成了以三代家庭为基本单元,"半工半耕"的家庭生计模式,如表2-1所示。

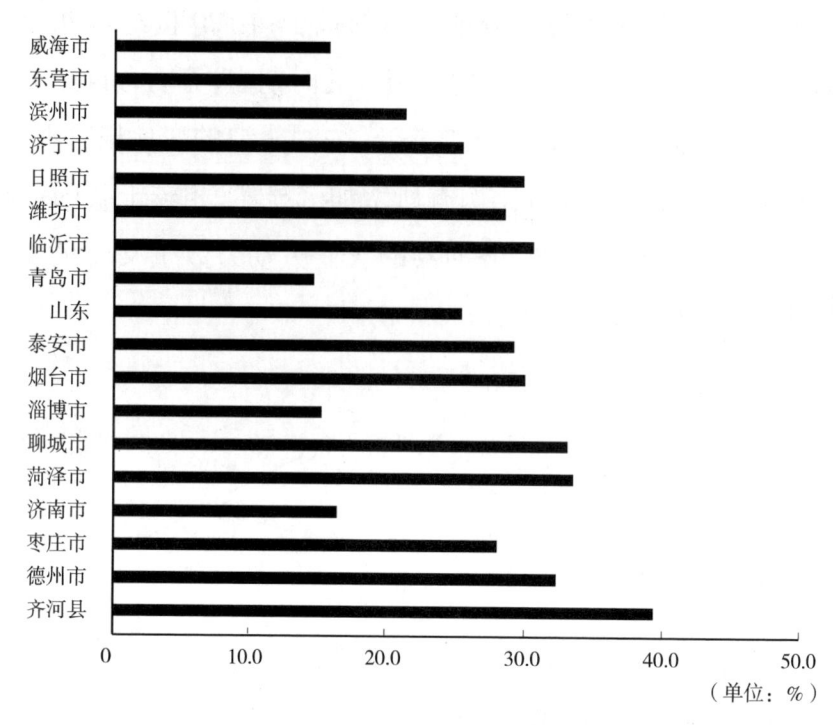

```
威海市
东营市
滨州市
济宁市
日照市
潍坊市
临沂市
青岛市
山东
泰安市
烟台市
淄博市
聊城市
菏泽市
济南市
枣庄市
德州市
齐河县
```

（单位：%）

图 2-2　山东省德州市若干县市农业劳动力占农村总劳动人口比例情况

资料来源：山东省统计局、国家统计局山东调查总队编：《山东统计年鉴2022》，中国统计出版社2022年版；德州市统计局、国家统计局德州调查队编：《德州统计年鉴2022》，2023年1月28日。

表 2-1　齐河农民的"半工半耕"模式

务农	务工	土地流转	两栖模式
丈夫、妻子、父母	—	土地不流转，多承包土地	常年在家
父母	丈夫（妻子）	土地部分流转或不流转	或许会留一人在家照顾老人（多为妻子）
父母、丈夫、妻子	父母、丈夫、妻子	土地部分流转或不流转	农忙时回家
—	父母、丈夫、妻子	土地全部流转	常年在外

资料来源：笔者根据收集资料整理。

第二章 文化引入:新技术条件下的农民素质提升

这种"半工半耕"的家庭生计模式,是齐河县农业人口下降的同时农业劳动力人口却得以持续增长的重要原因。这种模式既能充分利用农民家庭的劳动力资源,又能通过城市就业增加家庭收入,是农民家庭寻求家庭劳动力资源最大化配置效益的尝试和努力。同时,它也使部分农民家庭回归到农业当中,为农村地区提供了稳定的农业劳动力,保障了农业生产的持续进行,这一点我们可以从农家大门楼子上的对联看出来,对联上写着:"出门求财财到手,在家创业业兴旺",反映的就是齐河农民由以前的纯粹务农向进城务工与在家务农同时依赖的转变。

相对较短的务工距离是保证农民家庭半工半耕得以实现的重要原因。表2-2反映了齐河县2022年的农村劳动力情况,全县共有农村户籍人口约56.9万人,农村劳动力人数约29.7万人,其中,从事家庭经营劳动力人数约13万人,占农村总人口数的23%,占农村劳动力总数的44%,农业家庭经营劳动力数量约10.7万人,占农村总人口数的约18.7%,占农村劳动力总数的35.7%。此外,全县共有外出务工劳动力约17.2万人,分别占农村总人口数和总劳动力数的30%和58%。不过,外出务工劳动力的务工地点以省内务工为主,省内务工的农村劳动力占常年外出务工劳动力总数的87.7%,并且,其中有45%的农村劳动力主要在县内务工,如表2-2所示。

表2-2 齐河县农村人口及劳动力情况

项目	人数(人)	占比(%)
总人口数	568801	
劳动力数	297654	52.3

续表

项目	人数（人）	占比（%）
从事家庭经营劳动力数	131066	23.0
其中：从事第一产业劳动力数	106626	18.7
外出务工劳动力数	172203	
其中：常年外出务工劳动力数	138237	
1.乡外县内务工劳动力数	62189	45.0
2.县外省内务工劳动力数	59003	42.7
3.省外务工劳动力数	17045	12.3

资料来源：齐河县农业局提供《农村经营管理统计年报》。

此外，从德州市第三次统计年鉴的数据我们可以直观地看到，齐河农民的受教育程度以小学和初中为主，如表2-3所示。其中德州市和齐河县未上过学的农民比例高于全国和山东全省，这代表了曾经落后的教育水平；值得注意的是，齐河县高中以上的农民占比明显高于德州市的整体水平，也更高于全省和全国的平均水平，这说明齐河县教育水平的后来居上，这为齐河县打造高素质的农民队伍奠定了良好的基础。

表2-3 按受教育程度分的农户人口构成

地区	未上过学 人数	未上过学 百分比	小学 人数	小学 百分比	初中 人数	初中 百分比	高中或中专 人数	高中或中专 百分比	大专及以上 人数	大专及以上 百分比
全国	20110080	6.4	116261000	37.0	152082000	48.4	22309000	7.1	3770000	1.2
山东省	1708348	6.2	8651900	31.4	14713600	54.2	2204300	8.0	303000	1.1
德州市	429636	10.5	1225060	29.8	2000173	48.7	337461	8.2	112916	2.8
齐河县	55023	10.9	132937	26.5	238038	47.1	59662	11.8	20029	4.0

资料来源：国家统计局：《第三次全国农业普查主要数据公报》，2017年12月16日；山东省统计局：《山东省第三次农业普查主要数据公报》，2018年2月3日；德州市统计局：《德州市第三次农业普查综合资料》，2018年6月21日。

(二) 装备现代的农业经营者

齐河农民在打工的同时能够很好地兼顾农业经营,齐河农民对土地的情感异乎寻常。他们很在乎家里的耕地,齐河县的村庄普遍存在通过村内流转来调整土地分配的做法,使每个有资格的农民占有的土地面积基本相等。而且,在附近打工的子女也会在农忙时候回到家里帮助父母。让非农业劳动力回来协助农业生产,可见这里的农民确实很在乎种地。晏北街道刘善村的一位村民告诉我们说:"家里人多,在外面上班的也会回来帮着种地。"这位村民家里有 13 口人,三个儿子均在外务工,其中大儿子和二儿子在城里买了房,家里共有 50—60 亩地全是自家人种。"基本上是我一个人管理,农忙时儿子们会回来帮忙。"对农民们来说,地再多也能种得了,即使小一辈在城里买了房也依然不愿意放弃自己的两亩半土地。

齐河农民对农业的热忱,不仅仅是一种传统的土地情结,也得益于齐河县高度发达的农业社会化服务体系和高水平的农业机械化水平。全县农机总动力 197 万千瓦,农业机械保有量 77193 台,其中拖拉机 50957 台,整地机 8147 台,播种机 10550 台,植保机 545 台,收获机 6994 台。从实地调研的情况看,除浇水没有实现完全的机械化,还需要人力启动水泵和拉着管子浇灌,玉米的播种、打药、收割环节都已实现了机械化,小麦种植的耕地、播种、收割等环节均已实现了机械化。此外,农药、化肥等农资产品的投入也极大地便利了田间管理工作,例如,除草剂的使用显著减少了农民除草的劳动时间,方便了农民集中时间回家种地。农业机械和现代化农业技术的广泛使用,不仅提高了农业生产的效率、降低了劳动强度,并能够保证农产品的质量和产量稳定,农民不再需要依赖传统的人工操作,减轻了体力劳动的压力,提高了工作效率和产量,为农民"在外上班安心、回家种地省心"提供了便利。

农业机械和现代农业技术的广泛使用对农民的教育水平有了新的要求。2000年以来,齐河县着重推行了以实用技术培训、科普培训、职业技术教育和劳动力转移培训为重点的农民科学技术教育。这些举措广泛地提升了农民的文化水平和科技水平。农民素质通过这些培训得到了大幅度的提升,使他们在农业和其他领域的知识和技术方面有了显著进步。因此,可以说通过推广普及教育和农民科学技术教育的实施,农村地区的文化程度和科技水平得到了显著提高。这为农民提供了更多的机会和资源,帮助他们在农业和其他领域取得更好的发展。

尤其在2008年之后,齐河县充分利用农业科技发挥支撑作用,并建立了农技服务体系。县农业农村局、乡镇农技站的农技人员以及村科技示范户和种粮能手共同组成了"县、乡、村"三级农技服务网络,实现了科技服务体系的目标,即"万亩有技术专家,千亩有技术标兵,百亩有技术骨干"。此外,齐河县聘请了省农科院、山东农业大学等专家担任技术顾问,并定期举办技术讲座,为农民们提供技术指导。县级农技专家队伍组建了60人队伍,使专家可以驻守一线,开展技术指导工作。县还开展电视讲座、发放技术明白纸,规范乡镇农技推广站和村级农业综合服务站。同时,每个乡镇配备了不少于10人的农技推广队伍,并为每个村选择了10个科技示范户。这种县有专家团队、乡有技术员、村有明白人的县乡村三级农技服务体系,对提高农民的种植能力和农业生产水平起到了积极的推动作用,为农民们"能种地"和"种好地"提供了制胜"法宝"。

(三)被赋予意义的农业劳动

对老人来说,种地不仅是糊口的重要方式,也是老人生活意义的体现。齐河县的粮食种植农业机械化程度较高,机械替代了大部分烦琐和重体力的农活,减轻了劳动投入,也使老人农业成为一种可能。

新技术的发展使农业变成了一种休闲活动,种田对老人来说就像种花。"去城里住不习惯,我就喜欢待在乡里,自由。"这是很多老人心里最真切的想法。他们在自家的土地上进行农业劳作,"三个月种田、三个月过年、半年休闲"的生活模式很有节奏地按照耕作开展。而什么时间劳作,是早晨还是晚上又可以根据他们自己的情况自由安排。

"种地的钱够我用了,身为老一辈,我不可能还向儿子要钱。孙子逢年过节回来,我还能给个红包。"老人种地可以养活自己,不需要看儿子媳妇的脸色,甚至还能帮助抚养小孩,可以避免不少代际冲突,同时也会让老人觉得自己"还是有用的",并没有因为年老而给家庭增加负担。种粮已然成为老人生活意义的重要体现。

种粮对老人来说不仅仅是经济生产活动,更是社会和文化的再生产过程。老人虽然年老,但他们仍然需要在家庭乃至社会生活中体面生活,但受自身身体素质影响,老人无法很好地融入城市生活体系中,而种粮是几乎没有机会成本的"自食其力"的经济生产活动,他们通过种粮参加村庄的人情循环,在田间地头与邻里乡亲唠嗑、打牌,参与村庄公共生活,承担治理责任和交往任务,完成社会生活的融入和退场。由此可见,土地对老人具有多重含义,既可维持生计、贴补家用,还可以平衡家庭内部资源,维护老人的权威和尊严,在精神上成为娱乐休闲的重要方式。老人对土地的这种特殊的情感,使种粮实际上成为其生活中的一种习惯、一种调剂、一种寄托。

随着老一辈的老去,年轻的子女又已为人父母,他们若在城市获得了体面安居的收入和就业,就会在城市安居下来,甚至将全家人接到城市去生活。但若他们进城失败,例如,我们在调研中有一位年轻的农户就告诉我们"之前在城里务工受了伤,现在回家种粮"。这种因各种原因未能完全融入城市的农民,就会以半退休的状态回到农村接替父母种田。虽然随着我国城镇化进程的加快,进城失败的农户会越来越少。但是以仁里集镇郭庄村和花赵村为例,抽取42户农民家庭进行务工类型调查,除去外嫁的以及务农和没有工作的人数,得到有效数据101人,其中打零工的占48.51%,几乎占到一半,如图2-3所示。我们可以发现,目前农民们进城务工仍以较为低廉的"打零工"方式为主。因此至少在未来的二三十年里,这种半退休回乡种田的农户仍然是一个庞大的群体。对他们来说,种田虽然收入不多,但是强度不高,半生产半休闲,既是经济生产,又是社会和文化生产,还是重新发现生命意义的过程。

通过上面的分析,我们可以解释为什么齐河县农业人口下降而农业劳动力反增不减。总体来看,虽然在以市场为主导的工业化和城市化进程中,齐河县的农业劳动力受到了一定冲击和影响,年轻一代大多以跳出农村和农业的困境为发展方向,希冀在城市中寻求到自己的一片天地,尤其是为了让家中小孩受到更好的教

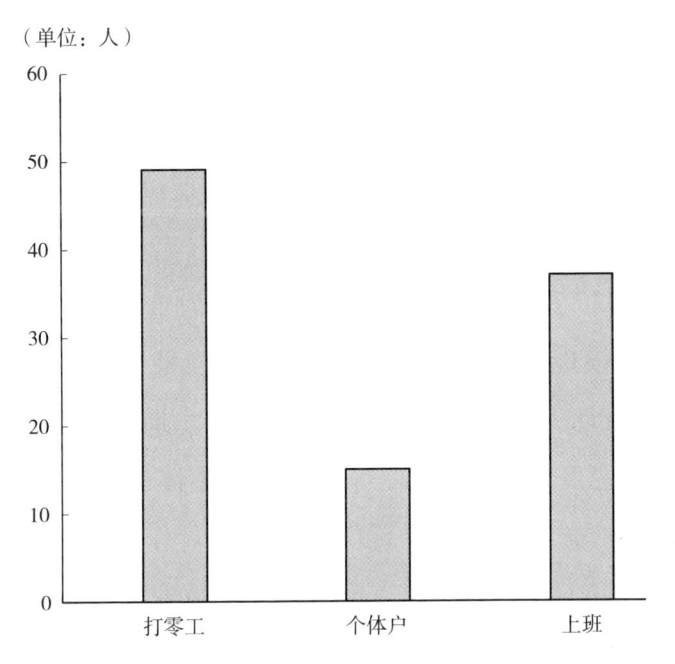

图 2-3 仁里集镇部分农民家庭进城务工情况

资料来源:华东理工大学中国城乡发展研究中心农民基本生活来源数据库。

育,通常会尽一切努力让孩子在城市落户上学。但是,新兴的"半工半耕"农民家庭生计模式,体现出了农民家庭与市场、制度"互构"的过程,农民家庭依然对土地有着极大的依赖和不舍。这种"半工半耕"农民家庭的兴起和发展,既是城镇化进程下所形塑的农民家庭发展的独特路径,也深刻地体现了齐河县农业劳动力的内在发展潜力和长远发展前景。同时,农业机械和现代农业技术的广泛使用,对提高农民的种植能力和农业生产水平起到了积极的推动作用。对老人来说,种地已经成为他们生活意义的体现,而完善和成熟的农技培训和农业知识推广体系,也使他们的素质得到了显著提升,为他们"种好粮"提供了密钥。兵精粮足的齐河县农业劳动力正在朝着崭新的道路不断前进。

二、蓬勃发展的新型农业经营主体

党的十九大报告明确提出要实施乡村振兴战略,"实现小农户和现代农业发展有机衔接"①。小农户指的是家庭联产承包责任制实施所产生的分散从事农业生产经营的承包农户。根据德州市第三次农业普查数据资料显示,齐河县共有220148名农业生产经营人员,133117户农业经营户,其中,规模农业经营户2819户。这也意味着规模庞大的小农户仍是齐河县农业经营的主体。不过,随着农村劳动力外出务工程度不断深化,土地流转市场不断发育,专业大户、家庭农场、合作社等新型经营主体也开始迅速发展。截至2023年底,齐河县依法登记的农民专业合作社和家庭农场等新型农业经营主体达1884家。其中,国家级农合专业合作社3家、省级示范社37家、市级示范社21家、县级示范社31家。家庭农场县级以上示范场55家,其中,省级示范场8家、市级示范场28家。

(一)辛勤耕耘的种粮大户

目前齐河县种粮农户主要有两类:一类是纯种粮农户,多为种粮大户;另一类是兼业种粮户(种粮的同时还务工或经商)。随着外出务工人数增加,齐河县的耕地流转速度加快,并逐渐向种粮大户集中。种粮大户主要是指由一些积累了丰富粮食种植经验(主要指小麦、玉米)、熟悉粮食种植技术并具有一定资金实力的大户,通过与农民或村集体签订土地流转合同,将农户闲散的耕地租赁过来扩大自己的种植面积,发展适度规模经营。种粮大户

---

① 习近平:《决胜全面建成小康社会 夺取新时代中国特色社会主义伟大胜利——在中国共产党的第十九次全国代表大会上的报告》,人民出版社2017年版,第32页。

的生产经营以家庭劳动力为主,家庭经营能够有效解决农业生产活动空间大、周期长、过程难监管等问题,实现规模经济和规模效益。

根据齐河县农业农村局提供的统计资料数据显示,截至2022年,齐河县共有1019位种粮大户。其中,种植面积在50—100亩的大户达到了747位,占到了73%以上。虽然种粮大户的规模大小不一,但他们的耕种规模都超过了自家承包的土地规模,主要耕地来源是左邻右舍、亲戚朋友不愿耕种的土地。

后拐村的老赵是齐河县响当当的种粮大户,他种了100多亩的土地。老赵根据自己的种植经验,总结出了较为实用的种植管理方法,在当年受气候不佳的影响下,其玉米单产仍然可以达到1700斤/亩,小麦也可达到1200斤/亩。老赵种粮高产的秘诀主要有以下两个方面:一是采用现代机械作业,对农业生产用的固定资产投资积极性较高。老赵谈道:"先进的农业技术只有依靠一台好的农机才能得以实现。"以种肥同播为例,普通的播种机只能做到单一播种,并不能同时施肥,只有搭载最新的播种机,种肥同播技术的实践和推广才可以实现。因此,在老赵的种粮经验中,他十分重视农机的更新。二是更舍得在农业上进行投资,对新技术、新机械持积极态度,认为机械化会比传统人工更高效、质量更好。"80%的先进技术都是自下而上传播的,各地的土专家将自己的经验上传到政府的农技员,再由农技员加以推广。"老赵就有非常多自创的种粮土方法。例如,在实践中发现有机磷的效果并不好,并且危害极大,这一发现使县域内的有机磷全部停售,促进了肥料的绿色发展。再如稀释勾兑技术的进步,十年前村民用人工背喷药桶喷药,老赵当时发现如果先把药都倒进药桶再加水的话,药和水会分离,喷药时会堵在喷管里,不均匀。于是,他就把药水先稀释好再放进药桶里喷,就能达到很好的效果。

如何端牢中国饭碗,关键还在于让种粮农民真正通过粮食高产实现增收致富。从大户的形成逻辑中,我们可以看出,适度规模的家庭经营,可以带来粮食单产水平的不断提高,这也是种粮大户丰收与繁荣的秘诀。

(二)金穗满畦的家庭农场

2013年1月,《中共中央国务院关于进一步深化农村改革扎实推进乡村全面振兴的意见》发布。文件指出要大力发展"家庭农场",各地政府纷纷响应。2014年7月30日,齐河县出台了《关于齐河县新型农民合作组织(粮食、植保、农机)的奖励扶持办法》,此后,齐河县家庭农场蓬勃发展。截至2023年,齐河县共有家庭农场418家,家庭农场县级以上示范场55家,其中,省级示范场8家,市级示范场28家。齐河县家庭农场的蓬勃发展,为农民家庭经营开拓了更为广阔的发展空间,彰显了齐河县农业家庭经营的无限生命力。

提起齐河县的家庭农场,必然会想到女中豪杰——郭女士创建的"云馨家庭农场"。云馨家庭农场位于晏北街道,成立于2016年,2017年被评为德州市家庭农场示范场。以云馨家庭农场为例,我们可以看出家庭农场具有以下四个方面的特征。一是具有一定的规模,区别于小农户。云馨家庭农场在2016年成立之初就流转了本村村民土地260亩,2018年10月又流转土地240多亩,现家庭农场经营面积达500亩。此外,齐河县对申请家庭农场的规定也表明:须达到50亩及以上才可以申请成立家庭农场。二是以家庭劳动力为主,区别于工商资本农场的雇工农业。云馨家庭农场主要是郭女士和她的爱人老聂两个人在负责。农场采用小地块种植经济作物模式,一块种绿化树,一块种中草药;大地块则连片种小麦、玉米,便于全部机械化耕种管理。老聂同时也是操控无人机的好手,农场农作物的喷药全部交给了老聂,采用无人机喷药,也避免了人工喷药踩死农作物而造成减产。三是强调其稳定性,区别于承包农民土地的短期行为。从2016年至今,云馨家庭农场发展得越来越好。现在的云馨家庭农场,不仅建有办公室、食品加工车间、车库、仓库、晒场等设施,还拥有玉米收割机6台、小麦收割机8台,大型深耕机10台,植保机械6台,无人机8台,播种机8台等大量农业机械设备。在满足日常自身生产需要的同时,农场也兼顾服务周边群众,为本村2000亩耕地统一进行植保服务;植保服务周边十余村大约8000亩,深松服务6000亩,收割服务3000余亩。四是要进行工商注册,家庭农场是农业企业的一种,不同于承包大户、专业户等,只有注册为家庭农场才能便于识别和政府管理与政策支持。

随着经济社会的快速发展,传统的家庭承包经营模式已经无法满足现代农业的需求。农村面临着"谁来种地""谁会种地"的发展困难。作为新型农业经营主体的重要类型,家庭农场本质上是扩大了的农户经营,但其经营方式既不同于生计小农户,也不同于雇工农场,家庭农场是在克服小农经营劣势的基础上的适度规模经营,具有实现"1+1>2"的共富效应。

三、应运而生的多元服务主体

党的二十大报告提出,全面推进乡村振兴……加快建设农业强国……发展新型农业经营主体和社会化服务。[①] 所谓农业社会化服务,是指在社会分工和商品交换的前提下,农业经营主体因无法自我完成所有生产经营活动,而需要借助其他主体提供的帮助来实现农业生产经营目标所形成的物化的或非物化的产品。[②] 在经济社会快速发展的今天,我国农业生产高度依赖于物质要素投入的时代正在"翻篇",发展社会化服务成为推动农业进入高质量发展的重要方式。

在中央政府大力扶持新型农业经营主体、推进农业规模化经营的背景下,齐河县注重多元化主体和多样化服务,重点发展规模适度、服务多样的社会化服务组织。通过不断完善农业产前、产中和产后的托管式服务,为农民提供统一的耕地播种、肥水管理、病虫防控、技术指导和机械收获等农业服务。截至2023年,齐河县发展了农民专业合作社1466家、家庭农场418家,另有150家农业龙头企业,其中农业社会化服务组织486家。在这486家农业社会化服务组织中,包括2家省级示范组织、15家市级示范组织和5家县级示范组织。目前,全县粮食综合托管率达到91%,年社会化服务面积达900万亩次,亩均节本增效超过300元;全县农机保有量为7.7万台套,总动力达197万千瓦,粮食生产综合机械化水平达到99.7%。发展农业社会化服务已然成为新时代齐河县粮食生产发展的重要潜力点,不仅有助于促进农民增收,还有助于为实现齐河县粮食生产绿色化转型提供更大可能。

[①] 习近平:《高举中国特色社会主义伟大旗帜 为全面建设社会主义现代化国家而团结奋斗——在中国共产党第二十次全国代表大会上的报告》,人民出版社2022年版,第30—31页。

[②] 黄佩民、孙振玉、梁艳:《农业社会化服务业与现代农业发展》,《管理世界》1996年第5期。

（一）备受重视的农民专业合作社

农民专业合作社主要是指农民合作起来,统一组织部分生产经营环节,发挥整体优势而形成规模生产的一种经营模式。其社员可以是五个以上的农民,也可以某个农民集体的全体成员。这种模式能有效推进土地流转,促进农作物品种改良,提高农业生产的组织水平,有效地促进农民增收。农民的合作事业并不是一帆风顺的,但是总有新的推力来促进它的发展。它的推力既有农民自身团结起来谋发展的需要,也有农村集体经济发展的需要,还有农业企业与农民结成利益联合体的需要,最新的推力是让农村党建和农民共同富裕相互促进的需要,它的具体载体是"党支部+合作社"。

据统计资料,截至2023年,齐河县共有农民专业合作社1466家。其中,国家级示范社3家、省级示范社37家、市级示范社21家、县级示范社31家,荣获全国农民专业合作社质量提升整县推进试点。在支持农业社会化服务体系建设方面,齐河县提供了10万—30万元的项目资金补助提供粮食生产托管服务并通过验收的合作社。县财政每年拨款2000万元以上用于农机补贴。在金融服务方面,自2011年起,齐河县的小麦和玉米都实现了保险全覆盖。县政府出台了"鲁担惠农贷"试点方案和风险补偿办法,为农民合作社、家庭农场和农机大户等提供无担保、无抵押的贷款担保。到2021年为止,累计发放贷款资金超过6000万元,有效地解决了各类农业社会化服务组织融资困难和融资成本高的问题。

以齐河县金穗粮食种植专业合作社为例,合作社主要为农民提供两种服务模式,一是为小农户提供廉价的社会化托管服务。以小麦收割为例,小农户自己收割每亩需要花费六七十元,而合作社托管每亩只需45元,以此解决小散农户种地难、成本高、不划算的难题。二是"公司+合作社+社员"的订单模式,截至2023年,合作社已与五家农业科技企业建立了稳定的订单合作关系。合作社签下2万亩订单,为企业提供优质小麦种子。通过广泛种植与山东农业大学共同研发的小麦新品种"山农111",以高出市场价0.28元/公斤的价格卖给企业,2万亩订单面积可产出1100万公斤种子,仅此一项便可以为社员增收308万元。合作社将这些增值收益全部返还给社员,合作社只收取20元/亩的服务费,以此实现合作社和社员的共富。在这种订单生产的服务模式下,合作社社员比一般农户每亩降低种植成本217元,5万亩地全年节省成本1085万元;通过订单式生产优质小麦、糯玉米每亩增收300元,全年可以增收1500万元。

一方面,合作社通过提供廉价的种子、化肥、农药等农业生产资料以及耕田、收割、插秧等全程机械化服务、技术指导等,降低了小农户的生产成本。另一方面,这也有效解决了外出务工的兼业农户"心挂两头"的问题,从而为走出"谁来种地"的困难,探索了新的路子。

(二)脱颖而出的农业产业化龙头企业

与全国多数地区类似,齐河县的农业产业化龙头企业在疫情中遭遇重创,到2022年年底,全县农业龙头企业150家,其中规模以上39家。齐河县很重视发挥农业龙头企业的农业服务能力。齐河县在2015年率先制定了《小麦、玉米质量安全生产和农业社

第二章 文化引入：新技术条件下的农民素质提升

会化服务标准综合体县市规范》，并通过了国家标准委、原农业部[①]、中国农业科学院等专家评审论证。同时，县政府鼓励领头企业建立更严格、更高标准的企业服务标准，其中齐力新农业社会化服务有限公司在严格执行国家、行业和地方标准的基础上，还自主制定了103项企业标准。该公司的全程化服务标准达到了682项，成为农业服务行业标准化最全、最细、最精准的服务组织代表。

齐力新农业社会化服务有限公司成立于2013年，是一家专门为农民提供代耕、代播、代防、代灌、农技培训等"四代一培"农业全程社会化服务的公司。公司配备了496台植保、耕种、收获等农业机械设备，拥有66名专业技术人员、520名机械操作员和季节性工人，具备对100万亩土地进行作业的能力。该公司还拥有病虫害统防统治日作业10万亩，深耕深松、旋耕播种、施肥、收割等相关生产环节日作业达2万亩的能力。截至2020年，公司提供的农业社会化服务面积已达到360万亩次。根据齐力新公司的测算，农户将家里的耕地全部托管给公司后，每年只需支付700元/亩的服务费，就可以享受从种植到收割的全流程服务，并且两季作物的收入也全部归农户所有。相较于农户自己种，托管服务不但每亩地每年可减少各项成本投入100—150元，每亩产量能增加50公斤，并且将土地托管给企业后，农户还可以在外安心务工，一年还有7万—8万元的收入。

齐河县通过将公益性服务与经营性服务有机结合，构建了新型社会化服务体系。首先，这一体系以政府公益性农业服务机构为基础，广泛吸引专业服务公司、农民合作社、农民协会和农资经

[①] 本书中所提及的"原农业部"，特指在2018年3月机构调整前，即更名之前存在的"中华人民共和国农业部"。自2018年3月起，该部门正式更名为"中华人民共和国农业农村部"。

营户等经营性实体参与。通过提供菜单式、托管式、承包式等多种形式的服务,打破了一家一户承包地的限制,实行集中连片的耕作方式,增加了耕地面积并有利于机械作业;其次,也解决了耕地流转后的"非粮化"和"非农化"问题;再次,批量购买农资和使用农业机械也可以降低生产成本,减少化肥农药的使用量;最后,还解放了大量从事田间劳动的农民,促进了农民的转移就业。

第二节 农民培训是一项艰苦的工作

齐河县政府的技术推广构成齐河农民技术获取的主渠道,这种技术的推广沿着县—镇—管理区—村—大户—散户的逻辑向下传导,科技示范主体、新型职业农民发挥辐射作用,带动散户接受先进技术,增强了广大农民的科技意识,提高了农业生产科技水平,促进了农业的稳产高产和持续增产。本节第一部分涉及齐河农民培训的组织流程,以及农业广播电视学校、科技教育科、乡镇农业办公室等培训组织者的具体工作内容。第二部分讲述农民培训作为一项艰苦的工作,以及这种艰苦来自何处,并以示范田建设的事例,展示齐河县政府"带着农民一起干",克服农业技术传播难题的过程,展示农业技术推广的齐河模式。

一、农民培训的组织者

(一)农业广播电视学校

1980年12月由国家农委、农业部、教育部和中央广播事业局等10个单位发出关于联合组成中央农业广播电视学校(后改称"农业广播电视学校")的联合通知。齐河县农业广播电视学校(以下简称"农广校")1981年建校,2018年年底转为事业单位。据"农广校"李校长介绍,齐河县"农广校"历史悠久,最初分"学历教育"和"非学历教育"两种。学历教育由省校统一组织考试招生,学制3年。经过统一毕业考试合格后获得毕业证书和中专学历。进入21世纪后,农广校教育农民的作用得到了彻底发挥,形成了省、市、县三级培训结构,并根据上级要求建立起县级师资库,将农业农村局具有高级职称的专家、县里农业优秀干部纳入师资库,根据农户需求邀请不同的教师来进行讲解。并且组织师资库中教师、农广校成员参加省里每年一次的培训,进行农业技术、教育知识的学习,这为齐河县农业发展培养了一大批人才。

2007—2009年,县"农广校"承担了新型农民科技培训工程项目,针对农民辅导员、科技示范主体进行培训。选聘具有高、中级技术职称的培训教师7名,负责培训农民辅导员。并在县农业农村局和项目乡镇按照有职称、有能力、有时间、有热情和有责任感的"五有"标准选聘30名技术指导人员,与农民辅导员建立点对点联系制度,负责示范户及面上培训。这三年时间共培训村级辅导员200人,科技示范主体4000户。由此可见,早期的"农广校"虽然并未形成当下的培训规模与培训标准,但是也已经初具规模,并为当前的新型职业农民培训积累了经验。

2012年,中央一号文件聚焦农业科技着力解决农业生产力发展问题,明确提出大力培育新型职业农民。齐河县作为德州市新型职业农民培训的试点,担负着重要的任务。"农广校"也面临新的考验。2013年,农广校开始新型职业农民培训。相较于之前,培训的主体、内容都更加多样了,培训过程也更加注重规范性。关于经营管理的培训主要是市级,县里更多偏向技能培训。同时,"农广校"开始组织农户外出培训,去潍坊、临沂的部分县考察学习先进经验。2014年,齐河县全面铺开新型职业农民培训,农民的积极性非常高。"农广校"开展的新型职业农民培训主要涉及省、市、县三级。

省一级的培训周期为每年一次,"农广校"根据培训具体的内容和乡镇农办上报的名单,筛选具体参训人员。确定培训对象后,农广校安排车辆去各个乡镇接收参训农户,并将其送往省里指定的地点。省级培训封闭式进行,农户集中在省级培训基地培训5天,合格后会颁发职业资格证书。

2022年进行的兵支书(指担任村支书的退伍军人——笔者注)以及农机培训,每年的培训对象都不同。其中兵支书20人、农机手35人,共计55人。农广站接到任务后在邮箱里进行通知。根据不同乡镇农业人口数量、土地面积划分不同培训名额,乡镇负责具体找人,"农广校"再进行审核。

市、县级培训大体与省级培训流程相似,在省级培训的课程确定后,"农广校"会与省级培训的内容同步,组织市、县级新型职业农民培训。齐河县"农广校"赵校长介绍了具体的流程与授课教师来源。

市、县培训时间都是4—5天,2022年培训人数为546人,市里培训与县里的培训是同一批人,两次培训时间会间隔开,不然培训时间太长农户太疲惫。每年也有自己的培训课程内容,但是培训内容需要与省里进行同步,培训对象三年内不能重复,培训地点优先选择具有省级培训资格的基地。

培训的老师来源比较多,一部分是聘请高级职称以上的研究员、教授,另一部分是农业农村局专家、各部门干部,最后就是还会从种粮能手中邀请老师过来讲课,例如全国农业农村劳动模范袁某某、晏北街道农场主郭某、华店镇种粮大户赵某某、刘桥镇合作社的孙某某等,他们都是土专家,农户可以从他们那里学到很多种粮技术。

通过这种三级培训体系,农民可以获得粮食种植、机械使用、政策文件等多方面的信息和知识,"农民知道科学种田了,遇到问题也知道怎么处理了,这是培训的作用"。"每次培训都会有农户之间建立的微信群,他们可以在群里交流农业经验,并且授课的教师也会把自己的联系方式留给农户,一般农户有什么问题自己就会去联系老师,农民知道谁才是真正的种地高手。"

不过,随着近年来农民外出务工机会的增多,县农广校的农业技术培训工作也开始面临着一定的困难。这主要体现为日常的培训组织会与农户外出打工相冲突,导致农户的培训积极性不高。农广校李校长告诉我们:"2018年开始,乡镇里给我们反映年推举培训人员出现困难,农民难找了,农户平时会出去打工,考虑这一天得挣多少钱,尤其是壮劳力,培训有收获但也想在外挣钱,认为减少收入了,所以不愿意来培训,仅靠吃住拢不住人,难以调动起积极性。"

(二)科技教育科

齐河县科技教育科(以下简称"科教科")目前有2名工作人员,主要负责科技示范主体培训与基层农技人员培训,并组织农业农村局具有职称的专家组成技术指导团队来对科技示范主体、农户进行田间指导。

齐河县科技示范主体数量每年都会不同,例如2020年共计380人,2021年560人。科技示范主体的名额根据每个乡镇农户数量、土地面积进行分配,由农户自愿申请,乡镇农办选择生产经营规模较大、示范作用好、辐射带动强的新型农业经营主体参加,他们的年龄在18—60周岁,单季种植规模在50亩以上。

科技示范主体的培训也分为省、市、县三级,省级选择部分科技示范主体参加培训,市、县两级培训各一天,全体科技示范主体都需要参加,主要是邀请农业院校教授进行农业种植技术的传授,并组织科技示范主体到实验示范基地进行观摩学习,授课的教师邀请比较专业的大学教授。为了提高科技示范主体参与培训的积极性,完成培训后科技示范主体会拿到几袋化肥作为奖励。科教科李主任提及授课教师时骄傲地说道:"我们请的专家比别的县请的专家更好、级别比较高、讲得比较好,沟通起来也更专业。很早以前我们就请到了山东农业大学、山东农科院的教授来讲课,别的县一般都局限在德州市级的科研所,这是我们比较先进的地方。"

为巩固科技示范主体培训效果,以及解决科技示范主体日常种植疑问,齐河县农业农村局选派技术指导员对其开展指导服务,组成技术指导团队。县一级和各个乡镇的技术指导员加起来一共有70人,分到15个乡镇、街道,跟乡镇的农技员搭配成技术指导组承包户,每个技术人员承包一定数量科技示范主体。为了确保指导落实有效,并对技术指导员下乡镇对所包科技示范主体指导次数与指导时长进行规定,将其工作纳入年度考核。科教科李主任也告诉我们:"农业农村局组织了技术指导团队。平均一个月去一次地里,农忙的时候,天天都要去。由分管领导带队,再将所获得的情况反馈给乡镇。"

以此,便形成了技术指导员带动科技示范主体,借助科技示范主体的影响带动散户的效果,形成齐河县农技推广的主渠道。但是这种固定的培训也面临农户需求不固定的问题,农户尤其是规模较小的农户对培训并非持续需要的,他们对培训的热情会随着土地产量的变动而变化。农业农村局农业专家、农民培训教师张某告诉我们:"农民生产若是在丰产年份,丰产年份就是说风调雨顺的年份时,农民并不重视咱们的技术培训,哪年遇到了特殊年份,生产上出问题了,他对咱们的技术学习可以说是如饥似渴,会对咱们的技术人员说:'你给我们培训一下吧',但是你真到了培训的时候,丰产年份,他就会觉得耽误他进城打工挣钱,因为现在小麦玉米的生产培训,我们每年都在办,农户已经基本掌握最基础的种植技术,他们进城打工的热情往往会大于来我们这里培训的热情。"

农户都有一种风险规避的倾向,越是规模大的农户其种植面临的风险便越大,进行技术培训可以有效降低农业风险,因此相较于小农户,种粮大户参与培训的积极性更高。存在"小农户学习技术稍微麻烦一点他们就不愿意进行"的情况,因为较小的耕种面积使他们觉得不值得折腾,种植风险不大,学与不学对产量的区别不大。但是无论是小农户还是种粮大户都会在灾年时具有较高的培训热情,因为双方在面临着比平时更大的风险时都会有较平时更高的培训意愿,所以无论是小农户还是种粮大户都会存在一定的培训需求。

打铁还须自身硬,日益更新的农业技术迫使农技推广者也需要及时更新自己的知识。科教科也会根据上级要求,定期组织农业技术人员参加省、市、县三级的培训工作。

一是省级提升培训。从具有副高级(含)以上专业技术职称、具有较高知名度和专业技术权威农技推广人员中选择,参加省级提升培训。2021年省级培训19人,培训时间为5天,40个学时。二是市级培训。组织在编农技人员参加市级统一进行的脱产业务培训。县农业农村局科教科组织农技人员参加培训,例如,2021年市级培训分4个班,每个班次培训时间为5天,40个学时,共计培训农技人员80人。三是县级培训。根据齐河县基层农技推广队伍现状和工作需求,采取集中学习与基地观摩学习相结合的方式,有针对性地开展业务培训。例如,2021年举办县级培训两期,第一期70人,第二期40人。

(三)乡镇农业办公室

乡镇农业办公室(以下简称"农办"),上面对接农业农村局,下面联系农户,是连接农户与农业农村局的桥梁,起到承上启下的作用。农办的日常工作比较繁杂,但是都很重要。祝阿镇农办工作人员向我们简述了具体的工作内容:"乡镇的主要工作是上传下达工作,比如收割的时候,先统计收割需要服务的面积,需要多少台农机,然后调度农机;灌溉的问题会让农户与水利站对接;资金补助方面,联系农户与经管站对接;小麦和玉米的保险,由村委会上报,经管站和保险公司对接,参保率96%—97%。县里还有统一的防治白蛾病、每年的防汛工作、退林还耕等工作,也需要我们对接农业农村局的不同科室。"

同样,农民培训工作也需要乡镇农办进行落实,不论是科教科还是农广校都需要乡镇农办组织科技示范主体、新型职业农民等参加培训,从村委会上报的种粮大户、合作社、家庭农场名单中筛选出合适的对象上报农业农村局,协助农业农村局培训的顺利进行,并且在农技人员包户指导的过程中,农办也需要进行协调,正如胡官屯镇政府工作人员告诉我们的:"培训的名额会划分到乡镇,然后乡镇筛选后把名单报到农业农村局。要求是农民个人申请,县里说哪种类型的人员名额有几个人,限制年龄、类型。镇里会宣传给管理区,农户自由报名。每个乡镇设置了技术指导团队,团队成员包括县里的技术指导员与镇上的技术指导员,根据季节进行培训,一个团队可能负责一个或者两个乡镇,技术指导团队也包示范户,一个技术指导员包7—10户,定期去示范户家里去进行指导,这种时候要求我们农业办公室必须陪同。"

由于每个镇的情况不同,例如,仁里集镇耕地面积共计12.2万亩,人口数量5.3万,虽然主要种植小麦、玉米等粮食作物,但是同时兼种大蒜、玫瑰、山药、牛蒡等经济作物,其中大蒜种植面积达到了1万亩。因此除了农业农村局统一组织的培训外,仁里集镇还存在一些特色培训需求,这些培训由镇农办联系农业农村局,安排教师到镇上来给农民培训。仁里集镇人大张主席告诉我们:"今年镇上组织了两期玉米大豆复合种植培训班,一期20人左右,镇上会在全县统一规范培训后实施具有地方特色的培训。若是有其他培训需求镇上也会组织,邀请农业农村局专家、本地种植能手进行授课。"

齐河县历来便有"明白纸"发放的传统,2005—2010年,每年发放农业技术"明白纸"均在50万份。这种"明白纸"是由农业农村局专家根据苗情制订的种植计划,往往需要镇上进行下发。

农办相较于农业农村局,距离农户更近,将农户组织起来参加培训便是农办在培训体系中的工作,在培训过程中也面临着困难。首先就是技术的接受在农民这里是一个渐进的过程,技术推广并不会一帆风顺,胡官屯镇在组织农民参加培训时便遇到了上述困难,镇农办工作人员跟我们说道:"培训的负担大,农民认为耽误自己种地和赚钱。老百姓不愿意学习,农民认为讲的东西不如他会得多,物质上没有得到培训优惠,学到的知识也不多。在实际操作方面,专家讲的不一定能够操作,但是农民整天在地里,有一些大户就是土专家,会有农民对专家讲的内容产生质疑。"

二、教育农民何以艰苦

农民培训之难,难自何处呢?一方面,先进技术是农耕文明的体现,农业技术是一个整体,本身具有一定的复杂性;另一方面,农民本身的特点也会导致培训存在困难。农民具有自己的个性,一个个鲜活的齐河农民面对着多样的选择,表现出不同的偏好,这会与政府培训的规范性要求产生错位。另外,当下齐河农民的外出务工使他们大量精力不在土地,增产不一定带来增收,这也降低了农民学习的积极性。

(一)农民种地"有个性"

提起农民,齐河县百姓总是加一个"老"字,将其凑成"老农民"三个字,这是个非常形象的字,讲出"老农民"三个字,一个风尘仆仆、皮肤黝黑弯着腰在地头打药、施肥的老年形象就展现在我们眼前。事实上,当前在村里种地的农民,年龄的确较高,年轻人都出去打工了,剩下的老人在村里经营着自己的土地,唯有农忙、节假日时村里才会有一家团圆的和谐场面。可是这种形象或许也会使我们忘记了农民与农民之间也是有区别的,不仅仅是种地的好与不好之间的差别,而是每个农民都具有自己的个性,是一个个鲜活的人在种地,这里将其称为个性化的小农。

2023年7月20日,我们在义和村、刘善村的调研中,遇到了四位老人,耕种面积都在10—20亩,由于没能问及具体姓名,此处便以其姓氏与年龄作为区分,以下是我们根据与四位老人的访谈,整理出来的小麦种植的部分安排,如表2-4所示。

表2-4 义和村、刘善村四位老人小麦种植流程比较

农户	小麦种子	施肥			浇水		农药	
		底肥	追肥	三遍肥	越冬水	返青水	除草剂	两遍药（政府一喷三防后）
义和村63岁	济麦22	二胺	尿素	不施肥	浇水	浇水	清明节时打	不打
义和村70岁	济麦22	复合肥	尿素	不施肥	不浇水	浇水	清明节前打	自己再打药
刘善村68岁	济麦22	二胺	高氮复合肥	叶面肥+农资店套餐	不浇水	浇水	清明节返青后	自己再打药
刘善村73岁	济麦22	复合肥	高氮复合肥	叶面肥+农资店套餐	不浇水	浇水	清明节返青后	自己再打药

资料来源:根据访谈资料整理。

由上可见,即使在相邻两村落的农民,种植流程也存在差异,我们在与其接触过程中也感到四位老人皆是个性鲜明,这种个性化也影响了他们在种植过程中的具体选择。

义和村63岁老人比较爽快,聊天也很实在,讲到玉米种植自己喜欢二胺1100斤,一炮轰,不追肥,自己也说道:"不符合政府要

求,但是大家懒,追肥不划算。"

义和村70岁老人3岁随家人去东北,31岁回来,非常注重照顾别人的情绪,考虑问题很细腻,讲情况时说这个事情没有一个固定的,得看具体情况,有很多种组合。

刘善村68岁老人没有这么爱研究,他倾向于买贵的,认为贵的可能比较好。比较相信人,买种子和药也是让人送上门来。

刘善村的73岁老人爱研究,买东西喜欢自己亲自去农资店,和农资店主交流经验,把自己的情况讲出来,并且觉得贵的不一定就是好的。

因此,农民种地不仅仅是考虑各种客观情况来作出选择,也按照自己的性子来,即使很注意研究,其实也是一种个性。种地要考虑的情况很多,不仅是虫子种类多,天气等变化多,各种人为的药物种子之类的就平添了非常多的情况,让人难以辨别。在如何辨别方面,提出建议的人也很多,各有各的考虑,他们本应该是帮助农民降低复杂性的,结果本身也是复杂性的一个来源。在这种自然和人为的复杂性面前,老人就必须作出选择,而不仅仅像传统农民那样,按照老规矩办。可以依照的老规矩在总体上是减少的,需要考虑的新情况在增加。结果,农民的个性差异就显示出来了。

政府技术是稳定的,根据自然情况进行技术标准制定,讲究规范性,而农民是具有个性的,不论是整地、播种、施肥还是打药,都具有自己的偏好,这种个性与规范性之间便有可能存在冲突,从而导致农民培训存在困难。

(二)种地与务工间的抉择

齐河县粮食产量的提升并不是短时间能实现的,而是经历了一个长周期的渐进过程。1978年,齐河县的小麦亩产仅为120公斤、玉米亩产仅为139公斤,难以称得上是"丰产"。2000年时,齐河县已达到小麦亩产346公斤、玉米亩产475公斤,此时已经实现单产的大幅度增长。随后的粮食产量逐渐上涨,在2016年达到峰值,小麦亩产为571.7公斤、玉米亩产627.2公斤,真正实现粮食的高产种植。此后粮食产量单产虽有所下降,但是2018年至今产量逐年递增。

这种粮食产量的提升与农机更新、良种改进、化肥使用等农业技术进步密切相关。根据《大马头村志》记载,20世纪五六十年代,村内耕种使用少量的土杂肥,耕地靠牛拉步犁,用三齿、榔头砸坷垃,玉米则由人工播种,亩产量一般为25—90公斤。玉米品种由农家小黄粒品种到杂交玉米双交种。20世纪70年代三交种占主导地位,20世纪80年代以单交种为主。20世纪90年代后采用良种推广技术,农户种植品种较多,至2015年县农业农村局推广品种登海605等。1982年大马头村实行责任制,土地分给社员,村民不再种水稻,大队里又打了几眼机井,特别是2015年,在村党支部曹书记的领导下,对过去的机井重新洗井,又新打井8眼。河东地也打7眼机井,至此全村土地实现旱涝保收的良好局面。2017年,上级拨款安装地下水管和自动抽水系统,大大减轻了村民的劳动强度。

农业技术的提升也带来了粮食产量的快速增长,大马头村的玉米亩产量也从新中国成立后的70—80公斤,增长到现在的700公斤。

根据《大马头村志》记载,新中国成立前,大马头村玉米单产70公斤,新中国成立初期,单产80公斤左右。20世纪50年代亩产50—100公斤,随后亩产100—180公斤。1977—1979年,年均种植570亩,年均高产157.5公斤。20世纪80年代至90年代中期,以夏玉米为主,多与小麦轮作,经过科学种田,采用玉米新品种,亩产由初期20余公斤,稳定在400余公斤。2001年,亩产427公斤。2004年,亩产445公斤。2008年,亩产450公斤。2012年,亩产达到500公斤,个别高产地块达到650公斤。至2015年单产普遍高于650公斤,个别高产地块可达800—850公斤。2018年秋,亩产650—700公斤。

大马头村最初的玉米种植技术比较粗糙,后期种植技术逐渐改善。大马头村的农业技术进步可以视为齐河县农业技术发展的缩影。齐河县的粮食种植技术2000年前后发生了质的变化,其中,以肥、水最为关键。从土壤肥力来看,齐河县20世纪50年代开始使用化肥,20世纪六七十年代施用面积逐年增加,20世纪80年代开始玉米秸秆还田,着力提高土壤质量。从灌溉条件来看,20世纪五六十年代发展引水灌溉区,至20世纪70年代绝大部分改为畦灌,并逐步推行畦田规格长改短、宽改窄。20世纪90年代以来发展节水型的移动式和半移动式的塑料软管灌溉。

改进种植器械、增施化肥、提升灌溉条件、改良品种等技术措施,对粮食增产的作用可以说是立竿见影,这从大马头村以及齐河县粮食产量的快速增长便可以看得出来。齐河县粮食产量从新中国成立初期所有的小麦单产43公斤、玉米单产59公斤,提升至2008年小麦单产465公斤、玉米单产502公斤,这种单产的提升比较容易得到农民理解,提升效果可谓是立竿见影。但是2008年以后的产量提升,更是需要付出更大的努力,对政府技术人员、农民的要求也会更高,种植技术上必须严格要求,例如,玉米生产要求:

高产耐密品种、种肥同播、宽垄密植、合理增密、分期精准施肥与水肥精量调控、病虫草害综合防控、适时晚收、全程机械化作业"七融合"技术模式,小麦生产要求七配套等,这种精耕细作的技术要求也难免会面临着农民更多的不理解,造成农民培训的困难。

举例来说,村中道路建设由土路变为水泥路,人们是很容易接受的,水泥路干净、结实,这是人皆可见的,但是若继续由水泥路变为柏油路则农民接受起来困难得多,水泥路变为柏油路的好处好像没有那么明显,村里可能会有"花那么多钱有必要吗"的不理解。当下粮食产量的提升当然无法如同20世纪一样改善原始技术便可以实现,而是需要进行更加艰巨的技术提升,要求更加精细的田地管理。而且即使加大投入,产量也无法像20世纪一般实现倍数增长。

21世纪初,外出打工逐渐成为主流,农业生产逐渐兼业化,齐河县粮食种植面积也下降到最低点。20世纪90年代后期,特别是21世纪以来,随着农业生产条件改善,科学种田水平提高,特别是农业装备的增加和农业机械化程度的提高,农业生产对劳动力的依赖程度大大降低,农村剩余劳动力和剩余劳动时间也越来越多,如图2-4所示。进入21世纪,城市化高潮到来,大量齐河农民外出务工,齐河县粮食种植面积下降了。后期粮食种植面积的上升主要与社会化服务提升、取消农业税、国家基本农田建设有关。齐河农民外出打工占据了他们的主要精力,种地成为一种兼业。但是国家依旧提倡粮食单产提升,强调粮食的高产创建。齐河县粮食生产在较高产量的基础上无法实现倍数增长,例如,在当前小麦、玉米各增长100公斤条件下,按照小麦1.5元/斤、玉米1.3元/斤的价格计算,可以带来560元/亩的收入增长,但是农民两口外出务工,每天大概可以获得280—320元的收入,因此土地面积较少的小农户自然觉得折腾几亩地不划算。在此背景下,教育农民就成了一项艰苦的工作。

图 2-4 1978—2020 年齐河县粮食种植面积

资料来源:齐河县地方志编纂委员会:《齐河县农业志(1949—2010)》,齐河地方志办公室2014年版,第209—210页;齐河县人民政府:《齐河县统计年鉴》(2012—2022年)。

因此,齐河县的农民培训是一项艰苦的工作,这种艰苦来自农民是独具个性的个体、个体面临"粮"与"钱"的目标冲突等原因。不过,这并不仅仅是农民不重视科学种田,而是土地面积较小,农民的主要精力并没有放在农业经营上所导致的。那么继续农民培训的意义在今天应该是什么呢？农业农村局专家、农民培训教师张老师给出了他的看法。

"小农户种地还是存在一定的保守性的，农户之间可能不会很高效地进行交流，比如有一家农户知道了'一喷三防'技术，在小麦灌浆时多打一遍药可以给小麦增产不少，但是他不一定会告诉别人。讲个例子，我们去大黄乡测产，看到一个村党支书种的麦子长得好，村支书的播种很精细，播种得好，我们科教科就组织科技示范主体到地里让村党支书现身说教，教大家怎么种地。小农户保守，我们并不保守，我们可以把大学成熟的技术拿过来，把种地能手的技术拿过来，教给农民。而我们进行培训是大户带小户的，培训科技示范主体、高素质农民目的就是让他们带着小户一起种，带着大家一起科学种田。"

综上，齐河县科教科、农广校、农办等政府单位组织的课程、田间指导、电话联络等活动，组成了齐河农民培训的主渠道，引领了齐河农民的科学种田。而面对艰苦的培训工作，最好的办法便是带着农民一起干，这便是齐河县农业技术推广的秘诀。

(三) 农技人员"带着农民干"

迎难而上便是齐河县农技人员的法宝，"带着农民一起干"便是齐河县技术推广的锦囊妙计。"农技推广的职责有两条：一是讲给农民听；二是带着农民干，而第二条尤其重要。就像老百姓常讲的，是骡子是马，拉出来遛遛。做得好永远比讲得好更为重要，科学的东西最讲究实事求是。"

县农业专家马老师的话在焦庙镇"十亩示范田"的创建中得到了充分的体现。2008年9月25日，原农业部办公厅印发了

黄河下游新农耕文明的齐河样态

《2009年全国粮棉油高产创建工作方案》,齐河县作为粮食主产县被确定为全国首批300个高产创建示范县之一,率先在全国开展粮食高产创建活动,拉开了齐河县粮食高产创建的帷幕。但是此时齐河县粮食产量只有小麦每亩400多公斤、玉米每亩500多公斤,提高粮食单产是高产创建的中心任务,这给当时的农业局的干部们提出了难题。

为了提高产量,科学种田是根本,农业局决定,组织精干技术人员,组成专家组,开始集体攻关。在焦庙镇建立十亩示范田,在工作中,实行了技术人员包村包地块目标责任制,变"教给农民干"为"带着农民干,干给农民看"。

彼时的马老师刚刚从县良种棉加工厂厂长的位置调到县农业局,虽然是山东农业大学的高才生,但是亲自下地种给农民看还是第一次。当时跟他一起种植示范田的60多名农业干部有不少都不是农业专业出身的,很多都是军队转业干部,在短期培训后"速成"为农技推广人员,很多人种地的经验不如农民老把式。但是专家种示范田,若是种得还不如农民,那以后怎么指导农民呢,种示范田是需要勇气的,带着农民干是需要本事的,一旦开始便只能成功,不能失败。看着眼前的示范田,马老师和一众农业技术干部们知道自己肩上的担子有多重。

示范田玉米播种的试验是采取单粒播种,达到每亩地播种6539粒种子,对玉米行间距、株距都有严格的标准,但是当时的玉米播种耧达不到这种单粒播种的要求。2009年6月15日,齐河县农业局60多名农业技术干部来到焦庙镇周庄村的一片已收割完的麦田里,他们要在一天的时间里,把这块10亩玉米高产攻关田种完。

农业局局长在田间向大家讲"今天让大家来种这10亩地,是为保证这次播种的质量。我们要干给农民看,带着农民干,通过这10亩高产创建攻关田的辐射带动作用,引领农民发展优质高效农业"。话音落下,大家四散开来投入工作。种子的放置很有讲究,要求"播种时每粒种子都要胚芽在上、方向朝南,并且要一粒粒地放置",于是农业技术干部们将一粒一粒的玉米种子像捡拾珍珠一样放到地里。株距、行距的标准也有严格要求,这大小行距分别是90厘米、30厘米,株距为17厘米,为了严格按照标准播种,农技人员在田里拉起测量绳,绳子上标注红色节点的位置就是播下种子的位置,一点也不能马虎。整个播种过程,除了开沟是用机械,选种、点播、埋土、整平、镇压等步骤全部是由技术员人工操作。

远远望去,就见到一亩地里几十个人乌泱乌泱地在一片地上绣花似的播种玉米,这是齐河县粮食高产创建的起点,也是黄河粮仓齐河县农业快速发展的起点。当年,试验田里的10亩玉米,达到了每亩1000公斤,当年实现单季"吨粮田",经省农业厅测产,焦庙镇万亩方十亩攻关田小麦亩产达755公斤。

第三节　齐河县农民的学习与创造

农民的培训工作是艰苦的,齐河县政府付出了艰苦的努力,也取得了骄人的成绩。政府每年组织的培训构成了齐河农民技术获取的主渠道,河流主渠一泻千里,支流的浸润也是其中奥秘所在。广大农民的知识获取还是一个渐进的过程,是一个润物细无声的浸润过程。仿似春雨润万物,尽在不言中,大量的技术传播是在我们关注不到的田间地头、房前屋后传播的,是在农业农村局"一喷三防"、大户带动小户、农资店的产品推销中进行的。

一、农技部门的浸润

"好地好种产好粮",齐河县深入实施"藏粮于地、藏粮于技"战略,累计建成80万亩粮食绿色高质高效示范区,覆盖10个乡镇786个村,是全国面积最大、标准最高的粮食绿色高质高效示范项目。30万亩核心区作为粮食生产基地于2021年入选国家现代农业(粮食)产业园,是全国5个粮食产业园之一。种好"中国粮食",端好"中国饭碗",齐河县交出如此优异的"粮食丰收答卷",政府在引导农业现代化和推动粮食产业升级上发挥了重要作用。齐河县政府通过农业标准化的推行、惠民利民政策的引导、公益性农技服务等多重举措,交出了"华夏第一麦"的优异答卷。

(一)推行农业标准化

粮食增产的关键还是在技术。近年来,齐河县以绿色优质高效现代化农业强县建设为统领,启动了"吨半粮"生产能力建设。在农业技术的标准化方面,齐河县大力推动了"一喷三防"、小麦"七配套"、玉米"七融合"技术模式在县域内的全覆盖,这些新技术模式是保障小麦和玉米增产的关键。通过小麦"一喷三防"和"七配套"的全面推行,小麦单产至少可以增加2公斤。玉米栽培"七融合"措施则显著提高了玉米种植的防灾减灾能力,促进了粮食稳产增产、农民增收致富。

2009年,齐河县被原农业部确立为小麦高产创建示范县后,粮食生产标准化稳步推行。2010—2012年,齐河县累计投资2.4

亿元,建成了田成方、林成网、渠相连、路相通、旱能浇、涝能排的10万亩高产创建核心区。核心区内,一增四改、"深耕深松"等关键技术普及率以及良种覆盖率、机械化水平都达到了100%。2012年4月,齐河县制定了《小麦"一喷三防"项目实施方案》,力争实现县域内小麦"一喷三防"全覆盖。2013—2015年的三年时间,齐河县整合各方资源,实现了县域内100万亩粮田全部深耕深松。同年,齐河县秸秆还田率也达到了100%。

在农技站一位工作人员那里我们了解到,农业标准化推行过程并不是一帆风顺的。以秸秆还田为例,有很多农户认为秸秆还田是"白害",对小麦生产是一大害。但是在整地前增施氮肥可以减缓秸秆还田对小麦的负面影响。一次,农技站人员下乡时,恰巧遇到一位农户和农资经销商发生了矛盾。农户麦田里的麦苗叶片黯淡无光,植株弱小瘦弱。农户认为农资经销商卖了假肥料给自己,任凭农资经销商怎么解释也不相信。农技站的人员下到田里仔细查看和询问,才了解到该农户在整地前没有增施氮肥。经过农技站人员的耐心讲解,农户终于明白了在整地前需要增施氮肥,才能减缓秸秆还田对小麦的负面影响。这样的例子数不胜数,农业标准化的推行过程中,齐河县农技部门付出了大量心血与汗水。

2022年,县财政安排1700余万元实施了30万亩小麦抗逆保穗和"一喷三防"全覆盖统防统治项目。在调研中,晏北街道安付村的一位村民提道:"政府在小麦和玉米的扬花期都要喷一次药。"而在刘善村一位村民也谈道:"政府每年玉米喷一次药,小麦喷两次。有的时候玉米也喷两次,要根据气候。政府'一喷三防'以后产量确实高了。"务农重本,国之大纲。近年来,齐河县致力于粮食高产创建、绿色增产模式攻关、粮食绿色高产高效示范县创建,以锚定国家农产品质量安全县目标,大力发展绿色优质高效农业,在全国率先发布《山东省齐河县小麦、玉米质量安全生产标准综合体县市规范》《山东省齐河县小麦、玉米生产社会化服务标准综合体县市规范》,统一农资供应、测土施肥、栽培管理、植保防治、农机作业、烘干收储6个服务标准及小麦"七配套"、玉米"七融合"绿色高产高效技术措施,并与中国农科院等共建国家小麦、玉米质量标准中心,农产品质量安全抽检合格率100%。同时通过推广应用配方精准施肥等技术,坚定不移推动农业标准化,为实现粮食高产、稳产和均衡增产而努力,为进一步保障国家粮食安全贡献了齐河力量。

(二)惠民利民政策引导

2021年12月22日,齐河县金穗粮食种植专业合作社袁理事长的脸上洋溢着笑容:"虽然今年种粮遇到了条锈病、秋收秋种持续阴雨天气等不利因素,但县里加大了惠农助农补贴力度,入社的5万亩地累计获得230万余元的补贴。"

拿出1000万元对全县小麦进行统一供种;列支1000万元用于补贴先进小麦、玉米收割机、播种机;为加快秋收秋种进度累计补贴2102.3万元。2021年,齐河县累计投入5200万余元用于种子、播种、收割、农机等粮食生产补贴。

种子是农业的"芯片",品种好坏决定粮食的产量和品质,齐河县结合资金补贴主要推广济麦22、济麦44等良种。通过统一供种引导,积极推广济麦44等高产优质强筋小麦新品种,实现订单生产,并且每斤收购价格比普通小麦高1角钱。农民们拿到了补贴、提高了产量,还得到了实惠。

与袁理事长一样,提起县财政惠农补贴,刘桥镇西杨村党支部的李书记赞不绝口,2021年秋收秋种期间,齐河县遭遇持续降雨天气,对农业生产造成影响,为加快秋收秋种进度,县委、县政府发布关于实施玉米收获补贴和深松补贴公告,对10月15日前收获完成的玉米地块每亩补贴20元,对小麦种植地块进行深松作业的每亩补贴15元,西杨村的合作社共有1.5万亩土地,就可以获得补贴52.5万元。

目前,齐河县政府已经建立了较为完备和稳定的惠农补贴政策,如表2-5所示。此外,齐河县政府每年拿出110万元开展"粮王"大赛活动,让种粮不仅有收益还有荣誉,进一步激发农民的种粮热情。

表2-5 齐河县2023年主要惠民惠农财政补贴项目

政策名称	依据文件及文号	发文单位	主管部门	补贴对象
耕地地力保护补贴	(面积核定)山东省农业农村厅关于切实做好年度全省小麦种植面积核定工作的通知	山东省农业农村厅	齐河县农业农村局	种植小麦的农民(新型经营主体)
农机购置补贴	2021—2023年德州市农机购置补贴工作实施方案	农业农村部、财政部	齐河县农机中心	从事农业生产的个人和农业生产经营组织
一次性种粮补贴	关于下达2023年中央财政实际种粮农民一次性补贴资金预算指标的通知	山东省农业农村厅	齐河县农业农村局	种粮农民(新型经营主体)

资料来源:笔者根据访谈资料整理。

(三)公益性农技服务

"哎呀,多亏政府组织的培训,政府的培训很全面,老师讲得很细致,像天气变化、玉米小麦品种推荐,讲的知识可多了。我很喜欢去参加培训,不仅管吃管住,还能学到不少真本领。培训多的时候,我有时候一个月参加好几次。记得2017年的时候,我听说政府又组织培训了,我给培训的老师打电话,说想去参加培训。这种培训的机会要把握住,我每次都主动报名参加。"

这是晏北街道东高村的一位种粮大户在访谈中对政府农技培训工作的评价。政府各级农业科技推广机构是农业技术推广普及的主要渠道,齐河县政府型农业科技推广机构对农民农业科技成果的采用发挥着重要作用。

2023年3月,仁里集镇召开了"吨半粮"建设暨春季麦田管理培训会议,邀请县农业农村局相关专家授课,并有针对性地解决农民在实际种植过程中遇到的困惑与问题。在宣章屯镇,县农业农村局技术专家也根据村民"点单"开展技术指导,他们到地头查苗情、看墒情、解农情,动员农户做好以水肥管控和病虫害防治为重点的田间管理,开展优质先进农技推广,引导群众科学、有序灌溉农作物,增施速效肥,壮弱苗管幼苗。

2023年,针对春耕小麦苗情特点,县农业农村局还先后制定了《小麦防冻抗旱管理技术意见》《小麦春季管理技术意见》《春季小麦病虫草害防治技术意见》,组织100多名农技人员成立15个服务队,累计培训指导100余次,发放技术明白纸3万份,组织线上培训5场次。

"种粮靠经验""有了新技术我们也搞不明白呀"这是以前农民们最常说的话。通过镇联系专家下到田间地头主动给农民们讲解技术,在实践中让农民们亲身感受新技术,使种粮由"靠天靠地靠经验"转变为"讲科学靠技术"。

通过粮食种植技术的培训和专业人员田间地头进行指导,农民能够学习和应用先进的种粮技术。这种实地指导不仅提供了实用的操作技巧,还培养了农民对种植过程的理解和技能。农民通过与专业人员的互动交流,获得了宝贵的经验和知识,有助于他们改进种植方法、提高产量和质量。这种技术培训和实地指导为粮食种植技术的推广提供了关键的支持。

目前,齐河县已经形成了由科教科统一部署的省—市—县三级农业技术培训体系,如表2-6所示,通过在农闲时组织农技人员进行免费培训,并提供食宿,吸引了一大批基层农技人员广泛参与,有效推动了粮食生产技术的推广。此外,齐河县还形成了由农技站负责的县—乡—管理区—村四级农业技术推广指挥棒,通过电视、讲座、发放明白纸等方式免费为农户提供粮食生产和种植的技术指导。

表2-6 省—市—县三级农业技术培训体系

农技人员培训班	培训时间	培训人数
省级班	5天40学时	24人
市级班	4期,5天40学时/期	50人
县级班	2期,5天40学时/期	100人

资料来源:笔者根据访谈资料整理。

二、社会化服务组织的植入

发展现代农业,首先要解决好"谁来种地"的问题。中国农村以小农户的长期存在为基本现实,因此实现小农户与现代农业的有机衔接是实现农村和农业发展的关键。农业社会化服务在推动小农户与现代农业衔接方面发挥了重要作用。在齐河县,为鼓励社会化服务组织的发展,县财政每年拿出2000万元资金,补贴良种推广、新技术运用、大型农机具购置等农业生产的关键环节，以此撬动社会化服务组织对农业的投入，带动齐河县农业产业的发展。

2015年8月，齐河县全面启动了党支部领办合作社项目，由村支书、主任等村干部作为领创人，出资入股成立合作社，吸纳其他服务组织和农户为合作社成员。实践证明，党支部领办合作社正在走出一条强村与富民"双赢"、集体与群众"双增收"的新路子，合作社的逐步专业化、精细化发展，也带动提升了农业社会化服务水平，降低了群众生产成本，实现了粮食增产增收。

齐河县乡土丰利合作社位于晏城街道前甄村，2015年10月登记注册。合作社建立了种植服务中心、社员培训中心、粮食烘储中心、粮食加工中心及品牌营销中心，初步形成了耕、种、管、收、加、烘、储、销的产业服务链条。目前，合作社社员315人、管理人员8人，全程托管土地3020亩、半托管35500亩，年社会化服务20万亩以上。2022年2月13日，全国春季农业生产暨加强冬小麦田间管理工作会议在齐河县召开，乡土丰利合作社是国务院原副总理胡春华同志参观的4站地之一。

在合作社院内，各种所需的肥料以及尿素、防治病虫草害的农药分门别类摆放整齐，每一类肥料和农药前面都有一块牌子，上面标明了产品特点、适用作物、使用方法和注意事项等。

"为农民服务就要不断创新服务机制，农民想到的我们要去做，农民想不到的我们要提前做。"这是合作社甄理事长常挂在嘴上的话。

乡土丰利合作社是齐河县分层次创新培育社会化服务组织的一个缩影。针对不同的服务群体，齐河县培育起了规模适度、服务多样、覆盖全县、辐射周边的社会化服务组织,建立了三类队伍:服务于种植企业、种粮大户、家庭农场等规模大、需求大的社会化服务组织,例如,齐力新农业服务有限公司;针对规模适中的村级合作组织开展服务,乡土丰利合作社就是典型代表;面向小农户开展个性化、菜单式服务,例如胡官屯镇金穗粮食种植专业合作社。截至目前,全县发展农业社会化服务组织486个,农机保有量4万台套,年作业面积900万亩次以上,综合托管率90%以上,实现了多方共赢。

这个共赢,除"钱包鼓了"、粮食实现了"十九连丰"外,还实现了小农户与现代农业发展的有机衔接:通过生产性托管服务,既解放了劳动力,又克服了小农户在资本、技术、人才和管理方面的劣势,在不流转土地的情况下实现了农业规模化经营,形成了人才、土地、资金、产业汇聚的良性循环,畅通了城乡要素流动,激发了粮食生产的内生活力。

三、农资店的技术推广功能

农资店的数量众多,问起农户自己最常去的,他们往往回答"村口那家"。就仁里集镇来看,全镇共计有99个自然村,这也就意味着仁里集镇至少有99家农资店,仅主街道上便有近十家农资店,不同店铺的农资品牌也各不相同。农资店虽大多不起眼,但是其都有着自己的固定客户,若是仅仅将农资店看作化肥、农药的销售商,则小看了这些农资店的作用。为了更好地销售农资,农资店老板不仅需要清楚农资的品牌、价格,还需要对农业知识具有相当的了解。以我们了解的潘店镇老肖农资店为例:店主老肖从23岁开始做农资生意,是20世纪80年代的高中生,一直就喜欢钻研农资,自己一直会从报纸和农业技术书籍中获取农业技术知识,高中毕业后会从《科技报》等报纸、书籍中学习农业技术。他认为现在农资店比拼的就是服务,时间长了之后,对农资知识的了解越来越深入。在卖药的时候,店主会给出配套的技术方案,会告诉农民施多少肥,除草剂怎么打,不仅给药还"开方子",事实上农户也对他很信任,说到"地里什么病他一听一看便知,给的药和使用方法自己回家按方下药大多都有效"。

大户可以从政府培训中获得需要的种植技术,但是小户以及部分种地粗放的大户在参与政府培训方面往往缺乏积极性,"农资店老板说什么,我们就买什么,有事就问他"这种情况在农民中很常见。从这个角度来看,农资店就变成了以农资店老板为"老师"的农业技术培训班,在农户的种地过程中便可以作为技术获取渠道。

若是将公益性的政府培训看作外村的亲戚,那么农资店就可以看作家门口的邻居,现实中往往会有远亲不如近邻的情况产生。

(一)农资店距离农民的"近"

近邻的关系主要是"近"来体现的,这种"近"首先是距离上的"近"。农资店一般在每个村庄里都有,农户骑电动车几分钟就可以到达店铺,甚至如郭庄村村民所说"就在村口,很近,你走着过去,一会儿就能看到",因为数量众多、体量较小,农资店一般的服务范围只能涉及周围的村庄,这种市场的竞争反倒是方便了农户在家门口买到自己需要的农资和技术。

"近"也体现在身份上的认同感。农资店老板往往自己也是农民,而且自己经营土地,农民也认为自己种地的农资店老板更加值得信任,因为"他自己也种地,所以知道哪种农资更加适合我们的土地",这种同为农民的身份也使农户愿意相信农资店的技术和农资推荐,东高村农资店朱老板便是"土专家"。

东高村朱老板的农资店就开在村口,自己流转了村里140亩土地,平时村里农户会问他如何种地,路上遇上人的时候也会被问道:"哎呀,你看这个棒子要不要除虫害?"然后到田里帮他们查看后回答"挺轻的,不用管"。请教的人特别多,每个季节都有百十人,别的村的人也会找他。有时候还会打电话告诉他们如何进行粮食的种植。

近也是感情的亲近。农资店老板往往在村里、镇上经营了几十年,这种时间的积累为其农资销售打下良好的基础,并且也获得了农户对其感情的亲近。张铺村郭姓村民告诉我们:"郭庄村的农资店老板是原供销社员工,退休后开了农资店,目前店铺已经开了20年,村民一般都是去他那里购买农资,也比较信任他。农资购买可以通过打电话的方式进行,老板有时候也会在农忙季节,拉着农资来村里,敲门推销自己的化肥。"

感情的亲近也是由农资店老板日常的培养得来。日常送礼物、请吃饭可以拉近农资店老板与村民的感情,也可以帮助老板更好地推销自己的产品,日常情况下农资店会组织农户参加农资厂家举办的农业技术培训,并借机培养与农户间的关系,以拉拢农民作为自己的客户。这种培训相较于政府的公益培训更加带有功利性的目的,但是其娱乐为主的培训方式也使农资店老板更能够建立起与农户的良好感情,例如,晏北街道宗吴村农资店宗老板告诉我们:为了扩大销量会自发组织散户的培训,这种培训一般都是放在饭店,专家是农药或者化肥厂商派的,农资店负责找场地。按照以前的价格饭店一桌花费 300 元左右,现在花费在 1000 元以上,但是培训后农资销量会显著增加,而这就可以帮助老板赚回招待费用。

因此,相较于政府的农技推广,农资店在技术的传播过程中与农民更"近",具体体现在距离更近、身份更近以及感情更近等,这种"近"既是农资店销售产品的依仗,也变成了农资店技术传播的优势。

(二) 农资店的个性化技术传播

农业农村局组织的专家相较于农资店来说,更具有专业性与公益性,自 2008 年粮食高产创建工作开展以来,齐河县有一大批农业专家投入农业的高产创建中,县、乡镇的技术指导员搭配成技术指导组包户,极大地促进了农业技术的推广与创新,形成了农民技术获取的主渠道,建立起县农业发展的技术标准。但是县域内的技术推广遵循的是政府工作的科层逻辑,技术的传导往往遵循由县农业农村局作出指示,镇农办接收后再传达至各管理区、自然村,面对着县里 126 万亩的耕地,农业技术推广人员难以做到根据每一户人家的土地情况进行个性化指导,只能够建立起适合全体农户的技术标准。

农资店是市场化的一部分,其运作的最终目的在于获得更多的利润,为求农户的信任与青睐,农资店一般采取一种积极主动的方式与每一个农户建立联系,面对客户提出的疑问能够及时根据每家的情况进行判断,作出及时的调整措施,因此农资店的技术传播逻辑是个性化的,郭庄村小郭告诉我们:"小麦不能一味地密植,一亩土地自己会播撒 50 斤小麦种子,一般是播撒 40—50

斤/亩,这个要看土地的情况,红土地更加费种子,因为土地更结实,会使小麦出苗比较困难,因此需要多播撒种子才行。这种具体的问题若是自己不懂可以随时打电话给农资店老板,他都会告诉你。"

农资店之于技术推广员,就如同村口的邻居和远处的亲戚,政府技术人员的建议更加可靠而且更具公益性,而农资店的技术推广则更方便获得、更具个性化,技术的标准是冷冰冰的,农资店老板的温声细语反倒能引起农户的好感。

同时,农资店的逐利性也会导致市场的混乱,例如,农资店老板优先售卖的产品是获利最多的类型,而不是效果最好的,这就导致农资的质量有时难以保证,并且存在过于积极的农资销售行为,仁里集镇农资店老板、种粮大户老周告诉我们:"村里的农资店销售主要依靠各自在村里的关系,购买亲戚的农资,农资商会把农药送到家里,有强买强卖的成分。有时候你不知道化肥就送到你家里了,也不要钱,最后过年时来家里要钱,仁里集镇有十几家农资店,可以赊账。""看到农资店老板,就把门关上,到楼上偷偷观察对方走了没,等农资店老板走了以后再出来""你是卖农资的,你说了算,谁知道质量好不好,都是听农资店说了算,农户是不知道要买什么肥料的,农资店说买什么就买什么"。

因此,农资店在齐河县的农业技术传播中扮演着重要的角色,农资店在追求农资销售额最大化的激励下主动与农户建立起交情,并积极对农户进行个性化指导,但是也由于农资店的市场竞争与利益趋向,使农资店在技术指导过程带有了较多的风险性,需要对此增加管控。

四、齐河农民的自主创造

齐河县的农业发展离不开优秀农技指导员,也离不开千千万万个种粮能手的学习与创造,正是专家智慧与农户努力相结合,才使齐河县的农业发展稳居前列。

仁里集镇大柴村的老柴是德州市"首批新型农民",在推广统防统治方面,既是积极实践者,又是干事的行家,由于种粮食很在行,人们都愿意听从他的指导。老柴很早就会在网上购买农药、种子、肥料,科技意识很超前。五十多岁了,还是一名电脑通,每一次工作汇报都是发电子稿,用的那些文化词,很令人钦佩。

老柴在齐河县农业战线上,可谓是声名在外。当年抗虫棉刚刚研制出来,老柴就骑着自行车到种子站打听,要求赶紧买进来,那可是一项含金量很高的大买卖。那几年,老百姓的棉花地都成了"虫子天地",棉花种植面积大幅减少、棉价持续上涨,抢得先机就是抢得商机。

他对政策很有研究,经常报纸不离手,新闻联播必须看。合作社优惠政策刚下来,就和村支书一起商量,用两个人的名字进行组合,注册了"正荣粮食专业种植合作社"。老柴很爱学习,很爱钻研,积极为村里争取科技示范户学习名额。看到他这么爱学,镇上就保送他到济南市第三职业中专参加了半个月的农民创业培训与新型职业农民培训。他就一猛子扎下去,学了个痛痛快快、明明白白,被评为"优秀学员"。在2014年的齐河县小麦"粮王"评选中获得"粮王"称号,获得24马力的拖拉机一辆,玉米播种耧一架。在2022年的"粮王"评比中,老柴获得玉米、小麦的全年粮王称号,德州市发放奖金1万元,齐河县授予一块金牌。

问起他的种地秘诀,他很谦虚地说道:"都是赶巧碰上了好年景,农民基本上都会种地,人勤地不懒,勤看勤跑。"但他还是透露了一些窍门:"播多深,种量多少都是常识;自己搞得好的原因在于肥料,肥料不行地就种不好,需要根据土地的情况进行配方施肥,这里可以根据农业农村局的测土配方进行肥料选择。"

第三章　家计更新:新家计模式中的
　　　　农业家庭经营

　　家庭被视为社会的微观单元,而农民家庭构成了中国农村的核心主体。自 20 世纪 80 年代开始,随着市场主导的工业化和城市化浪潮,农民家庭的经济结构经历了显著的转型,其中"半工半耕"的模式变得日益普遍,这与传统的"过密化"小农和高度资本化的农业企业组织有着本质性的差异。这种经济结构也催生了农民家庭经营活动与结构的差异化。

　　本章节深入齐河县农民家庭,通过实地访谈的方式系统性地探讨了该农村地区家庭的生计模式,在持续追求城市化目标的接力进程中,齐河县的农民家庭展现出一种独特的生活轨迹,他们定期在城乡之间穿梭,构建出一种跨越城乡界限的家庭生活方式,形塑了撑开在城乡之间的家庭形态。通过代际的持续接力机制和亦耕亦工家计模式,由父代家庭积累财富以支撑子代家庭城市化进程的稳定展开,生成了一个代际关系紧凑、劳动力分工合理的家庭经营模式。这种经营不仅是农民家庭对外部环境的适应,更是一种富有伦理意义的选择。伦理的维护和传承为农民家庭提供了强

第三章 家计更新:新家计模式中的农业家庭经营

大的发展动力。伦理关系以及伦理观念的延续,确实为农民家庭在迈向现代化的道路上赋予了巨大的内在驱动力。

第一节 撑开于城乡之间的农民家庭

本节试图呈现齐河县农民大家庭的"城乡两栖"现象,即跨越村庄—县城的空间,从而呈现一种"撑开"在城乡之间的家的形态。[①] 本节基于齐河县农民基本生活来源调查,旨在通过深入剖析齐河县农民的家庭结构和家庭经营策略,以更加全面、系统的视角,呈现齐河县农民的生产生活面貌和家庭样态。齐河县农民调查总计涉及5个镇级(街道),176户,792人。

一、城市化进程中的农民家庭

在我国传统农村社会,一直盛行着"四世同堂""五世同堂"的大家庭传统。家庭人口越多,规模越大,越能彰显家庭和睦、团结、兴旺。传统的大家庭模式由祖父母、父母和孙子女等多代组成,这样的家庭结构被普遍看作理想状态,家庭成员多、涵盖多个年代、由多对夫妻组成,家庭成员间的纽带异常紧密,建立了深厚的情感和依赖关系。然而,随着市场经济的发展,农村家庭结构也经历了巨大的转变。传统"多子多福"的观念已逐渐被现代"优生优育"的观念所替代,当前农村家庭中独生子女或双子女的结构更为普遍,农民的生育策略已经发生了重大转变。

---

① 白美妃:《撑开在城乡之间的家——基础设施、时空经验与县域城乡关系再认识》,《社会学研究》2021年第6期。

（一）"有分又有合"的农民家庭

根据全国人口普查的数据显示，农村家庭户①的规模也随着时间逐渐减小。据人口普查统计，1990年我国农村平均每户有5.1人，而到2019年已降至2.9人，农村家庭规模不断缩小。齐河县家庭也是如此，家庭户数从163339户增加到191382户，家庭人口从582510人减少到540678人。"总人数减少，户数增加"造成齐河县户规模的明显下降，户规模从3.57人/户（五普）降至2.83人/户（七普），如表3-1所示。根据农村村民基本生活来源调查数据，我们调查了146个农村住户、361位农民，得到的户规模是2.47人/户，这在《王官屯村志》里也有体现，从1990年的每户平均4.25人到2014年的每户平均4人。数据显示，城镇化率持续上升，人口向城镇转移的趋势加强，城市的经济和社会吸引力不断增强。

表3-1 齐河县三次人口普查数据汇总

指标	第五次普查	第六次普查	第七次普查
家庭户数（户）	163339	175019	191382
家庭人口（人）	582510	592917	540678
户规模（人/户）	3.57	3.39	2.83
常住人口（人）	593341	602042	576375
城镇人口（人）	140460	290342	317019
城镇化率（%）	23.67	48.23	55

资料来源：齐河县三次人口普查公报数据，齐河县人口数据，见 https://www.hongheiku.com/xianjirank/sdsxq/7436.html。

---

① 家庭户被定义为"与家庭有关的人口（或可能包括其他人口）共同居住和生活的被视为一个家庭户；单独居住的个体也视为一个家庭户"。然而，这一定义相当宽泛，使具体判定何时构成一个家庭户变得不甚明确。

第三章 家计更新：新家计模式中的农业家庭经营

从人口普查的数据来看，这意味着传统大家庭的瓦解与家族内部的分裂，核心家庭结构越来越凸显。这也非常契合于市场经济下农民家庭劳动力配置模式的转变机制。随着工业化和城市化的快速发展，近2.3亿的农村劳动力被吸纳到非农经济领域，农村剩余劳动力的转移为农民家庭的农业发展提供了有利条件。同时，农业技术的进步和机械化大大减少了农业生产中的劳动力投入，进一步推动了农民家庭的劳动力配置模式向工商业领域的转变。市场条件下人口的转移和农业机械的发展，极大地弱化了农业生产的合作互助需求，推动农业生产单元的小型化——核心家庭化。

不过，在现代化和城镇化背景下，农民家庭面临前所未有的压力，家庭再生产的成本提升（如婚姻成本、教育成本都不断提高）、难度增加。在此情况下，仅仅依靠一代人的力量往往难以实现家庭再生产的顺利进行。因此农民家庭对代际整合的需求越来越强，需要通过两代人乃至三代人的共同努力，才可能顺利完成家庭再生产和家庭目标。因此，农村家庭结构的核心化转型并不彻底。在子代小家庭独立之后，子代小家庭与父代大家庭之间仍维持着极其紧密的关系，表现为代际关系紧密且发展向上的"新三代家庭"。尽管年轻的子代家庭以外出打工为主，但他们与父代家庭之间的联系并没有因此减弱。孙辈的养育和照料、子代在城市中购置住房的费用、住房贷款的偿还，以及在城市中的家庭生活开支大多仍是由老年父代家庭承担。子代家庭与父代家庭之间"有分又有合"。

（二）进城买房与代际合力

从当前农民家庭的发展实践来看，近年来，中国农村城市化进程发生了明显变化，越来越多的农民家庭开始进入城镇买房定居。笔者随机统计了齐河县9个村内农民家庭进城购房的情况（见图3-1）。在这10个村民小组的203户农民家庭中，在本乡镇、县城和市级以上城市购房的农户分别有2户、67户和33户，占所统计农户总数的2.0%、65.7%和32.7%，总计占50.2%，这意味着超过一半的大家庭都拥有除村里老宅以外的房产。显然，进城购房已经成为农民家庭发展的重要实践。

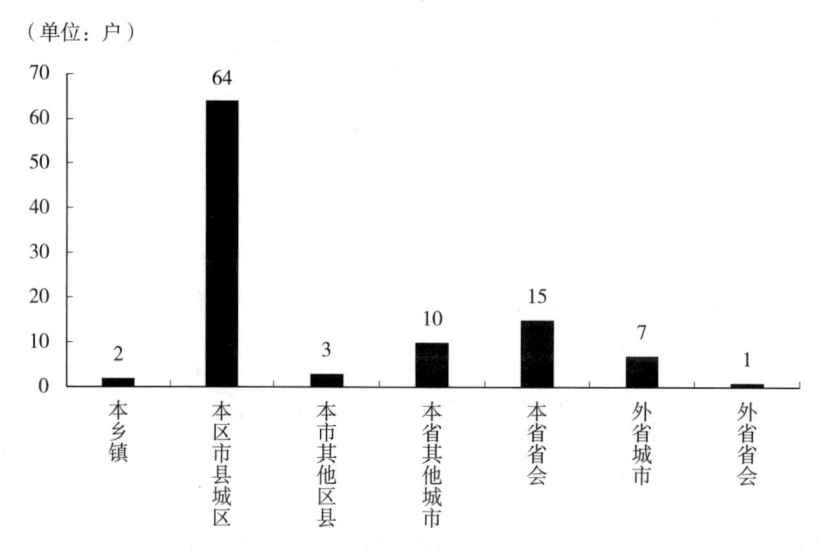

（单位：户）

地点	户数
本乡镇	2
本区市县城区	64
本市其他区县	3
本省其他城市	10
本省省会	15
外省城市	7
外省省会	1

图3-1 齐河县受访农民家庭进城购房地点分布

资料来源：华东理工大学中国城乡发展研究中心农民基本生活来源数据库。

从全国数据与齐河县数据对比（见表3-2），齐河县农民家庭和全国的农民购置房子选址情况大体类似，以省内城市与县城为主。齐河县农民家庭更多选择在齐河县城买房（62.75%），也有

14.71%的家庭选择在省会城市买房。

表3-2 全国与山东省齐河县农民家庭进城购房地点分布对比

分类	全国	山东省齐河县
样本数(个)	1078	102
直辖市城区	4.45%	—
省会城市城区	11.13%	14.71%(本省省会)
		0.98%(外省省会)
地/县级市城区	33.77%	19.61%
县城	32.47%	62.75%
市/县城城区以外的镇	18.18%	1.96%

注：全国数据来源于2021年中国社会状况综合调查的样本数据,CSS2021完成了覆盖全国30个省（自治区、直辖市）592个村居的入户调查工作,收集合格调查问卷10136份,其中我们选取了户主是农村户口且购置农村以外房子的家庭,样本数是1078个,山东省齐河县数据来源于华东理工大学中国城乡发展研究中心农民基本生活来源数据库,覆盖齐河县10个村民小组的203户农民家庭的入户调查工作,样本数为102个。

资料来源：2021年中国社会状况综合调查（CSS）、华东理工大学中国城乡发展研究中心农民基本生活来源数据库。

孩子教育与婚姻娶亲诉求是当前农民家庭进城购房的重要动因,这一行为也持续推动农村家庭城镇化的进程。从调查了解到,进城买房的消费在一定程度上高于大多数家庭的收入水平,对农民家庭来说,置办婚房并不是独立的经济行为,而是整个家庭"终生筹划"的一部分。一位村民在谈到给孩子凑钱买房子时说："小孩他们其实挺努力的,工资一直在涨,但是再涨也远远比不上坐火箭一样的房价和利息费（房贷利息）,而且,他们刚成家那会,才领上工资,哪来那么多钱呢,家里肯定得支持。"

事实上,在作出进城为子辈购置婚房的抉择时,农民家庭已经在考虑对整个家庭的"终生筹划"进行相应的调整。为了实现更好的生活品质和发展机会,农民家庭把购买城市房产视为共同的目标。这一目标实现的过程充分体现了农民家庭中的代际接力机制。

在这种接力式的城市化模式中,父代家庭首先开始财富的积累,并为子代家庭的城市生活提供稳固的经济支持。这不仅是基于经济利益的选择,更重要的是,这种模式深刻地反映了农民家庭中那种为子女提供更好生活机会的深厚伦理情感。例如,一位给儿子买了房的农民说:"终归有个家,得有个属于自己的家。"他和老伴儿两人在县城不辞辛劳地考察各个楼盘,装修之际更是广泛征询村里人的宝贵经验,能够帮多少自己心里也没数,但两人还是通过不懈努力,最终凑齐了首付,给儿子置办了婚房,面积逾百平方米,还特意预留了一间房,以便将来老俩口能够时常相聚,共享天伦之乐。

此外,教育被视为实现社会流动与阶层晋升的最主要途径。当前的农村教育资源已不能满足农民家庭的发展需求,进而导致了对城镇教育资源的高度渴求。近年来,由农村青年主导的"教育进城"现象成为农村教育的一大趋势。这一转变催生了一种教育城镇化趋势,即大量的农村家庭选择将子女送至资源丰富、教育质量高的乡镇或县城学校接受教育。变革的背后,部分原因在于家长的教育期望值提升。相较于前代,"80后"与"90后"的教育水平显著上升,他们在教育方面的观念也更为前沿。他们的城市打工经历加深了对教育重要性的认知,体验到城乡阶层差异、教育背景与职业机会的密切关系。这一认知反映在西杨村村民的描述中:"在咱们这儿,人人都明白,孩子想有前途,得好好上学。咱村的学校嘛,条件跟不上,老师也不稳定。镇里的学校,那教学质量就强多了。我明白,只有孩子受到好教育,将来才有可能不像我这样日子过得辛苦。虽说每天把孩子送到镇里读书,老婆和奶奶轮流接送,那确实是很费劲,特别是冬天冷的时候,或者下雨的日子。但想着孩子将来能走出一条好路,这点辛苦,咱们愿意。路上接送,风吹日晒,看到那孩子们认真的脸,就觉得,一切都值得。"

与此同时,农民家庭的教育支出显著增加,主要体现在学校费用、课外辅导和子女的日常生活开支。在此背景下,家庭资源配置和利益最大化成为核心问题。家庭的年轻一代经济上独立于父辈,但两代之间仍然保持紧密的联系,强化了互相之间的责任。为了确保这种经济模式的可持续性,家庭需要策略性地分配其资源。需要特别指出的是,当年轻夫妻都在城市务工时,其子女的日常照料问题尤为突出。这种情况下,尚有劳动能力的祖父母常常被赋予照看孙子女的责任,包括日常生活的照料、学习的督促,甚至包括家庭作业的辅导。这不仅确保了子女获得优质的教育,也可以让在外务工的年轻夫妻全心全意地投身于工作中。

案例:焦集村村民,焦某,60岁,有一个儿子,已婚并且育有两个孩子,大孙女在镇上读初中,另一个小孙子2014年出生,在镇上读小学。两个孩子都在不同的学校,放学时间也不统一,这意味着单靠孩子妈妈去照料两个孩子不实际。儿子是小家庭的主要劳动力,农闲的时候在济南市等地做建筑工人,不能在家照顾孩子。尚有劳动能力的奶奶就成为照顾小孙子的人选。奶奶和妈妈商量接送孩子的"排班表",学校叫家长还是先叫妈妈,如果妈妈在打零工抽不开身,才会叫奶奶去学校。奶奶原本种地和在村里赡养老人的任务就转移到爷爷身上。

父代家庭不仅为子代提供在城市务工的基础设施和支撑,而且直接为子代购买城市房产提供财务支持。他们持续不断地为子代的城市生活输送资源,直到他们的生命进入暮年,此时父代家庭通常选择退回农村,享受宁静的晚年生活。随着时间的推移,这种代际继替的过程逐步稳定,子代家庭的城市生活也逐渐稳固。这种基于代际合作的模式为年轻一代的农民降低了城市化的经济压力,为他们在城市中的生活提供了稳定的保障。从更广泛的角度看,这种城市化的模式不仅是农民家庭追求更好生活的策略,也是他们家庭发展的核心特征。

综上所述,农民家庭的城市化进程不仅是为了经济发展,更多的是基于深厚的家庭伦理和对子代的关心与扶持。这种基于代际关系的城市化模式为农民家庭的稳定发展提供了坚实的基础。

二、半工半耕与城乡两栖

(一)半工半耕

齐河县农民的家庭收入模式早已不再是单纯来自农业,半工半耕是齐河县农民家庭的主要家计模式。《齐河志》的数据表明,早在2010年,齐河县农民非农业收入已经占到了54.1%,超过家庭总收入的一半,这一趋势与国内其他地区的农村相似。根据中国统计年鉴的数据来看,早在2013年全国农民工资性收入4025元,占人均纯收入的45.2%。①

这种收入来源的多样性在齐河农民的家庭中有着明显的体现。根据刘桥镇焦集村二组村民小组长的访谈,30—45岁的村民中,23户中有6—7户选择外出打工,并主要在省内各个城市工

---

① 《农业部:2013年农民增收实现"十连快"》,中国政府网,2014年2月13日,见https://www.gov.cn/gzdt/2014—02/13/content_2599046.htm。

作。另外,2户村民迁移到省外的北京和上海工作,这两户都有大学学历。余下的5户有固定的工作地点:两户在齐河县的莱钢上班,一户在济南市经营出租车,一户在本镇养猪,另一户在滨州从事钢构业务。在妇女的劳动情况上,大约10名妇女在齐力新公司工作,专门负责玉米的配种,她们的工资是每小时10元,每天工作8小时,并且中午有时间回家。此外,有大约16户妇女选择留在家中照顾孩子。经济方面,30—45岁的年轻村民的年收入在5万—6万元左右,这个年龄段的劳动力是村庄经济的主要支撑。而那些年龄在50岁以上的村民则多数选择半工半耕,他们的零工收入不固定。尤其当家中有老人和孩子时,土地仍然是这些家庭经济安全的一个重要支柱。尽管外部工作机会可能带来更高的收入,但土地为他们提供了一种相对稳定和可预测的生计来源。而超过60岁的村民很少有零工的机会,他们在劳动市场上的竞争力逐渐下降,面临较大的就业压力,他们更多地依赖土地,采取半工半耕的方式为生。

在当前农村,将家庭所有的劳动力投入自家十几亩土地上是不划算的。无论是老年家庭还是年轻夫妻,只要是具有劳动能力,大都会在农闲时外出务工,或长期在外上班,或在城市打零工。家庭成员的分工是根据家庭需要来进行的,一对夫妻并不仅仅需要赚钱,夫妻二人往往面临着赡养老人与照顾孩子的任务,因此家庭便面临着不同的分工选择。总体上看,齐河县农民家庭是工与耕相结合,二者都在齐河县农民家计模式中占据重要地位。花赵村的村党支部书记说:"现在村里年轻人很少,都出去打工去了,农忙的时候回来帮忙种地,种完地以后又都出去打工了。"

这种边打工边种地的情况有两种经济的考虑。首先,种地是一项带有季节性的工作,齐河农民的农忙主要是进行小麦收割、玉米播种,其余时间并不需要全程在家,而且大多数家庭土地面积比较小,一般在20亩以内,较小的土地面积使农民有余力外出打工,若是有打药、施肥、浇水等活动,可以让家里的老人帮忙进行,也可以花钱雇人进行。其次,外出务工收入相较于种地在家庭收入中占据着更大的比重,在这种比较之下外出打工便是农闲时最为重要的活动。

齐河县的年轻夫妻往往面临着照料老人、教育孩子的现实任务,夫妻二人往往需要有一人留在家中,在齐河县便出现了妻子在家照顾老人、孩子,兼顾种地,丈夫外出打工赚钱的家庭分工模式,或者夫妻相反,这便是半工半耕的另一种体现。

理解齐河县半工半耕的家计模式有两个角度,从经济收入来看,农业收入与非农业收入在家庭收入中都不可或缺,从家庭分工角度来看,部分家庭成员完全或不完全从事农业生产,而另一部分则长期或短期外出务工。这种半耕半工的家计样态是目前齐河县农民家庭的主要模式,对理解齐河农民种地意愿、行为方式具有重要意义。

(二)半工半耕与城乡两栖

从齐河县农村村民基本生活来源调查中(见图3-2)可以发现在半工半耕的家庭分工结构下,齐河县的农民在城乡之间展现出频繁的双向流动趋势,形成了一种独特的"两栖生活"模式。

首先,本村居住仍然占据绝大多数(36.8%)。这主要是由于在家务农、照料老人、看小孩等原因,使很多农村居民选择住在村里。同时居住于城乡之间(本村与乡镇、县城、大城市等)的农户,

(单位：%)

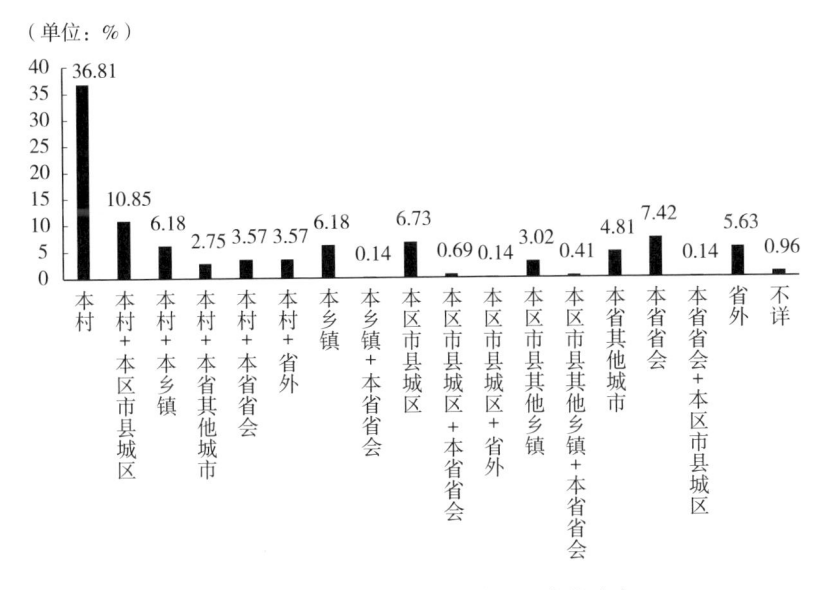

图 3-2 齐河县受访农民的实际常住地点

资料来源：华东理工大学中国城乡发展研究中心农民基本生活来源数据库。

占总数的26.9%，这成为近年来城市化进程中农民"流动"的突出现象，农民家庭成员往返于城乡之间，兼顾务工经商和农业生产，兼顾外出务工和家庭生活。

其次，通过农民往返城乡的频次分布（见图3-3），可以发现外出务工农民与在村庄之间的紧密联系，常年在家与白加黑模式（每天往返，白天外出务工，晚上返回村庄）的农民数量超过50%（51.1%）。

根据入户的访谈，笔者整理了齐河县农村不同家庭的生计模式和城乡两栖情况，详见表3-3。在齐河县农民家庭的两栖模式中，主要可以分为以下几种具体模式：一是家庭劳动力全部外出务工，土地已经流转给企业或者其他农户，仅留有失去农业劳动能力的老人在农村生活；二是男劳动力外出打工，妇女留在农村从事农业经营，受限于女性的劳动能力，农忙的时候男劳动力回村协助妻

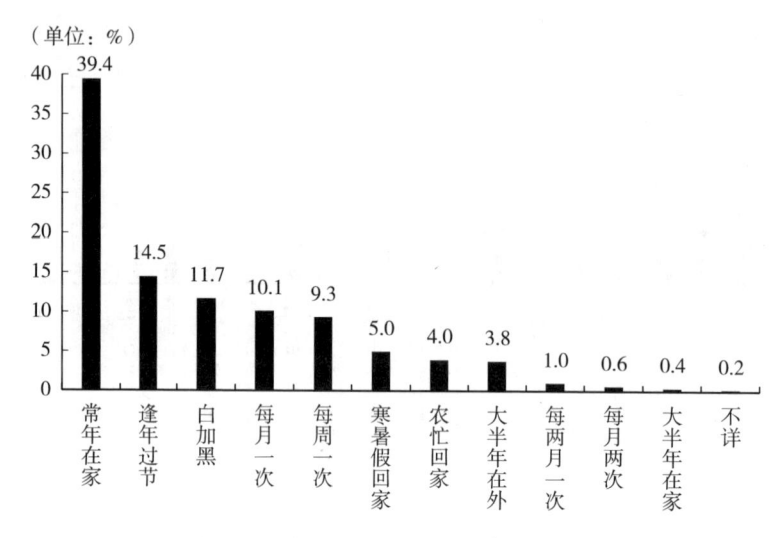

图 3-3　齐河县受访农民往返城乡的频次

资料来源：华东理工大学中国城乡发展研究中心农民基本生活来源数据库。

子务农；三是男劳动力农忙期间在家务农，农闲期间外出打工，妇女则不从事劳动，在县城或者其他地方带孙辈，以进城照顾子代生活为主。

表 3-3　齐河县八户农民的家计模式与两栖情况

户主	年龄	家庭人口	耕地面积（亩）	家计模式	两栖模式	房屋情况
剪某	51	3	集体承包给企业	剪某在齐河县城钢化玻璃厂上班 妻子在晏北街道药厂做销售 儿子，未婚，在齐河县城钢厂上班	白加黑 白加黑 每月一次	五间一层简装
赵某	65	6	10.8	赵某在家务农 妻子在家务农 赵某儿子打零工 赵某儿媳打零工+务农 赵某孙子在齐河县城读初中 赵某孙女在仁里集镇读小学	常年在家 常年在家 逢年过节 农忙回来 寒暑假回来 寒暑假回来	六间一层简装

续表

户主	年龄	家庭人口	耕地面积（亩）	家计模式	两栖模式	房屋情况
李某	68	3	15.4	李某务农+附近打零工 李某妻子务农 李某母亲退休	白加黑 常年在家 常年在家	十四间一层简装
赵某	43	3	8	赵某务农+打零工 赵某在济南市看孩子 赵某在济南市读书	农忙回来 寒暑假回来 寒暑假回来	五层一间简装
郭某	48	4	10	郭某因伤居家休养,原先打零工 郭某妻子仁里集镇鞋厂女工 郭某大女儿外嫁 小女儿在晏城上班做幼师 郭某母亲在家务农	常年在家 白加黑 在外安家 白加黑 常年在家	六间一层简装
郭某	54	3	12	郭某在济南市做司机,打零工+务农 郭某妻子在家务农 郭某女儿在聊城上班	农忙回来 常年在家 寒暑假回来	六间一层简装
赵某	53	3	5.4	赵某淄博打工+务农 赵某妻子务农 赵某两个女儿外嫁 赵某儿子未婚在家备考	农忙回来 常年在家 在外安家 常年在家	五间一层简装
赵某	56	6	12*	赵某在齐河县打零工 赵某妻子在齐河县带孩子 赵某儿子在齐河县钢铁厂上班 赵某儿媳在齐河县钢铁厂上班 赵某孙子、孙女齐河县读书	白加黑 每周一次 每周一次 每周一次 每周一次	五间一层精装修

注：* 该户的土地已经流转给其他农户。
资料来源：根据访谈资料整理。

由此，我们可以概括出以下结论：第一，家庭经营首先考虑的是经济收入，有务工劳动能力的男性一般都会外出打工，但齐河县的农民一般都不会放弃种田，因为种田的收入相对稳定，因此在农忙期间外出务工的男劳动力也会回来务农。第二,农民家庭中存在明显的性别分工。相较于男性,女性主要承担了带孩子与赡养老人的重任。第三,围绕年轻子代的城市生活,尤其是孙代的照料和教育,老年的父代家庭往往承担了更大的责任。第四,农民进城存在显著的代际分化现象,20—40岁的年轻农民是城镇化的主力军,他们有买房、婚姻、子女教育的现实诉求,40—60岁的农民往往是两栖化的,奔波在城与乡之间,60岁以上的农民则由于身体因素,以在农村劳动和生活为主。

(三)奔波于城乡之间的两栖老人

在齐河农民的城乡两栖模式中,有着明显的性别差异。这一现象与城市的照顾需求及老人的经济实力有关。进城的主要任务是孙代的日常生活照料,如做饭和家务。在传统观念下,男性老人往往对这些工作不感兴趣或处理不细致。而女性因其细心和熟练,在生活照料上更胜一筹。如果子代经济能力有限,老人常需提供部分经济支援,男性老人在打零工和种田上则有更强的体力优势。

根据农民家庭的居住模式、经济来源和家庭责任,我们可以将他们分为四种类型:务农老人、务工老人、两栖化老人和高龄老人(见表3-4)。

表3-4 齐河县老年农民分类

分类	居住模式	经济收入	家庭责任
务农老人	在村里	靠种田获益	种田维持稳定粮食,并照顾家人与长辈

续表

分类	居住模式	经济收入	家庭责任
务工老人	靠近务工地点	靠打工赚钱	回家频率有关,可能承担部分家庭经济与情感责任
两栖化老人	两栖状态,奔波于城乡	根据家庭内分工	兼顾情感支持与物质支持,照顾孙辈日常起居
高龄老人	留守在村	可能靠养老金和家人支持	他们更多依赖家人,可能需要家人的日常照顾和经济支持

资料来源:笔者根据访谈资料整理。

第一类是务农老人扮演着稳定农村家庭经济来源的角色,家庭生活与农作物生产紧密相关。他们通常较为稳定地居住在农村,与家庭其他成员保持亲密的日常关系。第二类是务工老人更可能受到城市化的影响,他们将生活重心部分或全部转向城市。他们为家庭提供经济支持,但与家人的互动和情感联系可能因长时间务工而受到影响。第三类是两栖化老人的生活模式介于务农与务工之间。他们可能在特定的时节回乡务农或在城市打工。他们需要平衡家庭与工作的责任,很可能在家庭中起到关键的桥梁作用。第四类是高龄老人可能由于健康或年龄原因不能继续务农或务工。他们更依赖家庭与社会的经济支持。这种情况下,家庭关系和代际互助变得尤为重要。

对进城的老年人来说,城乡的往返提供了一种缓解其由于脱离熟悉生活环境而产生的心理紧张和不适的途径。为了确保下一代获得更为优质的教育资源,众多的"两栖"老年人选择走入城镇,承担起照顾孙辈的重担。然而,当他们进入到这一相对不熟悉且结构固定的新环境中,可能会遭遇来自陌生环境的心理压力。而城乡之间频繁的往返交流,则为他们在这两个不同的生活圈之间构建了一种动态的平衡。

郭庄村的郭某说:"住得近真的是太方便了。(每当)我想回村里时,随时搭个车或者自己开个三轮,也就花个二十来分钟。尤其是对我们这些老人,能够随时回到熟悉的环境中,那种紧张和不安也自然就消失了。"①

城乡流动促使务农老人为农民家庭带来了更多的物质支持。老人在城市生活时,仍然选择在空闲时回到农村,进行农业生产。这不仅提供了家庭直接的食物来源,降低了生活成本,还为家庭带来了额外的收入机会。尽管这种农业所得可能较小,但其在家庭经济中占有关键地位,起到稳定收入和自给自足的作用。这些非货币化的收益减少家庭日常生活开支,同时也保证家庭有稳定收入。

花赵村村民说:"家里的地多少种点东西,可以给儿子一家每次带一点走,别看也没种多少,到收获的时候,我和我家老头能吃多少啊,不都是种着给子女们吃吗。到那个时候,他们谁有时间,谁就过来摘些,要是没有时间,我就摘好了给他们送去。自己种的菜,终归吃着放心。"②

城乡流动也加深了代际之间的交流。尽管父子两代人可能分别居住在县城和村庄,但他们在日常生活中有能力进行即时的互动和沟通。这种便捷的物理流动性促进了两地之间的频繁往返,从而更好地满足彼此的需求,深化了情感纽带。总的来说,城乡流动助力农民家庭在两地之间实现经济与情感的平衡,促进了家庭福利的最大化。

---

① 资料来源于笔者调研笔记,2023 年 7 月 13 日。
② 资料来源于笔者调研笔记,2023 年 7 月 15 日。

（四）代际分工与家庭伦理

在"两栖化"的农民家庭结构中,青壮年选择进入城市劳动力市场,充分发挥他们的市场适应能力,相对农村的有限经济机遇,大城市无疑为他们提供了更丰富的获取财富的机会。与此同时,中老年农民选择留守乡村或近城市郊区,他们的主要职责是照看家中的孙辈,并通过参加一些力所能及的工农业生产劳动满足基本的生活需求。这一模式不仅凸显了代际间明确的角色和职责划分,还体现了家庭内部劳动力的优化配置,体现了农民家庭伦理延续的厚重传统。

基于深厚的家庭传统与伦理观念,长辈们在子女面临生活的关键时刻,例如婚嫁和生育,都会无私地提供经济和物质支持。这种支持也是基于他们对家庭未来的共同期望和目标。对父辈而言,为子辈创造一个更好的生活,是他们认为不可推卸的伦理责任。即使子辈已经成家立业,父辈仍会尽其所能,为其提供持续的支持与帮助,确保家庭的持续繁荣和稳定。这种结合了传统与现代的家庭策略,确保了家庭劳动力得到最佳利用,同时也为家庭资源的持续积累和增值打下了坚实的基础。

同时,以夫妻分工为基础的"半工半耕"结构可以视作农民家庭夫妻分工的结果,不过,由于农民家庭结构演化的周期性特征,这一结构具有过渡性质,即随着子辈逐渐成人、成家、生育后代,这一结构将逐渐转变为以代际分工为基础的"半工半耕"结构。显然,当前农民的家庭分工并非仅仅基于个体利益最大化的考量,而是有着深厚的伦理关系色彩。

在农民家庭中,无论是在夫妻之间的分工还是在代际之间的角色分配都受到深厚家庭伦理观念的塑造。这种伦理观念不只是反映在家庭成员之间的互助和责任上,更显现于他们对家庭未来的共同追求和愿景。恰是因为这样的伦理纽带,农民家庭得以在社会和经济的波动中保持其稳定性,并为年轻子女的城市生活打下了坚实的基础。

三、过上好日子:农民家庭的人生任务

农民如何过好日子,如何度过一辈子,看似是个人选择,其实不然。农村家庭在面对城镇化、工业化的时代变迁中生成了一套强有力的、强大的生活逻辑和家庭策略。下面借由一位农民的访谈,旨在阐述一个较为完整的农民流动生命周期。访谈在2023年7—8月,共有两次,试图从受访者的口中勾勒出一个普通县齐河农村家庭一家之主承担小家庭的"人生任务",大家庭"拓扑"至跨越村庄—县城的空间,从而呈现一种"撑开"在城乡之间的家的形态。

受访者老张(化名),55岁,齐河县某村人,初中学历,目前在村委会有八年工作经验,五年前开始做网格员。一家四口,有两个女儿,都在晏城,大女儿,1988年出生,已婚育有一女,开厂做生意;小女儿2000年出生,刚大学毕业,目前,老张在村里做村委,照料两家老人,老张妻子过去陪小女儿,时常也会帮助大女儿带孩子。

(一)离乡不离土的打工路

农村地区有丰富的自然资源和农田,给传统农村家庭提供了自给自足的机会。农户可以在自己的土地上耕种,产生大部分自

第三章 家计更新:新家计模式中的农业家庭经营

己所需的食物。但农业经营的产出即使达到顶峰也非常有限,农民的家庭经济压力也相对较大,家庭里的男性往往需要承担成立新家庭与抚养年幼的孩子有关的支出。这种压力和家庭责任激励着人们走出农村,寻找非农就业机会,许多年轻人选择外出务工以增加收入。

老张回忆道:"我19岁结婚了,年底我就有了第一个女儿,我那时候想仅靠地里这点收益一家人肯定吃不饱。毕竟成家了,就得考虑妻子孩子,也得盘算着多积累些收入……打工都是人带人,叔叔那时候在工地做工头的,带我和几个邻居的孩子一起去淄博……在工地认识的朋友也是旁边村子的,玩得来,有活了都会互相叫上。"

家里的一亩几分地依然是家庭的主要经济来源之一,劳动强度又大,外出务工的青年往往就是家里农忙时候的主要劳动力。村里很多像老张一样的青年外出打工的首选地是在省内的一些大城市或者周围的县城,一是离家不远,来回方便,二是省内流动务工的年轻人来自不远的农村,有着一些熟悉的面孔,本地方言和饮食文化也使他们更容易适应新的生活。这些年轻人很快建立起本地认同感和归属感,逐渐在城市里站稳脚跟,迎接新的机遇和挑战。

作为很早一批外出务工的"打工族",生活并不容易。老张中学没读完,跟着长辈的带领走上了建筑工程的道路。在回忆打工的这段时光时,老张说:"那时候种地全靠自家努力,田头上的农活妇女是干不了的,大活(体力活)栽秧打谷、抢种抢收这种都得有男人干,所以(我)也没法出远门,在省内干活也方便回家……地上要干活了,大家都得回去帮忙,等不忙了再回到工地。每年大概外出打工也就是六个多月,其他时候还在村里和地里忙着。"

最初,他只是一名简单的瓦工,每天辛勤工作,每天的工资大概有10—20元(最早做小瓦工一天10元,大瓦工一天20元)。相较于在村里自给自足,城里消费水平较高,他们需要适应更高的物价和额外的花费,包括日常开销、面子消费和子女上学的开支,这对原本有限的收入构成了巨大的挑战。同时,作为外来者,他们在陌生的城市里缺乏社会支持网络,感受到当地居民对陌生人的怀疑和排斥。

老张回忆道:"1988年最早是去淄博桓台修楼,虽然比种田强点,但勉强接得住家庭各种花销,钱是一点点抠出来。大城市一个个大楼冒起来,到处都是工程,辛苦点不愁没钱赚。"

在淄博做了八年的农民工,他并没有满足于现状,在工地上"留心眼儿",跟着有经验的老师傅学会了看图纸,开始做工程管理的事情。后来去济南市3年多的时间都在做工程管理,带大大小小的团队,平均每月有2000多元,一年下来能攒到一些钱。老张积累了经验,看到大城市繁荣发展,也想着到更大的城市闯闯。

"越大的城市有更大的工程,2000年我去了北京,做过好几个大工程,一天能拿到一两百。自己在村里认识的工友中组了一个队伍,30—40个人的样子。负责楼房主体建设,包工不包料,一般的工程总价在100万元左右。"

由于年纪和文化程度等因素的限制,外出打工的农民的职业选择相对有限,往往只能从事体力劳动。这种情况并不理想,因为年纪大的工人从事高危行业,生命安全风险会更大。多年来,村里也发生过年老工人因从事高危行业而发生意外的例子。老张访谈中也提到了建筑行业的种种不易,曾经组织村里的人一起起诉建筑公司索要工程款。

"自己平时资金压力蛮大的,带队人是要负担工人的生活费,偶尔村里人找你借钱,家里开销更大一些。问题更大的是建筑公司欠账现象太多了,干完活都是年底结账,但是一般公司结账的时候能给到承诺的百分之六七十已经很不错了,剩余部分一直赖着不给的很多。给人家做项目很困难,送上礼都不一定好拿钱。但是自己没法拖欠村里人的工资,拿自己的钱补补,撑不住拉着人去堵人要账,硬着头皮去打官司。"

综合考虑外出打工的种种艰辛与家里赡养任务加重等因素,农民家庭在城镇化道路上的决策考量,已从单一的"经济利益最大化"追求,逐渐转变为更加全面的"综合收益最大化"考量。

老张说:"就是离家太远了,家里的事情都落在妻子身上。她一个人根本忙不过来,抱怨了好多次。直到我老丈人身体不行,地里干不动了,那时候我小女儿也出生了。我和妻子合计一下,还是得回去,干了两年不到,我就火急火燎地回了村。"

(二)土里生出来的"踏实钱"

家里的地对他来说意义非凡。从记事开始,老张就跟着父母在田间做点力所能及的农活。每年的风调雨顺不仅仅是大自然的馈赠,也是对一年埋头苦干的农民的认可与鼓励,就像一位种田几十年的老农民说的"人勤地不懒",只要勤快,土地里总会给人收获与希望。

老张说:"农民是土生土长的人,是大地的孩子,吃到饭才有力气。那时候觉得最好看的就是麦穗的金黄、万里晴天的蓝。多好啊。今年的丰收会让人骨子里都充满了力气,明年还能有个好收成的预兆。"

在外出打工之前,村里号召大家一起种棉花,由于棉花的收成不好,费工费时,产出价格低,当时的品种很多,亩均差异也较大。后来合计了收入就改种粮食。到后来娶本村的媳妇,父母给他建了瓦房,就开始和父母分开居住。结婚第二年,老张和妻子商量,村里很多人都外出打工,他也想为家里多赚点钱,于是种田的重担就给了妻子,双方的父母也偶尔帮忙。谈到半耕半工,老张是这么说的:"收成好坏还得看天意,我如果不出去打工,怎么养孩子呢,地上种着是一份钱,全靠种地还是不行……农村无论多高的温度,无论天怎么样,最关键的就是那5天的农忙。在40摄氏度的天,我也得去地里干活。所以咱这机械化还不达标准,你还得是受苦点、受累点,不过时间缩短了。"

早期,老张与父母辛勤耕耘于田间,通过精耕细作换取生活所需;随后,他们勇敢尝试多元化经营,尽管未能如愿以偿;时至今日,即便在农忙时节回归土地,老张也常呈现出"半耕半工"的状态,这恰恰反映了众多农民生活方式的真实写照。一位农户将数十年的种粮经验总结为"人勤地不懒"。自家的地是他和妻子辛勤耕耘的结果,也是他们供养子女成长的源泉。即使年轻时的他们曾辛苦外出打工,但他们从未忘记家乡的土地。不管每年收成如何,每年卖完粮食后,手头存有一点固定的"小钱"。外出务工的不确定性让农户们觉得种地钱来得"踏实实在"。

老张说:"地是不能不种的,无论收成好坏,吃得上饭很重要。土地必须种点东西,土地是土里生出来的保险,是命根子……疫情了,大家在外赚钱不容易了,也愿意回来种地了。地里冒出多少,就能换出一些钱来,打工要不到钱,费老大劲还不一定可以

第三章 家计更新：新家计模式中的农业家庭经营

讨到。"

总体来言，现在农业机械化普及程度大有提高，相比过去，耕、种、收都有相当高的机械化率，劳动力得到一定解放，即便一个农村妇女也可以承担农闲的大部分工作。但是没有经过高标准农田改造的耕地、机械下不了地的田块、山丘小土块等，还主要靠人力和小型农业机械，干农活的强度在一定程度上依然存在。

老张回忆道："岳父母他们已经老了，种不了了，我就拿过来种了。6亩地不到，每年给700元/亩（流转费），目前已经承包了十年。我外出打工的时候，地里的活我妻子大多都可以弄好，实在不行找找邻居帮忙也就成了……2018年买了辆二手三轮车，4000元，主要是运输粮食，卸货运送都很灵活。第二年家里添了拖拉机，买来近1万元……目前还有喷雾器，用电的，收割、旋地的机器倒是没有。来不及的时候可以在村里找人来帮忙。"

考虑身体原因，人的身体机能随着年龄的增长有所下降，老一代外出打工的限制越来越多了，自身也很难适应劳动强度很大的工作。外出务工的收入减少的时候，种田成为很好的退路，对从小习得种田技艺的老一代，一辈子吃苦耐劳，退回村里种田对他们而言并不是"苦差"，也是以他们的汗水书写出了属于自己的传奇。

谈及打工与种地，老张说："打工只是过渡，种田才是归宿。踏踏实实一年，总会有收成。我种地不单单是为了多个收入，如果在村里又不种地又不出去，人就散了。地里长出来的记录着我的辛劳，我宁可用我的汗水来换取这一分点滴，这是充满了生命力和爱的地方，没有任何人能取代。"

对许多中国农民来说，即使年纪已大，他们也不会选择完全的"休息"或"退休"。在他们的传统观念中，家庭和子女始终是生活的中心。为了子女和家庭,他们会持续地工作,承担家务,即使身体已显老态。农民的生活与城市居民有所不同,他们往往没有明确的退休概念,而是继续为家庭而劳作,以此来减轻子女的压力。

老张愿意用这些种地卖粮的钱给孙子们买些零食,或是在孩子家帮忙的时候补贴一些费用。他深知保留家里的地不仅是增加一份收入,还能为大家庭带来稳定与和谐。问到为子女家庭做事是不是要伸手要钱,老张笑着说:"许多给子女看孩子的老两口做饭买个菜,怎么好意思伸手问儿媳妇要钱,要是自己能有点钱就自己付掉。有点多余的钱还可以买点零食玩具讨孙子开心,自己面子也挂得住,那么家里的矛盾便会小点。"

对老一辈的农民来说,土地不仅仅是一个生产资料,更是他们与生活紧密相连的纽带。在经济层面上,他们主要依赖于农业收入和养老金。特别是从土地上种植的粮食,为他们带来了基本的收入来源,这种"种粮钱"对他们尤为重要。鉴于新一代家庭也面临各种经济压力,老一辈农民很少期待从子女那里获得经济援助。在乡村文化传统中,通过个人劳作保持经济独立被视为一种尊严和价值的体现。这种劳作伦理不仅关乎个体的自尊,还与其在社会系统中的地位相关。

老张对自家土地有着特殊的感情,说道:"自从我记事起,我们家就靠着这块地。那时候,家里的主要收入就靠这地上种的粮食。现在虽然我老了,可看到金黄的麦穗摇曳在风中,那份满足感和骄傲,是城里的生活给不了的。我孩子他们现在在城里工作,也有了自己的生活压力。我不想增加他们的负担,反而希望他们能更好地生活。村里如果有老人什么都不做就靠找儿子要钱,这日子活着也没面子。这块地,给了我生计,是我的里子。我知道,只要我还能动,就会继续种下去。"

因此,土地与种地对老一代农户具有深厚而复杂的意义。那片"金黄的麦穗"不只是农作物,它代表了农户对自己耕种劳动的成果的认同和骄傲。这种与土地的情感连接使土地不仅仅是个生产工具,而是家族传承和记忆的载体。土地的重要性在他们的生活中尤为凸显,它不仅确保了基本的生活所需(所谓的"里子"),同时也成为他们在家庭和村庄系统中身份认同的象征(所谓的"面子")。

(三)老一辈心底里的"人生任务"

在老张的访谈中,老张提到了农村家庭面对的几大生活重担,主要体现在娶妻生子、积累财富以及隔代抚育方面,这些被老张称为"老一辈肩负的人生任务"。

如今,尽管多数农民已转变生育观念,摒弃"多子多福"的压力,但在生育观念明显的农村,这并非主流。他们已适应计划生育政策的挑战。然而,当前他们面临着更大的考验:在婚姻市场竞争和农村消费升级的影响下,为子盖房和娶妻所需的巨额资金,尤其是在竞争激烈的华北村庄,已为大部分农民带来沉重的经济压力。在农村社会中,人们普遍认为让家里有个男孩,并确保他能够娶妻生子,是一种承担着祖宗传统的"人生任务"。这种观念在农民家庭中深深扎根,影响着他们的家庭和生活决策。初为人父的年轻农民,一旦生下儿子,便会为了将来能够顺利让他结婚,提前规划家庭的未来。

调研中问及村里人娶亲需要准备什么,老张笃定地说:"你结婚必须有房子,不然说明没有本事,连个房子都没有怎么给孩子光明的未来。我两个都是闺女,就没那么大压力,若是男孩的话,心情得多沉重,满脑子都是赚钱攒彩礼买车买房(如果是两个男孩的话就)做不了村干部。""你跟人家讲结婚之后就这个村里的瓦房,你嫁不嫁?那人家女方肯定是不愿意的,就说我这破车,人家怎么可能愿意结婚用这种车?"

村里"老一代"但凡有钱都会盖房子,以确保为孩子提供一个稳固的婚姻基础。到了孩子适婚的年纪开始为子女张罗婚嫁事宜。为了婚姻的顺利进行,他们需要准备不菲的彩礼钱,以及办一场热热闹闹的婚礼,体现出家庭的繁荣和社会地位。这些开支可能需要耗费大量的积蓄,同时也得预备着突如其来的开销,比如大病储蓄、教育支持、意外损失,这些都会给家庭经济带来一定的压力(在本章第三节中会有更多的资料显示)。

不可否认的是,"过好日子"的价值观念和生活逻辑在某种程度上限制了农民家庭的个体自主性,他们的选择受到未来和地方性规范的制约,违反规律将导致被冠以"不会过日子"的责难。老张说:"谁要是在村里离个婚,孩子娶不到亲,村里都会说的,老人抬不起头的。谁家都在盘算着怎么把日子过得红红火火。"

随着年龄的增长,老张回到了自己的家乡,成为村委会的一员。他在村里工作了八年,为村民们修路、清沟渠等,尽心尽力。在老张看来,村民们选择自己,因为有一些人原来就跟着自己出去干活,信任自己,既然被选上了,就得好好干。

老张说:"人家选上你让你做干部你不做,不合适,人家都选上你了,你再不同意,显得不合情理,有些人想干还做不了。"

同时,为了让家庭过上更好的生活,他也在外地包工程、打工。他以自己的劳动和智慧,为家里的两个女儿筹备了婚事,尽管彩礼开销不多,但他努力为女儿们搭建幸福的家庭。

在回忆几次买房的经历时,老张说:"2013 年,我在晏城买了第一套房,把这么多年工地上赚的钱都拿出来了,凑上家里积蓄,110 平方米,总价大概 50 万元,那时候买得很值得,突然就在村里有面儿了。去年(2022 年)又买了一套,还在晏城,90 万元左右,首付付了 40 多个(万),剩下的大女儿帮忙还。"

在进入老年后,农民由于身体因素在市场中获得工作的机会越来越少,但这并不意味着他们从家庭活动中完全退缩。家里有田种,尚有余力的老一代还会想尽法子攒钱,老张会在空闲时外出找兼职。老张买到的房子并不是为了自住,将房屋出租为投资,通过租金获得稳定的经济回报。

"两套房子(我)一直没有住过,都是对外出租,进行了简单装修,大概花费 5 万元,往外出租每个月可以收到 1000 元,一年下来也有 1 万元多租金。我们老两口子根本住不得县城的房子,开车来回种田算什么事啊,还是老家住得习惯。"老张说道。

实际上,许多老年农民在家庭中占据重要角色,通过照顾孙子孙女,协助自己的儿女家庭,参与家庭分工。在子女婚后,老张和妻子依然尽心尽力地帮助子女打扫卫生、照顾孙女,甚至做饭,他们乐于尽自己的一份力,帮助子女和孙女过上幸福的生活。每当孙女玩得开心、笑声洋溢,他们的心里也倍感欢喜和满足。年少时的他们曾经憧憬着美好的家庭和幸福的晚年,而现在,他们的心愿似乎在孙女的欢声笑语中得到了实现。

子女婚后,老人这辈子都别想坐享其成的日子,还需要继续帮助子女打扫卫生、照顾孙女、做饭等。但我们也是心甘情愿去帮助子女的,任劳任怨的,没什么比一大家子过得好更让我们开心的了。等孙子（女）都长大了，自己就七八十岁了，就老了，再也干不动了。

老张的叙述中充满着对家庭的热爱，体现了一家之长的责任担当。他的故事是农村家庭在现代社会变迁中的一个缩影，展现了传统价值观和现代生活的交织与融合。他用自己的实际行动为家庭和村里作出了积极贡献，向家人、朋友和社会传递着勤劳、孝顺和奋斗的精神。

每个农民的经历和人生轨迹是多样且独特的，但农民家庭的生活逻辑和价值观念在北方的许多农村中都有一定的共性。这一逻辑强调家庭老一辈身上背负整个家族的人生任务，尤其体现在对孩子的付出与孙辈的抚育支持等，以实现血脉相承的责任和秉持"过好日子"的信念。老一辈的生命历程不仅围绕着娶妻生子育孩这一核心任务展开，还涉及长期的谋划，持有更多的积蓄来应对未来不可预见的开支。

在中国的一些地区，随着生育观念的转变和劳动力流动，很多初代农民工已经回到了家乡。他们的子女数量相对较少，而且很早就独立外出打拼。这意味着，这些老年农民很早就完成了抚养子女的任务，因此他们有更多的自由时间。但是，他们也面临一个挑战，即如何在有了大量闲暇时间的情况下，找到新的生活意义和目标。

"过好日子"这一概念不仅是生活技艺的体现，更与农民的价值观念紧密相连。尤其在资源有限的环境下，"过日子"的能力直接关系到人生价值的实现程度。"过好日子"并不能完全与经济富裕画等号，还需要大家庭中内部人际关系得到很好的处理，家庭成员间能够和谐相处以致相亲相爱，每个家庭成员都在家庭经营

第三章　家计更新：新家计模式中的农业家庭经营

中努力使家庭综合价值最大化。家庭经济宽裕程度、家庭内部关系和睦情况以及传宗接代的实现都是衡量"过日子"的维度，缺一不可。

第二节　齐河农村"半工半耕"的结构转变

农民家庭的经济模式既受人地资源禀赋的约束，也深受村庄外部经济社会条件变化的影响。齐河县农民家庭"半工半耕"结构的形成，同样也是外部经济社会环境变化的结果。本节的内容旨在揭示影响农民家庭生计模式的这些外部条件，在此基础上，本书将重点呈现随外部经济社会条件的变化，齐河农村"半工半耕"结构的转变趋势。

一、"半工半耕"的外部条件

在齐河县农村，每到农忙时节，外出打工的劳动力都会赶回村庄帮助收麦子、种玉米，在田地里形成一派热闹的景象。那么既然齐河农民打工可以获得更高的经济收入，为什么他们还要在农忙时节回家种地呢？半耕半工的实现在齐河有哪些条件呢？这里便涉及齐河县独特的地理位置、气候条件和当地文化特色，这些条件共同促进了齐河农民的半工半耕家计模式。

（一）都市郊区农村的就近务工模式

临近大城市往往会给小城市发展带来不小的影响，大城市会将周围地区大量资源吸引到自己周围，这便是大城市的虹吸效应。相较于德州市区,齐河县距离济南市更近。齐河县位于济南市的近郊,使齐河县有大量的人、财、物被吸引到济南市。一方面资源的流失使齐河发展受阻,大量齐河人选择到济南买房、工作,甚至将户口迁往济南市,这不利于齐河县留住人才。另一方面,临近济南市也为齐河农民提供了大量的就业机会。

我们在调查中发现,齐河农民的务工地点主要集中在齐河县城和济南市。济南市为齐河县农民提供了充足的工作机会,相较于在齐河县城务工,在济南市务工的工资会更高一些,农户也愿意前往济南工作。距离城市远近有着十分重要的影响。问到怎么从齐河县去济南市时,农民常讲"坐着公交车就到了""上市里时,花20块钱,早上把你送过去,晚上再把你捎回来",地处济南市城郊的便利条件给予了齐河县农民务工的巨大优势,这使农民能够在打工的同时兼顾种地。

调查中有七成的外出打工者都选择就近打工,便捷的出行方式和普及的私家车使村民早出晚归,参与城市的劳动市场积累财富,而无须承受高昂的城市租金。也有农民表示,若是外地打工遇到黑心的包工头拖欠工资,不仅忙活一年的辛苦钱拿不到,有可能还要往里搭钱,远不如家附近干活,最起码能够一天一结算拿现钱。李某说:"济南市毕竟是省会城市,找到工作的机会比较多一些,何况收入还可以;在外地打工的话,一个月也就是四五千块钱,在济南市一天一般都能挣二百多元,好的时候一天能挣五六百元,当然也有时一分也挣不到。平均下来一月也能挣到三四千块钱。但在这里找工作的好处是当天能结算工钱,因为离家近,咱也不用担心上当受骗。"①

根据笔者在山东省、安徽省和上海市收集的村民基本生活来源调查数据(见图3-4),对比山东省齐河县郭庄村、安徽省郎溪县施吴村、上海市奉贤区的村民组数据。可以发现,三个村都存在大量外出打工和上班的村民,但相较于山东省和安徽省农村,上海市奉贤浦秀村的非农业经营比例最高,为76.94%,纯农业经营比例最低,仅为9.54%,考虑到它位于超大城市的郊区,这种趋势符合都市—郊区经济转型的典型特点。这意味着在较为发达的地区如上海市,附近的农村居民由于靠近城市中心和便捷的交通,大都市有更多的工作机会或更发达的产业结构,更多地转向了非农业经

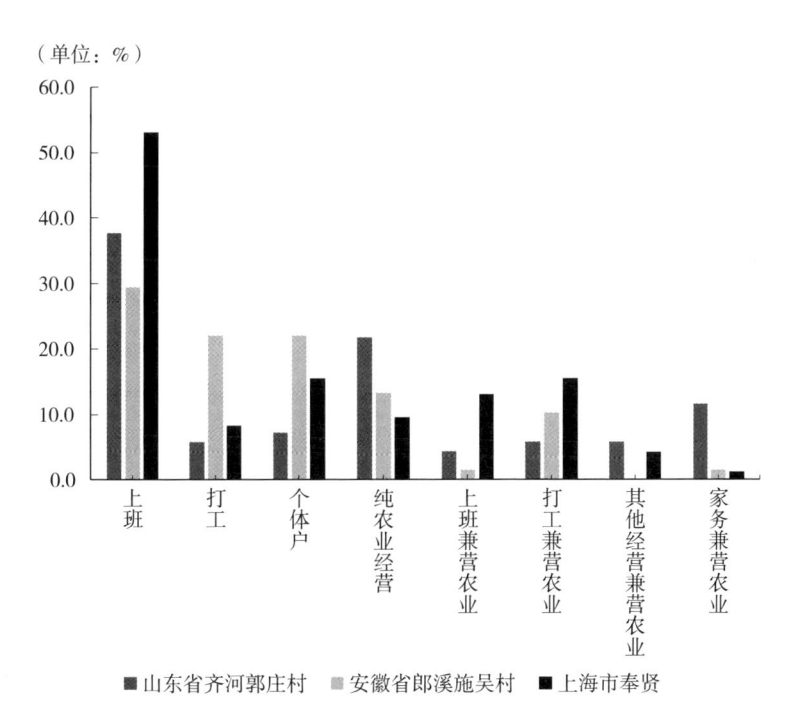

图3-4 山东省齐河、安徽省郎溪、上海市奉贤三个村民组的农民就业形式

资料来源:华东理工大学中国城乡发展研究中心农民基本生活来源数据库。

---

① 资料来源于笔者调研笔记,2023年7月21日。

营。在安徽省农村,则由于距离城市较远,纯农户的比重也非常低,农村劳动力更多是常年在外务工。而只有齐河县郭庄村的纯农业经营比例最高,为21.74%,纯农业和兼业农户的总和占比近50%。

齐河农民可以在从事农业生产的同时,还可以参与其他非农业的经济活动。这意味着这部分村民能够灵活地调整他们的工作,既可以从事农业,又可以根据市场需求参与其他工作,以获得更多收入。上海市的经济结构和市场机会使当地的村民有更多的机会在多个领域中工作,而不是仅仅依赖于农业。由于安徽省郎溪县其相对孤立的地理位置及其受限的非农业机会,更多农民只能选择远离家乡,外出务工,无法兼顾家里的农业经营。这三个村庄的职业构成清晰地呈现了中国城乡经济转型的微观图景。这种转型不仅仅受到宏观经济和政策的影响,还与各村庄的具体地理位置和区域特性密切相关。

(二)优良自然条件下的可观收入

土壤条件。齐河县位于黄河下游,齐河县属于黄河下游冲积平原,地貌形态受黄河影响很大,平坦的地势适合农作物生长。农业农村局专家讲"白土地看苗,红土地看粮",意思是白土地上长出的作物秧苗长势喜人,但是产量却不高,红土地的作物秧苗普通,但是产量却很高。也有农户告我们"原来的土地质量高,即使不精心看管也是高产,若是沙土地这样不好的土地,留不住水也留不住肥,即使管理得再好(产量)也比不过红土地"。齐河县因位于河流下游而土壤肥沃,加之近年来齐河县实施秸秆还田、盐碱地改造、深耕深翻等工作,进一步增加了土壤优势。

灌溉条件。齐河县临近黄河,可引黄河灌溉。另外齐河县蕴藏着丰富的地下水,地下水资源丰富,粮食高产创建项目开展后,县内基本实现了50亩/井的配置,极大地便利了土地灌溉。总体来看,境内水资源相当丰富,而且水质很好,是德州市的丰水区,具有灌溉优势。

气候条件。齐河县属于暖温带半湿润季风气候区,特点是四季分明,气候温和,冷热季和干湿季明显,雨热同期的气候特征适宜粮食种植。

在齐河县,水肥土沃的条件为粮食高产提供基础,而粮食的高产便使齐河农民依旧愿意种植自己的土地。根据国家统计局数字,2022年全国小麦单产390.4公斤/亩、玉米单产429.1公斤/亩,而齐河县早在2010年玉米单产便达到567公斤/亩、小麦单产达到539公斤/亩,早已经高于全国水平。

产量的提升给齐河农民带来了收益。淳朴的齐河农民对土地爱得深沉,土地也给予他们可观的收入。梅庄村农民张某给我们算了一笔账,他说:"按照2022年的情况来看,毛收入3000元/亩,种植小麦、玉米两季节的成本是不到700元/亩,这么算下来净利润则是2300元,12亩地总利润是27600元。"

花赵村种粮大户赵某计算的结果大致相同。赵某说:"我承包了村里农户48亩土地,自己原来有12亩土地,给村里的地租是800元/亩,2022年风调雨顺,产量比较高,我自己有拖拉机可以自己旋地,我们两口子自己打药,也没有雇人,小麦和玉米两季的成本就是900元/亩,净收入也可以到2000元左右,正常年份可以有7万—8万元务农收入。平时自己也可以在农闲的时候去济南市做路面硬化工作,也可以赚一些钱。"

农民自己种地是不算力气的,浇水、施肥、播种等大部分环节都自己进行的前提下可以有 2000 元左右的收入,而若是大户则必须雇人进行以上环节,并且还要支付农户 800—1000 元的流转费用,所以大户的种植成本更高,不能跟小农户相同计算,仁里集镇种植 1000 亩的大户为我们计算的两季的种植成本在 1700 元左右,而收入大概在 1400 元/亩。他是这么说:"流转的土地面积是 1070 亩,地租价格 800 元/亩,我自己有农机合作社,机械自己用也可以对外出租。两季作物种植算上雇人、地租等成本大概是 2000 元/亩,年景好的时候自己每亩地大概有 1400 元收入。"

在齐河县,由于亩产比较高,产量比较稳定,大户每亩地收入 1000 元以上、小户每亩地收入 1500 元以上成了常态,这种收入上的激励也促使农民坚持种地,发展半工半耕。

二、"半工半耕"的结构转变

现在齐河县村里留守的农民大都是 55 岁甚至是 60 岁以上的老人,不少村干部都说村里年轻人出去打工了,不禁要让人思考"十几年后谁来种地"的问题,"若是现在的种地老人都做不动农活儿,那村里不就完全空心化了吗?"这种考虑虽然有一定道理,但是目前齐河县农村也有许多农民从城市回到村里种地,形成先工后耕、"上市"兼业、市民农业等新的家计模式。这也意味着当前农村中农民家庭的"半工半耕"结构是一种极具弹性的家庭生计模式,会根据外部经济社会条件的变化而进行相应的调整,这也可以为回答"将来谁种地"这一问题提供一种新的方案。

第三章　家计更新：新家计模式中的农业家庭经营

（一）先工后耕

先工后耕是指原在城市打工的农民返乡务农，居住在村庄，将农业作为重要收入来源。这类农民中有一部分是因为年老被就业市场淘汰，不得不返乡种地，一般经营的土地面积比较小。也有一部分青壮年农民，因为市场工作环境差，外出务工艰难，使其将务农作为自己增加收入的方法，这类农民经营的土地面积往往较大，梅庄村郑某某便是面临市场就业压力时返回家乡。

郑某某，45岁，最初在济南市建筑工地做外墙保温工作，后因为不赚钱，决定回村种地。2017年回村流转了30亩土地，加上自己家里的20亩土地，现在经营共计50多亩土地。夫妻两人并未外出务工，在家种地，家中有两个孩子，大儿子18岁刚读大学，小女儿10岁在管理区小学读书，妻子在家也方便照看孩子上学。先工后耕也存在由于农业投资回报率高，资本所有者由其他行业转而投资农业生产的情况，但是齐河县还是以小农户为主，这种情况较少。齐河县农民的先工后耕的家计模式与就业市场紧密相关，市场不景气则会促使农民返乡种地，先工后耕便会增加，市场繁荣则吸引大量农村劳动力入场，先工后耕的情况自然会减少，而先工后耕的家计模式体现了土地对齐河县农民的重要性。

城里的农民工逐渐衰老，55岁以后一般工厂便不愿意要了，更不用说70岁的农民工，城里的工厂逐渐淘汰了进城的农民工，他们也只能回家种地。

张铺村郭某某，男，60岁，自己家三口人，儿子在外工作，有7亩土地，承包土地23亩，共计30亩土地。2020年在济南市做建筑行业，但是济南市房市不景气，工地没有工作，于2020年回村承包了土地。

年老时回老家,在齐河县并不是一件难以接受的事情,回村并不代表失业,齐河农民家里都有几亩地,至少农民种地可以养活自己,而且农民也讲究一个落叶归根,村里才是自己的家。

这部分农民一般并未在城镇买房,获取的打工收入都用来托举子代进城定居,人到老年便只能回村。村中有地,年老是体面的,若是早已托举子代买房、结婚,那这种返乡便更是幸福的,家中的土地发挥着进城退路的作用。

(二)"上市"兼业

外出务工需要面临着一定的风险,近几年的打工市场饱和,行业提供的岗位变少。尤其齐河县许多农民是在建筑行业工作,楼市不景气的情况下,在外务工倒不如回家种地。并且村里大量年轻人外出务工,回村的农民有机会流转到一定规模的土地,可以保证自己的基本收入。

较为年轻的返乡农民工虽然因为市场波动回村种地,但是粮食种植的农闲期给了农民外出打工的自由,保证了农民灵活就业。位于齐河县城齐顺大街228号的阳光广场,在中年失业的农民工眼中便是自己的劳务市场,每天都会有农民工蹲坐在路旁等待老板过来招工,齐河农民工管这叫作"上市"。农民工年龄到50岁,齐河县物流、化工厂等上班的企业便不容易进去,村里的土地便是最后的"阵地",而外出上市打零工便是他们的"游击战术",完成农忙以后可以来这里做些建筑工作,即使找不到工作家里的土地也让自己感到踏实。

"上市"广场上,都是"70后"、"60后",甚至70多岁的老人,市场最受欢迎的是40多岁的农民工。市场工作主要是建筑工、装卸工、搬家工等,男工收入每天200元左右,180元/天的工作稍微轻松一些,200元/天的工作劳动量较大,女工价格在120—150元/天不等,大多受访者家中都有土地。以下是阳光市场上市农民工杨先生的访谈内容。

杨先生,男,54岁,目前长期在劳务市场等工地的活儿,家住华店镇,每天骑电动车到达劳务市场。村中土地20亩,都是自己家里的土地,可以兼顾这边的工作与家里的田地。有一儿一女,儿子28岁,目前未婚,已在齐河县买了一套房子。杨先生从事工种为工地的小工、装卸工等,每日劳务费用为200元左右。曾经在镇上工厂做过工,但是工厂效益不好,每月工资只有3000—4000元,但是需要每天工作10个小时,不如自己一边种地一边上市。

由此,就业市场危机下,家中的土地可以作为降低就业风险的选择,农民工可以选择返乡承包大块土地,也可以选择"回村种地+灵活'上市'",不论是哪种就业方式,都能体现出土地对农民的重要性。

(三) 市民农业

所谓"市民"指的是居住地点在乡镇、县城、市区,而"农业"指的是其收入主要是农业收入。这种并非指年轻人农忙时回家帮忙收麦子、种玉米,而是说家庭主要劳动力虽居住在城镇,但依旧把种地作为主业。如果我们把常住在城镇的人称之为市民,这就是一种市民农业的现象。

市民农业可以做以下两种理解。一方面,如果有打工到50岁以后,被城市淘汰,就要返乡。可是,已经习惯于城市生活方式的农民工,也不一定就接受农村的生活方式,很可能只会返回到老家的城镇,而不是老家的村里,这就成了住在城镇里的农民。另一方面,有一些农业的老板,雇人干活,自己每天开着车子在城乡之间来回。

晏北街道刘善村老人讲,村里有许多户人家在乡镇、县城居住,但是在村里种着地,并不仅仅是农忙时才回来,平时也会回来浇水、打药等,我们在仁里集镇梅庄村也发现了这种家计模式。

仁里集镇梅庄村郑某某,40岁,2017年以前常年在外面做房屋装修工作,后因父亲健康状况不佳,毅然决定放弃外出务工,留在家中照顾。他回村以700元/亩的价格承包了50亩土地,共计5块,有两个孩子,大的16岁、小的10岁,一家四口都在县城居住,平时回家种地。

这些家庭多数是农村有地,城镇有房,自己生活有保障,实现了城市生活与农民身份的统一,该类家庭中的大部分成员在城镇居住生活,但还保留着农村户籍、保持着与农村的紧密联系,呈现典型的半城镇化人口特征。而后一种情况则是通过大量资金投入,将大规模经营土地作为赚钱的营生,这在齐河县农村出现的还不多。齐河县的市民农业或许对回答"未来谁来种地"这个问题提供了一定的启发。

市民农业的家计模式可做以下理解,首先,户籍身份来讲,部分农民进城后户籍并未迁出村落,村中仍旧保留其土地,这是市民农业的土地基础。其次,农民虽进城买房,或者年老遭遇市场淘汰,但是并未获得足够的积蓄,需要经营土地保障老年生活,或者青年农民面临就业困难,需要经营土地以增加家庭收入。

先工后耕与市民农业两种家计模式相比较,主要不同体现在"居村"种地还是"居城"种地,相较于必须回村的农民工,市民农业模式中的农民有选择居住地的资格,城中的房子便是其市民生活方式保持的条件。半工半耕是齐河农民的主要家计模式,先工后耕与市民农业可以作为齐河县未来种地人问题的答案,但是不论是何种家计形态,都是齐河农民为了实现美好生活、努力赚取家庭收入、合理协调家庭分工的结果。

第三节 齐河农民的家庭收支水平

随着生产关系的变革,农民家庭的收入来源主要有三个方面:家庭经营收入、从集体经营中分配得到的收入和经商务工收入。在新中国成立初的三年恢复时期和第一个五年计划前期,县内农民的收入增长较快。三年调整时期至改革开放前,农民收入的增长趋势一直处在低水平的徘徊状态。实行家庭联产承包责任制后,农民收入大幅度增长。进入 21 世纪,随着国民经济的全面发展,农村第二、第三产业的悄然兴起,农村劳动力大批转移,拓宽了增加农民收入的来源渠道,农民收入快速增长。

在本县域范围内,本次调研组从入村调查的农村村民基本生活来源调查资料中可以得到具体的家庭主要组成、收入构成、家计模式等数据,结合山东省、德州市与齐河县 2021 年统计年鉴的数据,试图展示齐河县农村一个普通家庭 2021 年的收支状况。

一、齐河农民的家庭收入状况

(一) 农民家庭收入结构的演变

在1954年之前,该县农户主要依赖农业的家庭经营,家庭经营的收入占据了农户总收入的80%—90%,其他部分则来源于非生产性的家庭收入。从1956年的农业社会主义改造和1958年的公社化开始,直至1982年家庭联产承包制的广泛实施,大部分农业生产都是集体经营,因此,农户主要依赖集体分红作为收入,通常占到总收入的65%—80%。但在1982年之后,家庭经营逐渐成为主要的收入来源,占据了近乎全部的农户总收入。进入21世纪,随着经济的快速发展和农业条件的改善,越来越多的农村劳动力开始转移,经商和务工逐渐成为重要的收入来源,外出务工经商收入占家庭收入比重从2001年的21%增长到2010年的40.2%。

从新中国成立初期到1985年,齐河农民主要依靠农业生产获取收入。到20世纪80年代末,非农业收入已经占据了农民收入的22.0%。到20世纪90年代末,这个比例进一步上升到27.7%。而到了2010年,非农业收入已经占到了54.1%,这包括工资、第二产业和第三产业的收入。农民主要收入来源已经完成了由农业向非农的转型。

齐河县农民的人均纯收入在过去70年间经历了从初期的波动、到改革开放后的快速增长、再到21世纪的显著增长的过程。这反映了中国农村经济在不同历史阶段的发展变迁和挑战,如图3-5所示。

(单位：元)

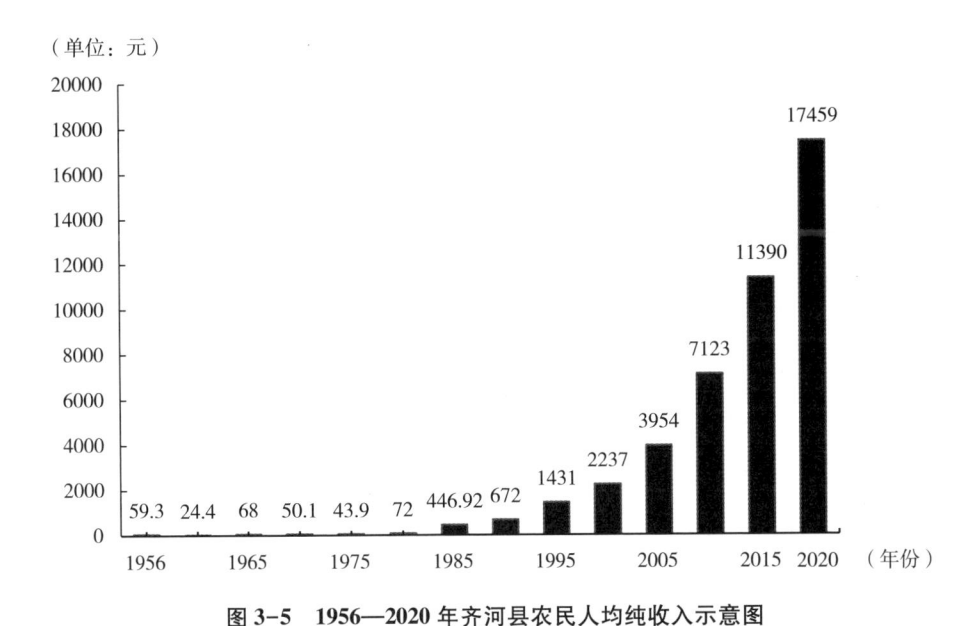

图 3-5　1956—2020 年齐河县农民人均纯收入示意图

资料来源：《齐河志》、国民经济和社会发展统计公报。见 http://www.qihe.gov.cn/n30552226/n54884454/n54884501/n54935795/n54936514/c81895177/content.html。

（二）齐河农民的家庭收入水平

在 1985 年以前，县内农民的主要收入形式为农产品实物。他们通常将农产品售出以获得现金满足生活消费。到了 20 世纪 80 年代末期，农民的现金收入已经占到了纯收入的 13.7%。这个比例在 20 世纪 90 年代末升至 19.1%。到 2010 年，这一数字进一步攀升到了 48.9%。其中，现金收入主要来源于工资、财产和转移等，且工资收入占据了农民总收入的 40.2%。

根据《王官屯村志》资料显示，截至新中国成立初，农民以种地为生，收入主要是粮食，另外一般户养鸡，个别也有养猪的，卖后补贴家用。农业合作社和人民公社时期，农民收入主要靠参加集体劳动挣工分所得，生产队实行记工分的形式，粮食分配实行三七

133

开(70%按人口,30%按工分),年终决算时折算粮款,人口多、劳动力少的家庭还需向生产队拿钱,多数家庭温饱不足。党的十一届三中全会后,实行家庭联产承包责任制,分田到户,调动了农民生产积极性。农民更多地从土地经营转向林牧业和第二、第三产业,收入结构发生变化,收入持续增长,截至1981年年底,该村人均收入585元,比责任制前增长75%。1995年,该村人均收入1430元。自2000年起,年均递增17%。其中,农业收入占总收入的25%。2005年,随着农业生产条件的不断改善,实行多种经营,农民收入大幅度提高,除家庭生产经营劳动所得以外,务工经商等收入所占份额越来越大,当年人均收入3084元,农业收入仅占15%。2014年,农业大丰收,工业、商业大发展,农民外出打工及经商,人均收入达9573元,农业收入仅占10%。仅外出打工一项,每人每年收入2.5万—3万元,人年均收入8500元。

根据《2022年齐河县国民经济和社会发展统计公报》数据显示,全县居民人均可支配收入达到28303元,同比增长6.7%,比2011年的19520元增长0.45倍。其中,城镇居民人均可支配收入34245元,同比增长5.6%,比2011年的11620元增长1.95倍;农村居民人均可支配收入增长至21594元。

根据课题组在齐河县农村进行的村民基本生活来源调查,抽样统计的130户农村住户[①]2022年的家庭收入情况,共计325人,平均每户家庭收入7.12万元,人均住户收入2.85万元。随着农民家庭经济收入水平的增长,齐河农民的家庭生活条件也显著改善。

---

① 统计的是农村住户家庭,户主有农业户口(包括改为居民户口时的户口性质是农业户口),而且户口所在地是现住的乡镇(街道)内。

二、家庭经营明细

(一) 一个普通农民家庭的记账本

在调研中,每个农户或多或少提到了赚的钱和花掉的钱,每个家庭、每个人心里都有一本厚厚的账本,笔者走入一个普通家庭,听户主老王细算生活账,见证生活的点滴变化,也看看包裹在经营家庭里的梦想和期许。

把目光锁定在一户齐河县普通三口之家,男主人老王40岁,女主人38岁,小孩15岁,在镇上读初中。双方父母都在世,都在本村居住。村内自有地8亩(包括自己父母年迈不能种的3亩地)。①

1. 收入部分

①非农业经营收入

家庭成员在农闲的时候一般都会就近打工,这部分可以作为家庭主要或者辅助的收入来源。齐河县的农民工选择就近打工,主要集中在离家不远的省会城市。他们选择这样做有多个原因,首先是地理位置上的便利性。齐河县距离工作地点较近,使村民能够在短时间内往返于工作地和家之间。

通过入村的调查显示,根据工种类型、工作时间、技能与经验等方面不同,齐河县的农民工主要从事的是体力劳动,如建筑工地、装修、货物装卸、搬运和下水管道清理等。这些工种的工资一般处于中低水平。由于选择了离家近的工作地点,工资是以日结或短期为主,这种工作方式可能与长期的合同工工资不同。男性

---

① 本章节主要是根据老王口中核算一家三口的一年开销。这些费用可能会根据个人和家庭的具体情况有所不同。

农民工主要从事重体力劳动,工资较高,如建筑工地、装修、货物装卸、搬运日工资在200—300元/天;而女性农民工从事的是体力较轻的清扫卫生等工作,工资可能相对较低,日工资100—200元。不过,在建筑工地打工并不是每天都可以做的,遇到下雨等工期、换工地等情况,好的时候一年最多工作七八个月。

在我们所访谈的家庭内,老王在农闲时候外出做建筑工人,日薪平均有250元,一年估计约有5万元。女主人因为家里有小孩上学与长辈照料,无法出去务工,在平时还要管理农田,做基础性的工作,比如打药、除草。

②农业经营性收入

齐河县大多农民家庭以种植小麦与玉米为主,也有家庭种植大蒜等经济作物。经济作物的价格可能高于普通粮食作物,但要消耗更多的劳力,也要承担更多的风险。可能还有部分家庭通过开店或其他小型企业获取额外收入。

种植粮食作物:

小麦:小麦是山东省农户的主要粮食作物之一,根据不同的地区和品种,产量每亩可能在1000—1300斤。老王家去年小麦1200斤/亩,麦子1.52元/斤,大约1800元/亩。小麦成本:播种(雇人30元/亩,老王家没有雇人播种),耕地50元,麦种合款90元(播种量50斤),除草剂20元/亩(仅仅是药的钱,飞防的话5—6元,飞防或许适合有一定规模的田地),浇地140元/亩(黄河引水60元/次,机井浇水10元/亩,各两次),尿素合款100元(80斤),肥料130元(底肥与复合肥),开春打药(20元/亩),浇水第二次(10元),叶面肥(15元/亩),收小麦(60元/亩,实际上给人家50元)。自己种地,比较省雇人费用。总计成本650元。

第三章　家计更新:新家计模式中的农业家庭经营

玉米:常规种植下,每亩可产1300斤的玉米,玉米1.32元/斤,大约1700元。玉米成本:种子50—60元/亩,雇人耕地30元/亩(老王家没有雇人播种),复合肥肥料150—160元/亩,浇水(6元/亩),除草剂20元/亩(今年除草2遍),除虫剂(20元/剂),玉黄金叶面肥(20元/亩),一般浇第二遍水(6元/亩),打虫子(20元/亩),收割(70—80元/亩)。合计投入将近400元/亩。

根据以上资料,可以得到小麦、玉米两季每亩生产性支出总计1050元。

据老王家的情况,1050元×8亩=8400元,

老王家庭综合考虑,只种植小麦与玉米,共8亩,其中小麦总收入=1800元/亩×8亩=14400元,玉米总收入=1700元/亩×8亩=13600元。

两季收入小麦14400元+玉米13600元-生产性支出8400元=19600元。

2. 支出部分

①日常消费支出

平均每天约花费30元购买蔬菜、肉类等,平均每年花费约30元×365=10950元。

②其他日常生活开销

衣物支出:每年约2000元。

生活用品、用电燃料等:每月约为200元,一年则为2400元。

赡养老人:每年约2000元(不计父母看病花费)。

③孩子教育支出

在齐河县农村,幼儿阶段的教育年支出3000—4000元,小学阶段学生人均年支出4000—5000元,中学阶段人均年支出5000—

6000元,高中阶段学生人均年支出10000元,大学阶段学生人均年支出1万—2万元。

老王的孩子读初中,每年花费约5000元。

④人情往来开支

齐河县农村的人情往来开支主要包括以下几个方面:

红事(婚礼):这类活动一般在流洪社区礼堂举行。参与的主要是与家族关系亲近的村民,以及与家庭关系较好或地理位置相邻的村民。一般来说,红事仪式上只设中餐。至于礼金,普通关系的村民会给100元,关系较好的人给200元,而直系亲属会给约600元。

白事(丧礼):村里设有专门的红白理事会来协调和组织此类活动。白事一般会持续2—3天,村里的每一户人家都会有代表前来参与。尽管近年来村民倾向于简化婚丧礼仪,但参与的人数并未减少。为了筹备白事,帮忙的人不会收费,其他与逝者有关系的人给的礼金与红事时相似。

升学宴:为庆祝孩子升学举办的宴请,他们给予的礼金根据关系亲疏而有所不同。

满月酒:为庆祝新生儿满月而设的宴会,他们给予的礼金根据关系亲疏而有所不同。

过年:在春节期间,家中的小孩会收到红包,金额从几十元到100元不等。据小组长表示,他家中一年要参与约7次此类人情活动,总计花费在4000—5000元。

老王家大约每年需要花费4000—5000元参与各类红白事活动。另外,升学宴、满月酒和过年的开支:在受访者的描述中,并没有明确这几项具体的金额,但根据描述,我们可以预估为每年约

500—1000元(取决于活动的数量和给出的礼金金额)。

总人情往来开支为:4000(取平均值)+750(取平均值)=4750元。

⑤彩礼、结婚费用

若是生育男孩的家庭,则还要提前准备一笔不菲的彩礼和结婚费用。彩礼金额数量与家庭的经济状况有关。通常,家境较为优渥的家庭,其彩礼数额相对较低,大约10万元;相反,条件相对较差的家庭,则可能需要支付更多的彩礼费用。主要包括两个方面:第一,房子与车子,在齐河县、德州市、济南市等地,大部分年轻人都选择购买房子作为婚前的重要准备,没有房子的男方很难得到女方的认同。除了房子,车子也是当今年轻人结婚的必备之一,通常花费在10万—15万元。第二,订婚与三金,订婚是男女双方正式确定关系的仪式,而三金包括戒指、项链和耳环,它们在婚礼中都占有重要的位置。花费大约在2万元以内。结合上述各项花费,结婚的总成本约在50万元。尽管彩礼是男方支付给女方的,但在实际操作中,彩礼多数时候仍然会全额归属新家庭。例如,某受访者的大女儿收到的彩礼是6.8万元,但她最终选择将10万元连同嫁妆一同投入新家庭中。

现在有车有房成为结婚的标配,年轻人习惯了在城市中便利的生活条件以及丰富的文化娱乐活动,近几年村内的趋势是年轻人通过结婚获得进城定居的机会(父母为孩子结婚提供的车、房)。对在外务工的父母来说,为儿子操办一场婚事需要在外奋斗十来年。年轻夫妇在婚后是整个小家庭里经济获益最多的人,新婚女性一般都能得到高额的彩礼钱,并且结婚前婆家的所有家用电器、生活所需用品都为了结婚而重新购置。婚后新婚夫妇并不会有较大的生活开支,彩礼成为新婚夫妇的私有财产后,就实现了小家庭内部的资本原始积累。由结婚欠下的债务无须新婚夫妇承担,新婚夫妇所拥有的彩礼钱也不用拿出来交给父母来抵消外债,父母需要再外出打工赚钱来填补外债。

老王家虽然生育的是女孩,但是老王还是在县城购置了一套房子,是为了给孩子以后生活购置的,首付44万元,还有50万元的贷款,每年需要还贷款两万元左右。

(二)整理出的账本

整理以上项目核算老王家庭在2022年的收支情况(见表3-5)。

表3-5 老王家庭一年收支情况统计　　　　　(单位:元)

项目	金额
收入	
非农业经营收入	50000
农业经营收入	19600
总计收入	69600
支出	
日常消费支出—食品	10950
孩子教育支出	5000
人情往来开支	4750
其他日常生活开销	6400
买房贷款开销	20000
总计支出	47100
年度结余	22500

资料来源:根据访谈资料整理。

第三章 家计更新:新家计模式中的农业家庭经营

从老王家一年的收支水平看,年终略有盈余,金额为22500元。对此,老王说:"家庭账是没法算清楚的,家家有本糊涂账,一年就这么过去了,穷一年,富一年,看着孩子长大了,就知足了。"

1. 种地得来的"靠谱钱"

正如前面章节老王提到的土地里会生出"踏实钱",在数据表中呈现的农业经营收入清晰地凸显了种地在家庭经营中的重要性。种地作为传统的农业活动,为家庭创造了稳定的收入来源。这种稳定性对家庭的经济稳定至关重要。农业经营的周期性和可预测性,使其能够成为家庭财务规划的核心组成部分。农业收入的稳定性不仅能够满足家庭的基本需求,还为家庭未来的投资和发展提供了坚实的基础。

单一依赖外出打工或者其他非农业经营无法满足一个家庭的支出需求。尽管非农业经营收入带来了一定的资金流,但随着生活成本的不断上升,外出必然也会增加吃住行的费用,这种收入显然显得有限。家庭开销涵盖了食品、教育、房贷等多个领域,而这些支出难以仅仅依靠有限的非农业经营收入来覆盖。这就揭示了种地农业收入的重要性,作为一个稳定的附加来源,它有助于填补家庭收支之间的差距。

因此,可以得出结论:种地所带来的农业经营收入在家庭经营中扮演着至关重要的角色。它为家庭提供了稳定的经济支持,有助于维持家庭的基本需求和未来的发展。同时,数据也强调了单一依赖非农业经营收入的困难,表明家庭需要多元化的经济来源以应对多样化的支出压力。这一分析有助于深刻理解种地农业经营对家庭经营的重要性以及不同经济来源之间的互补作用。

2. 上一代的支持

在当代家庭结构中,多代同堂的生活模式相对较少。然而,对老王家庭而言,代际关系的紧密性在日常生活中得到了明显的体现。在这个家庭中,双方的长辈也住在村里,长辈们不仅扮演了传统的长辈角色,为下一代提供情感支持,更是在实际生活中为家庭经济和孩子的成长提供了实质性的帮助。

老王表示:"我爸妈直接把地给我了,这几亩地就能出一些钱来。我岳父母更不用说了,一直都在这个家庭中扮演着不可或缺的角色。尤其在我和我的妻子忙于工作时,他们会帮忙照看孩子,还会下田帮忙。这种支持不仅是物质上的,更多的是情感上的陪伴和理解。"

首先,上一代在家庭经济方面的贡献不容忽视。尽管他们已经进入老年,但仍然积极参与农田工作,为家庭的经济收入提供了稳定的支柱。这不仅减轻了老王家庭的经济负担,而且也为家庭的经济持续增长提供了保障。其次,他们在家庭内部扮演的角色也非常关键。在老王家庭的结构中,爷爷奶奶主动承担了带孩子的责任,使家庭的年轻一代能够更加专注于工作和其他家庭责任。这种代际支持不仅减轻了年轻家长的压力,也为孩子提供了更加丰富的成长经验。

更重要的是,这种代际互助不仅仅是物质层面的。情感上,爷爷奶奶为家庭提供了一个稳定的情感避风港。他们的存在强化了家庭的凝聚力,为各代成员提供了心灵的慰藉。在当代家庭结构中,各代之间通过实质性的帮助和情感上的互相扶持,共同维持着家庭的稳定与和谐。这种关系强调了在快速变化的社会环境中,传统的家庭模式和价值观依然具有不可替代的重要性。

3. 意外的开销

老王家表示,正在筹备着家中的一个小型聚会。农历七月,天气炎热,烈日似火,但这并未减少老王的热情。今年,家中的小儿子要上高中了,老王深知教育的重要性,所以决定为儿子办一个简单的升学宴,以示庆祝。夫妇二人从年初就开始为这个宴请做准备,不仅仅是钱的问题,还有各种琐碎的准备工作。在村里,不仅仅是一场饭局,更多的是一种情感的交流和互相的祝福。但今年的支出似乎有些超出了预算。收入方面,虽然他们努力打工、种地,但仍然难以覆盖日常的开销和额外的费用。孩子的教育、家中的日常生活,还有各种不期而至的人情往来,以及老人的生病,让这个家庭感到压力巨大。

老王在访谈中算家庭这一年的花销,说道:"咱得好好规划,不能随便花。这还是在没病没灾的情况下,毕竟家里的钱都是咱们辛苦赚来的。"

老王家中的情况可以说是村里众多家庭的缩影。普通家庭每天都在为生活忙碌。尽管家中的土地每年都会有稳定的产出,但这些产出与家庭的支出相比,往往显得"不那么够"。他们不仅要考虑日常开销,还要考虑其他突发的支出。在收入有限的情况下,存款不多,这种经济压力常使家庭感到捉襟见肘。

第四章 村社不老:新双层经营体系中的村社传统

近年来,农业生产机械化、信息化和智能化水平快速提升,助推农业社会化服务体系日益完善,新双层经营体系得以呈现。区别于家庭分散经营和集体统一经营相结合的双层经营体系,新双层经营体系包含家庭经营以及家庭之上村集体和社会化服务组织的经营。农耕文明是在与周围的社会系统互动的过程中而形成的,既包括农耕本身的文明,也包括农耕促成的文明,还包括促成农耕的文明。农耕促成的文明和促成农耕的文明往往交织在一起,难以分离,村社是促成农耕的文明和农耕促成的文明的第二个层次。新双层经营体系是延续千年的农耕文明在当今时代的一个缩影,而村社传统又潜移默化地塑造着新双层经营体系的样态。小农经济造就了规模适中、便于协作的聚落形态,也促进了农业生产力的发展和新双层经营体系的形成。沿着黄河,遇见齐河,上风上水的地理环境孕育出齐河农民善良、淳朴的性格,生于斯、长于斯的齐河农民葆有对土地无限的热爱。在城镇化和工业化浪潮中,土地与自然村治理单元、简约治理体系、社会化服务组织、农户

第四章 村社不老:新双层经营体系中的村社传统

社会资本等诸多因素联结在一起,弥合了时代发展与村社传统之间的裂缝,村庄仍焕发出勃勃生机。本节旨在展现新双层经营体系中的村社传统,包括三节:第一节主要从自然村治理单元、基层简约治理体系、自然生发的农民交往和线上线下双层社区四个方面讲述以自然村为单元的治理与农民交往;第二节强调村组织在社会化服务中的中介作用,包含西杨年丰粮食种植专业合作社、村党支部领办农机专业合作社、村干部协调外部社会化服务资源三个层次;第三节侧重于村社传统与农民的适度规模经营,分为"生增死减"的土地调整、适度规模经营的形成逻辑、农机手之间的竞争与合作、水井自治四个小节。

第一节 以自然村为单元的乡村治理共同体

一、以自然村为基本治理单元

(一)自然村与行政村

在当前中国,村可以分为自然村和行政村。自然村是指中国农村地区形成的自然聚居群落。总体上,南方的自然村形态上比较分散且规模比较小,北方的自然村形态上比较规整且规模比较大。住房和城乡建设部发布的《2023年城乡建设统计年鉴》显示,2023年自然村数量有2340103个。而行政村是自20世纪以来国家行政力量向基层社会渗透而形成的行政区划中最基层的一级。根据《中国民政统计年鉴2023》的数据显示,2022年全国共有48.9万个村委会,一般来说,每一个村委会都对应着一个行政村。

黄河下游新农耕文明的齐河样态

自然村与行政村之间的关系可以分为三种情况：在很多地方，自然村和行政村之间是重叠的，而在有些地方，一个行政村包含几个或十几个自然村，甚至在个别地方一个自然村也会被划分为几个行政村，具体可见图4-1。只有在那些自然村和行政村重合度很高

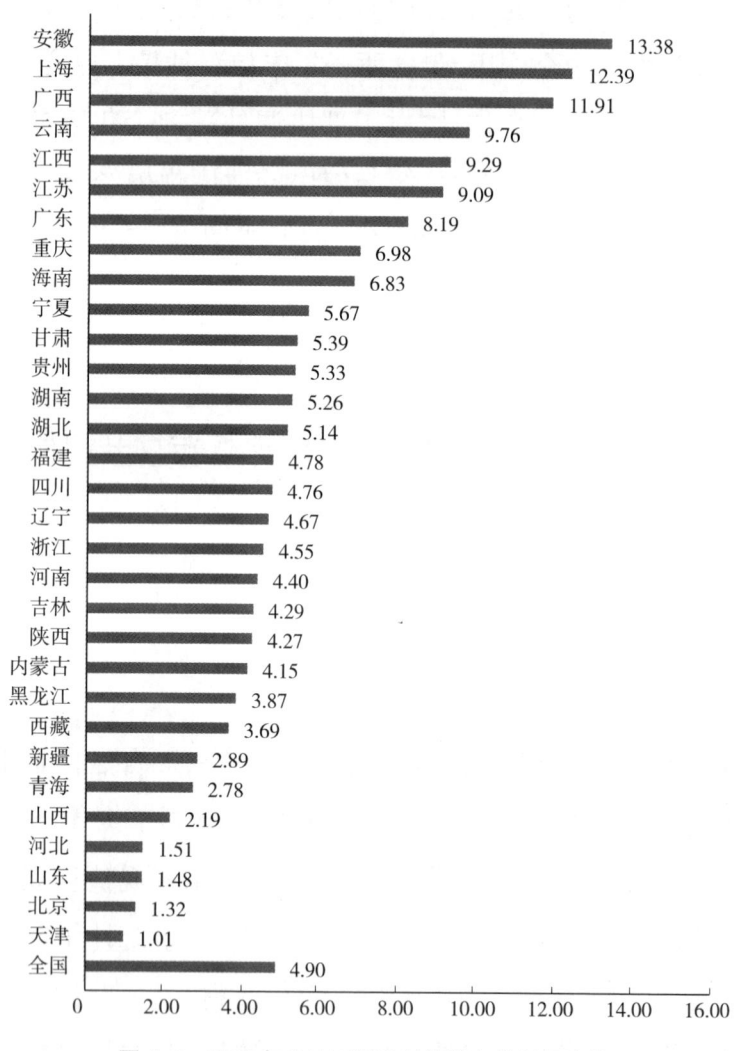

地区	平均数
安徽	13.38
上海	12.39
广西	11.91
云南	9.76
江西	9.29
江苏	9.09
广东	8.19
重庆	6.98
海南	6.83
宁夏	5.67
甘肃	5.39
贵州	5.33
湖南	5.26
湖北	5.14
福建	4.78
四川	4.76
辽宁	4.67
浙江	4.55
河南	4.40
吉林	4.29
陕西	4.27
内蒙古	4.15
黑龙江	3.87
西藏	3.69
新疆	2.89
青海	2.78
山西	2.19
河北	1.51
山东	1.48
北京	1.32
天津	1.01
全国	4.90

图 4-1　2022 年分地区行政村管辖自然村平均数

资料来源：《2023 年城乡建设统计年鉴》，中华人民共和国住房和城乡建设部，见 https://www.mohurd.gov.cn/index.heml。

第四章　村社不老:新双层经营体系中的村社传统

的地方,我们才能说自然村不仅是最基本的社区单元,也是最基本的治理单元。这样的地区主要分布在华北平原上。

自然村是累世而居而自然生成的聚落,是农民生产和生活的最小共同体。齐河县自然村大多是数百人形成的小聚落,彼此之间相互熟悉,甚至有血亲关系。

村庄以一个或两个大姓为主,兼以若干小姓的多姓氏村。例如,齐河县赵官镇大马头村,截至2018年年末,全村有149户、549人,包含李、邓、于、曹、高、黄、董7个姓。各姓氏家庭人口数按户籍在村的男性户主姓氏统计,李氏136户,占总户数的91.28%;邓氏4户,占总户数的2.68%;于氏3户,占全村总户数的2.01%;董氏2户,占总户数的1.34%;高氏2户,占总户数的1.34%;曹氏1户,占全村总户数的0.67%;黄氏1户,占总户数的0.67%。李、邓、于皆是在明初洪武年间,从山西洪洞县大槐树下迁移过来的,其中,李姓已在本村延续至第25世。生命之树在一片固定的土地上扎根,后世子孙世代繁衍不息。自然村作为历史的生命共同体而存在,成为人们长期聚居和繁衍的生活舞台。

在新中国成立初期,齐河县尝试将几个自然村合并为一个生产大队,然而这一尝试未过多久便受到了三年困难时期的冲击。为应对粮食短缺危机,齐河县重新划小基本核算单位,以单个自然村作为生产大队,下设生产队。这一点在《大马头村志》中有所体现,1958年,大马头与小马头合并改称大马头大队,下设5个生产队。1961年春,小马头又从中分出成立小马头大队。为应对三年困难时期而将基本核算单位划小是理解以自然村为治理单元的重要事件。由此可见,以自然村为治理单元并非齐河县自新中国成立以来就一直延续的传统,而是为应对各种事件的冲击而不断调适的结果。

20世纪80年代,齐河县生产大队逐步改为村委会。1991年全县辖4镇17乡,1048个自然村,1012个行政村,自然村数与行政村数之比为1.04。在这一相近时期,河北省霸县共有324个自然村、380个行政村;山东省招远县共有750个自然村,728个行政村;安徽省萧县共有2124个自然村,611个行政村,[①]自然村数与行政村数之比分别为0.85、1.03、3.48。自然村初始规模的大小决定了自然村与行政村之间的关系以及村庄发展建设的基本设想。齐河县绝大多数行政村是以一个人口规模为几百人的自然村为基础而建构起来的,只有少数行政村是以一个规模偏大的自然村和几个人口规模在百人左右的小自然村共同构成。而后几十年齐河县的行政建制又作出些许调整。1995年12月小周乡撤乡设镇,称祝阿镇,全县辖5镇16乡。2000年6月,部分乡镇合并,合并后辖9镇5乡。截至2009年,齐河县共有1016个行政村。自2009年,齐河县开始推进合村并居工作,截至2023年1月,全县原1016个行政村划分为207个农村社区,51个村,10个城区社区居委会。值得注意的是,合村并居之后并不会取消整个村的建制,一个村的居民会尽量集中在同一片楼栋里,每个村依然由原来的村集体进行管理。因此,虽然合村并居改变了农村居住形态,但是以自然村为单元的治理特征仍保持不变。

(二)自然村治理助推农业发展

乡村基本治理单元兼具作为基层区划的社会属性和作为聚落

---

① 金其铭:《中国农村聚落地理》,江苏科学技术出版社1989年版,第188页。

第四章 村社不老：新双层经营体系中的村社传统

体系的自然属性。因而，乡村基本治理单元既有一定的区划范围内的面积规模和人口规模，也有一定的聚落空间结构。关于基本治理单元的适度规模，存在三种标准：一是群众的适度规模，以方便生产和生活为标准，尊重地权，典型形态是自然村或村民组；二是党的适度规模，以密切党群关系为标准，要求将党组织建设在有效的社会团结基础之上，进而引领社会团结，典型形式是人民公社时期形成的生产大队；三是地方政府要求的适度规模，以管理幅度合理化为原则，同时也要适应地方政府集中经济发展权和节约财政支出的需求，而这种适度规模存在很大的随意性。[1] 齐河县以自然村为行政村的村庄比例很高，这些以自然村为行政村的村庄最大限度地实现了三种基本治理单元适度规模的融合。在以自然村为行政村的村庄中，掌握土地所有权的自然村与设有村民委员会的行政村在治理结构上具有一致性，国家权力向下渗透的治理结构和传统农业社会萌生的治理结构相对接，增强了村集体对土地资源的控制力。齐河县以自然村为基本治理单元形成一种在地化的适度治理规模，提升乡土社会的治理效能，在新农耕文明形成过程中发挥更大的效力。

自然村落是在农耕文明中形成和发展起来的，是农耕文明留下的宝贵遗产。如今，以自然村为治理单元仍是新农耕文明能够生成的前提。走进齐河县，一个个小村落星罗棋布，农业产业欣欣向荣。作为一个农业生产大县，农业生产力的提升不仅与农业技术水平的进步相关，还与以自然村为单元的治理样态有关。首先，以自然村为基本治理单元稳固了集体土地所有权。农村土地分田

---

[1] 熊万胜：《协调乡村基本治理单元规模与形态》，《中国社会科学报》2017年第6期。

到户之后,村民享有土地承包经营权,不享有土地所有权。村民由于空间、血缘和地缘关系对自然村集体具有高度认同感,进而能够对土地归集体所有达成一致性。当村民们对"我们的土地"达成共识之后,就能够实现土地调整、大规模流转和托管。其次,以自然村为基本治理单位拥有一套正式班子成员。自然村与行政村相重叠,行政村形成的组织架构也就自然而然地植入自然村中。自然村治理之前依靠德高望重的宗族长老,如今转变成以村干部为治理主体。村干部在以自然村为行政村的村庄中具有双重属性,既是村庄利益的当家人,也是国家利益的代理人,因而村干部的核心作用更加凸显。作为村干部既需要对接村庄外部的资源,也需要向村庄内部传导资源,在农业生产中发挥着主导性作用。仁里集镇郑庄村村支书就发挥了这样的作用,郑庄村中有140亩未分田到户的集体土地,这些土地现在由本村部分村民承包,流转费用较低。今年下半年土地承包合同到期之后是继续由本村村民承包,还是以村党支部领办合作社的形式,抑或交给外边的企业承包,成为郑支书现在心中牵挂的头等大事。最后,以自然村为基本治理单元使文化上层建筑得以凸显。磕头拜年的旧习俗仍在齐河县延续,红白理事会的新制度也在齐河县开展,集体性、协作性、历史性、时代性共同集聚在这片黄河下游冲积的平原上,齐河农民的勤劳、仁义和团结被孕育出来。由于共同劳作和日常互动而带来的凝聚力使新农耕文明展现出熠熠光辉。

二、"大镇"与"小村"的搭配

乡村治理是国家治理的基础,基础不牢,地动山摇,在推进国家治理体系和治理能力现代化的实践进程中,基层治理体系和治理能力现代化是其中的关键性、基础性的一环。自古以来,每个地方都有各自的治理传统,由此形成不同的治理生态,正所谓"百里则异习、千里而殊俗"。在国家权力下沉的过程中,当前中国的乡村治理模式已从传统的"无为而治"的简约治理转向中国共产党推进的"积极有为"的简约治理。① 在基层治理日趋精细化的今天,各个地方纷纷推动村干部的职业化,配备现代化的信息技术手段,使基层工作趋于行政化,传统群众工作的本色逐渐退化。在耗费了大量的人力、物力之后,其治理效果尤其干群联系是否得到了改善,却还是要打上一个大大的问号。在调研中,我们感受到山东省的农村依然保留了较多的简约治理的色彩,干群联系比较紧密,这种实践的意义令人深思。山东省乡村治理中能够保留更多的简约底色,在很大程度上是由于山东省乡村治理体系的结构和山东省的地方文化所决定的。山东省的乡村治理体系坚持以自然村为治理单元,而且,还采取了一种大镇制度,结果形成一种"大镇小村制",也就是一个镇管理了非常多的自然村或行政村,这种管理幅度的超常是治理过程中保持简约的重要因素。

(一)"大镇小村"制与管理区的作用

山东省乡村治理体系的独特之处不在于以自然村建立村"两委",形成了自然村治理模式,这种做法在华北各省市是比较普遍的(河南省是例外);山东省乡村治理体系的独特之处在于"大镇小村制"。不仅行政村规模小,而且乡镇管辖的行政村数量很多。在齐河县,一个乡镇所辖行政村数量在 100 个左右,例如,仁里集

---

① 欧阳静:《简约治理:超越科层化的乡村治理现代化》,《中国社会科学》2022 年第 3 期。

镇下辖99个行政村,晏北街道下辖105个行政村。这种情况在山东省并不罕见,实际上,山东省乡镇管辖的行政村平均数远超全国其他地区(见图4-2)。

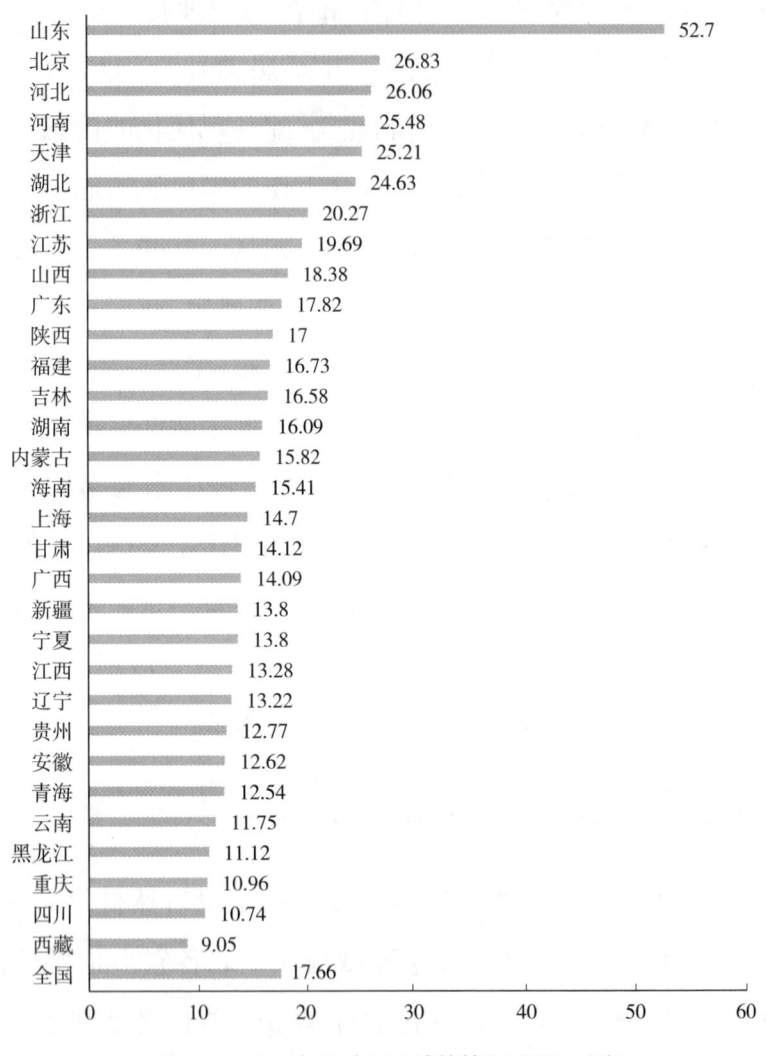

地区	平均数
山东	52.7
北京	26.83
河北	26.06
河南	25.48
天津	25.21
湖北	24.63
浙江	20.27
江苏	19.69
山西	18.38
广东	17.82
陕西	17
福建	16.73
吉林	16.58
湖南	16.09
内蒙古	15.82
海南	15.41
上海	14.7
甘肃	14.12
广西	14.09
新疆	13.8
宁夏	13.8
江西	13.28
辽宁	13.22
贵州	12.77
安徽	12.62
青海	12.54
云南	11.75
黑龙江	11.12
重庆	10.96
四川	10.74
西藏	9.05
全国	17.66

图4-2 2022年分地区乡镇管辖行政村平均数

资料来源:《2023年城乡建设统计年鉴》,中华人民共和国住房和城乡建设部,https://www.mohurd.gov.cn/index.html。

面对如此众多的行政村,乡镇—行政村的治理架构显然不太

第四章 村社不老:新双层经营体系中的村社传统

现实,因此齐河县所辖乡镇下设管理区。管理区的设立使管理幅度缩小,管理层级增多,这也是以自然村为治理单元得以成功的关键因素。管理区是在乡镇和行政村之间设立的准行政管理机构,是乡镇政权的常设派出机构,拥有固定的人员、办公场所和办公经费。管理区并非一种新生事物,而是大集体时代以来历史设置的延续,管理区最初产生于人民公社化运动时期,居于人民公社与生产大队之间。如今,在齐河县,管理区作为乡镇和行政村之间的中介机构,负责上传下达,在乡镇和乡土社会之间发挥着重要的衔接作用。

由于乡镇所辖村庄数量多,镇政府驻地离一些行政村较远,村民到镇政府办事不便,同时镇政府提供的服务也难以触及每个行政村。管理区的衔接作用体现在乡镇政府传达任务到管理区,管理区在接到任务以后会及时传达到行政村,村干部具体落实相关事务。管理区与乡镇其他职能部门平行,直接接受乡镇党委政府班子成员的领导。每个管理区一般包含两名专职的管理区干部,分别为管理区书记、管理区副书记(或管理区片长),以及2—3名基层治理专岗人员。管理区书记负责主持管理区全面工作,尤其是中心工作的推动,是管理区的第一责任人。管理区副书记一般为管理区片长,负责协助书记抓日常工作,其余工作人员分别负责纪检、宣传、组织等方面工作。管理区干部的办公地点设立在所属管理区,而非乡镇或街道层级,除乡镇开会之外管理区干部的工作时间都在管理区内。管理区负责给所在驻地的村干部进行涉农政策宣讲,并传达乡镇对各项政策执行的要求。同时,管理区干部负责在村庄内部巡视,及时发现乡村治理漏洞,主动督促村干部落实工作。因此,管理区的设立虽然在组织架构上呈现"逆扁平化"的特征,但是在治理样态上却承担了社区的职能,成为一个提供公共服务的组织,弥补了以自然村为单位的治理无力提供公共服务的缺憾。管理区"逆扁平化"和管理区的社区转型使自然村的治理单元得以延续,在提升基层治理的精细化水平和群众生活满意度方面发挥着重要作用。

(二)村组织治理架构

村社不老的要义既包含自然村作为生命共同体的历史底蕴,也需要现代国家制度的加持。行政村作为一个自治组织,在国家制度的干预下,其组织架构的设立具有一致性,且主要村干部工资由政府发放。村组织成员包含村支书、村民委员会主任、文书、村委委员和网格员。齐河县实施村支书、村民委员会主任"一肩挑",主要负责处理事关本村发展的重点问题,基本工资为1800元/月。此外,村支书评星级,最高可达8星级,若村支书干得比较好则每3年会上升一个星级,干满24年可以达到8星级,但若违规违纪则会星级下降,星级升降影响绩效工资的发放。如果村支书是8星级,则其工资水平与齐河县基层公务员和事业编的工资大致相当。文书负责统计、填表等一系列日常工作,只有基本工资,没有绩效工资,工资由政府发放,每个季度1500元左右。晏北街道小安村村支书直言,"没有专职的文书,村里什么都干不成,村支书和文书是个夫妻活儿"。村委委员一般为纪检委员和妇女主任,政府不发工资,由村集体发放补贴,因而村委委员大多兼任网格员。网格员的设立以每个村的人数为依据,工资由政府发放,每个季度约1500元,主要负责巡查和上报事件。

村党支部和村民委员会是一个村的核心组织,只有坚强的党组织、村组织才能推动村庄各项事业的稳步发展。村干部分工明确、密切配合,村庄治理才能井然有序。在齐河县,一个行政村由5—6人组成村"两委"班子,低成本、高效率地完成本村的治理工作。此外,有些村下设村民组,每个村民组有一位小组长负责协助村干部管理本组事务,例如,潘店镇曹庙村共有300户,970人,2400亩耕地,下辖3个村民组,设有3个小组长。有些村已经取消了村民组,直接由村集体统一安排各项事务,例如,晏北街道双庙宋村共有70多户,280多人,700多亩耕地,没有下设村民组,也没有小组长。与一两千人口规模大的行政村相比,齐河县的行政村人口规模适中,居住空间紧凑,更能够有效地发挥简约治理的优势。

(三)网格织密社会治理体系

社会治理的重点在基层,难点也在基层,农村网格化管理是疏解乡村社会治理困难的一项重要举措。当下,乡村网格化管理理念呈现从"管理"到"服务",甚至是"治理"的演变趋势。网格化管理网住基层治理大小事,提高服务精准性,满足群众多样化需求。网格员作为齐河县最近几年新设立的工作岗位,成为织密社会治理体系的关键因素。在齐河县,一个村大多有两个网格员,网格员的服务范围有的按照片区划分,有的共同服务全村。例如,晏北街道双庙宋村有两个网格员,不划分片区,晏北街道安付村也有两个网格员,采取按片划分的方式。被赋予技术理性的网格纳入充满人情世故的乡土社会中,人格化和制度化之间产生了张力,然而乡土社会所具有的包容性又足以将网格员这一新职业融入其中。

齐河县以自然村为基本单元设立专属网格,由村"两委"成员担任网格长,统一编号,实现扁平化管理,托住基层治理的"底盘"。齐河县网格制度从2017年开始,作为网格员主要负责以下工作:一是"双敲"行动,每年开展一次,挨家挨户上门询问村民对社会治安、学生就学、环境卫生等方面的满意度;二是每天巡访和环境卫生督查,并且每天在"微连心"平台上报至少15条事件;三是填表,多数情况下一周一次,有时两三天一次,主要是收集村民信息,如统计老年人数量;四是每个月去所属管理区开一次网格员会议。此外,在合村并居的社区中,一个网格员会管理几栋楼,主要负责日常联系工作,每栋楼都有单独的微信群,每家每户都会在群里。当前,网格化管理在齐河县已显露出明显成效,并形成典型经验,例如,焦庙镇创新"网格+便民服务"模式,从全镇挑选出综合素质高、业务能力强、群众基础好的91名网格员,组建网格员帮办代办队伍,统一培训上岗,提供上门代办服务,实现了服务群众"零距离"。网格员的设立使自然村治理进一步细化,自治色彩也在国家制度的干预下更加规范化,在"下情上达"中发挥重要作用。

(四)村落文化和村干部的担当

以自然村为治理单元使村民彼此之间相互熟悉,更加符合熟人社会的特征,传统熟人社会中礼治秩序、无讼、无为而治、长老政治也在一定程度上发挥着作用。因此,在以自然村为行政村的村庄选举中,更容易选举信任的人当选为村干部。而村民对村干部的信任又会反过来激励村干部积极作为。村干部作为伦理网络中的关键人物,决定着整个伦理网络的风气。在调研中,我们发现村

第四章 村社不老：新双层经营体系中的村社传统

干部微薄的工资和繁重的事务形成了鲜明的对比，但是仍有较多的村干部在一个岗位上干了几十年，涌现出很多七星级、八星级村支书，是什么因素推动村干部持之以恒地为人民服务？不少村干部曾言，"农村干部很难干的"。他们也许只用只言片语讲述了一个事情的发展过程，但是背后的艰辛只有自己清楚，其担当精神值得我们钦佩。一个农业生产大县中的村庄要想获得发展，村干部必须在其中投入心血，而与村民之间的情感联结构成了村干部的动力之源。

村干部想要为村民办实事的心愿，想要为村庄谋发展的奉献精神，在村干部的任职生涯中得以体现。每到一个村庄进行调研，随着村干部对陈年旧事的回忆，艰辛的村庄发展史链条开始浮现，村干部几十年如一日地投入村庄治理的决心和勇气也展现出来。在仁里集镇张铺村，村干部带领村民尝试种植各类经济作物：1993年，张铺村村集体主动探索致富路，出资买梨树苗，分发给村民种植；1994年，村集体带领村民开展苹果树种植；1996—1997年，村集体开展双孢菇种植；1999年，村集体带领村民种植100亩辣根，与企业签订收购合同。如今，在村民主动选择和政府积极推动下，张铺村形成了以小麦、玉米等粮食作物种植为主，大蒜、大豆等经济作物种植为辅的种植布局。在仁里集镇郑庄村，村支书总结农村有"三大难"，并身体力行切实要解决这"三大难"。一是修路难，原先村里都没有正儿八经的道路，然而要想富就必须先修路。依靠村集体资产和国家政策，现在村里东西三条街、南北一条街都修上了宽敞的马路。二是浇地难，郑庄村不是引黄灌溉区，然而有水无水两重天，直接关系到粮食产量。村干部组织村民投资打井，安装变压器，现在实现了旱能浇、涝能排。路难、水难在村干部的努力下已经成为过去式,然而第三个难题一直萦绕在村干部的心头:增强百姓经济意识难。当前常年在村里居住的大多是老人、儿童和妇女,如何带动村庄整体致富,鼓励村民返乡就业,成了一个新难题。因此,村干部必须有担当精神才能够迎难而上,在困难中找出路,在变局中谋发展。村干部成为村社文化中的核心力量,是村社传统能够在新时代焕发光彩的重要人物。村干部与村民之间的紧密联结,实现了干群同心、民风淳朴的治理网络。

三、自然村内部的农民交往

(一) 一脉相承的家族历史

宗族活动是公共生活的重要组成部分,宗族立谱是追本溯源的关键文化活动。一份族谱串联起一族的前世今生,记录着一族的荣辱兴衰。当前城镇化进程加快,一批批旧村落消失了,一幢幢建设华丽的居民楼拔地而起,族谱的意义更加凸显。2000年前后,随着人民物质生活水平的提高,人们开始不断追求精神生活,续写家谱成为在齐河县广大农村掀起的一种时尚。世代传承的历史文化、农村文化的发展脉络在族谱上的一个个名字中得以印证。翻开族谱,农耕文化、氏族文化、人文文化一一浮现。家本位、孔孟之道使中国人自古以来就重视修订族谱,族谱成为后世子孙维持家族凝聚力、传递优良家风、促进家道昌盛的重要支柱。

根据《王官屯村志》记载,该村建村时只有王氏,后陆续迁入李氏、石氏等。因该村地理位置靠近晏城,交通方便,土地较多,村风较好,其他姓氏先后迁来落户,也有招婿来村落户,形成多姓村庄。1568年,王振宜从山东省青州府诸城县迁入,时15人。1599年,据《李氏家谱》记载,由诸城迁至齐河县的李舍有三子,即李虎、李豹、李貓,居住在本县华店镇李舍村。后兄弟三人分家,李豹迁入该村,时8人。1664年,石东美、石东周从山东省青州府诸城县瓮河鸭子湾迁入,时5人。截至2016年,李氏世系从始祖李舍开始,已延续至李治、李政、李原、李亚飞、李金忠、李欣宇、李宜洋等第21世。而且在第21世之前,村民多按照字辈取名,如第16世至第20世,字辈为元、为、善、长、世。据《仁里集镇志》记载,截至2012年5月,全镇有各类家谱59种,并详细记录了谱牒名称、现存数量、刊印时间和谱牒持有人,以供后辈查阅。一脉相承的宗族观念滋生出村民对家族历史的自豪感,对生命根基的认同感,宗族也成为村民行为的有力约束,合乎村庄内部规矩成为村民行动的重要指南。

(二)关键事件的仪式互动

红白事和拜年是覆盖全村范围的两个关键事件。近年来,红白事由红白理事会操办,红白理事会设会长、副会长,以及3—5名成员,会长一般由村支书担任。红事办理需新人订婚前在红白理事会进行登记,并填写婚事新办申请登记表,承诺按照"五提倡"要求办理婚事,而后红白理事会便不再过问太多。白事办理需按照以下流程:一是申请。亲人去世后,事主要在红白理事会进行申请登记,并填写丧事简办申请登记表,承诺按照"五禁止"要求办理丧事。二是报丧。由红白理事会安排电话报丧,不派人报丧,缩小报丧范围。报丧时将出丧时间和简办程序告知相关亲属。三是火化。由红白理事会安排火化。四是设简易灵棚。由红白理事会或亲属帮忙设简易灵棚。五是吊唁。提倡来宾面向遗像鞠躬,不拜祭、不祭奠,逝者儿女等亲属一律在灵棚内鞠躬谢客不出门跪谢,不迎谢花圈。六是安葬。丧期第三天,将骨灰盒直接送至墓地下葬或送至骨灰堂安放,禁止随葬、祭奠时使用纸扎。红白理事会在红白事办理的过程中起着组织和监督作用,在白事中的重要作用更加凸显。每发生一次红白事,不仅需要红白理事会参与,也需要邻里帮忙,这就相当于一次村庄内部的集体行动。通过红白事的仪式互动,村庄内部的集体意识得以增强。

讲究礼仪和孝道是中华民族的优良传统,身为孔孟之乡的山东省延续着传统的拜年礼仪,以表达对长辈的尊重和对先人的敬重。大年初一清早吃完饺子,一大家族成员便会在约定的地点集合,成群结队地去长辈家中或摆有祖先牌位的地方行叩拜礼以示尊重。齐河县磕头拜年的习俗已有几百年的历史,展现出长幼有序的礼治秩序,反映了中国传统的孝道文化和家族理念。尽管很多村庄都已合村并居,但是原有的日常生活方式也植入合村并居村庄,磕头拜年的习俗仍然传承,一些村庄在上楼之后还会举行团拜。在齐河县晏北街道马寨村,每逢春节,乡村文化广场敲锣打鼓非常热闹,老年人在文化广场坐成一排,观看村文艺演出队表演节目。节目表演结束以后,村里的晚辈给长辈集体磕头拜年。磕头拜年是对天地自然的敬畏,是对"道法自然"的遵循,是对祖宗、长辈和父母的感恩。这一礼节一方面强化了长幼秩序,形成人人尊老的优良村风,也起到了告诫老年人不可为老不尊的作用,因而有利于村庄人格化治理;另一方面增加了村民之间互动,及时化解积压的矛盾,促进村庄内部团结,达到治理性团结的成效。

第四章 村社不老:新双层经营体系中的村社传统

(三)恰到好处的社交距离

齐河县风清气正、平安和谐,百姓安居乐业,民风淳朴。依礼而治、尊重伦理涵养了齐河农民的分寸感,达成一种恰到好处的社交距离。近年来,村民之间相互串门的交往次数在减少,保持了私人空间和主体性。但是以大街、文化广场等公共场所为空间的社交频次在增多。传统的农村公共场所包括宗庙、祠堂、古街道等,现代的农村公共场所包括综合服务中心、文化广场、农家书屋等新型服务空间。而今,传统与现代的农村公共场所都在齐河发挥出应有的作用。村民喜欢在大街上闲聊,交流农业种植经验,喜欢在胡同里拉张桌子、摆几把凳子打扑克或品茶,也喜欢在文化广场纳凉、打篮球或跳广场舞。现在的农民已经不再是"面朝黄土背朝天"的艰苦劳作形象,而是追求更丰富的社交和娱乐活动。

公共空间的打造与完善使村民之间的交往既不过密,也不过远,而是恰到好处。村庄整体规划使马路宽敞平坦、村容村貌整洁干净,农村人居环境得以改善,这是村民愿意以大街为公共交往空间的前提。村庄内部房子与房子之间排列紧凑,拉近了村民之间的居住距离,而房屋建设的一致性降低了村民们的攀比心,减少了交往过程中的矛盾,拉近了村民之间的社交距离。大街成为重要的公共交往空间,村民经常在大街上交流粮食种植经验,在相互学习中及时精进种粮技术。与此同时,文化广场也在提档升级,安装路灯,使群众活动有场所,娱乐有场地。为激活场馆活力,自2020年以来,齐河县立足实际、大胆探索,围绕以文化赋能乡村振兴,在全省率先实施"文化先行官"创新项目,引入社会力量,聘请专业人员,下沉社区,发挥文化服务、基层治理、助推产业的职能。因此,走进齐河县,我们可以看到在这里是传统与现代的融合,既有古人之风、仁者之道,又有遍地开花的流行文娱活动。

(四)农忙时节的协作互助

规模化经营、高水平种植不仅依靠文化资本、经济资本,还需要社会资本,缺乏对社会资本的关注就难以理解当前农民的种植模式。必须肯定的是农民之间是有协作的,而这种协作是在日常生活和交往之中建立起来的。农民的协作互助包含两个层次:一是家庭内部的互助,是齐心协力经营家庭的共同体意识而造就的形态;二是农户之间的互助,是"远亲不如近邻"的交往传统而形成的结果。正是农忙时节需要这样的互助形式才形成如今的村庄聚落形态和村民生活状态。

在齐河县,家庭内部的互助形式具体表现为在一个三代家庭中,一般是老年人在家种地,年轻人农闲时外出打工,农忙时回来帮忙。农业为每一个家庭成员提供了参与经营家庭的机会,播种、除草、收割、晾晒、贩卖等诸多流程,所需付出的劳动轻重程度不等,农民在关注种粮专业性的同时更强调农忙时节的抢收抢种,因而家庭成员若愿意为此出一份力就能够出一份力。老年人因年龄限制无法进入就业市场,但是在农业生产中仍可以发挥主力军的作用。因此,老年人在农业生产中找到了家庭经营的方式,在田间地头继续发挥着余热,而这种与土地的捆绑并不会使老年人产生束缚感反而自得其乐,找到了自己在经营家庭中的位置,获得了一种不向子女伸手要钱的成就感。在一个三代家庭内部,大家齐心协力共同把家庭经营好,也在希冀着实现阶层代际流动,"耕读传家""晴耕雨读"成为对下一代的期盼,"男女老少齐上阵,抢种抢收忙不停"刻画了农忙时节的劳作场景。

齐河农耕文明悠久,农业基础深厚。为了发展生产,新中国成立之后政府开始重视农户之间的互助,依次开展了农业互助组、初级农业合作社、高级农业合作社和人民公社。1978年,国家将"三级所有,队为基础"的农业经营管理体制,改为以家庭经营为基础的联产承包责任制。家庭联产承包责任制实施之后,农民之间仍保留着互助的习惯,只不过这种互助不是国家干预下的互助,而是以个人社会资本为基础的互助。农户之间的互助范围缩小至邻里之间、亲友之间、土地邻近的农户之间,往往几家联合行动去浇地、收割、晾晒。农户之间的互助提高了劳动生产效率,也在一定程度上实现了规模化经营,能够尽快完成抢收抢种工作。从靠天吃饭到知天而作,辛勤而又团结的齐河农民在用自己的力量同变幻无常的自然相抗争,频繁互助而形成的人情往来成为农耕文明的重要一环。

四、线上线下双层社区

在齐河县,国家设定的基本治理单元和百姓所习惯的日常生活单元之间恰好重叠,奠定了农村社会建设的坚实基础。近年来,数字化、信息化技术不断升级,移动网络和社交媒体也在农村生活中得到了广泛应用。数字技术的提升不仅是一场媒介革命,也带来了社会组织方式的变革。为加强基层治理体系与治理能力现代化建设,数字技术在国家系统力量主导下被密集地导入农村,为行政村社区的建设提供了新契机。[①] 数字技术在线下社区的嵌入,

---

[①] 熊万胜、徐慧:《技术整合:数字技术推动行政村社区整合的机制研究》,《社会科学》2022年第3期。

促进了村庄公共空间的重构和线上社区的生成。

（一）双层社区

线下社区是现实空间中的实体社区，随着社会信息化和治理数字化的进程，农村发达的私人社会关系在网络空间也有发展与蔓延，形成了线上与线下双层社区。在齐河县，线上社区的生成主要得益于微信群和"微连心"小程序。在很多村庄，基于私人交往的微信群由村民自发组建，基于公共交往的微信群由政府引导组建。"微连心"小程序是政府推动的自下而上的民意反馈平台。互联网的即时性和便捷性，降低了沟通的时间成本，消除了交往的空间阻碍，使邻里关系得以在线上发展，提高了集体行动的效率，也有利于政府精细化对接村民需求。

小小微信群囊括基层大小事。仁里集镇张铺村村支书拿出手机向我们展示了他的办公微信群，这些微信群都是他的置顶群聊，有什么消息马上就可以关注到。作为村支书，他主要对接管理区2个微信群，分别为大田管理区网格员群和大田管理区村党支部书记群。管理区网格员群主要是网格员的相关工作安排，群成员为管理区所辖各村的村支书、文书和网格员，群主为管理区书记，微信群内有39人。管理区村党支部书记群主要是通知村支书开会以及发布村支书负责推动的工作内容，群主为管理区书记，微信群人数有十几个人。因为本管理区为先进管理区，各项工作排名第一，所以平时任务量也比其他管理区的任务量多。此外，他还需要对接村庄内部3个微信群，分别为村干部群、党员群和村民群，这三个群的群主都为村支书。张铺村干部群6人，包含本村所有村干部，主要有开会通知、会议精神学习等内容。张铺村党员群

12人,除4名高龄党员不在群中,其余党员都在群中,主要包含"学习强国"积分排名、党员开会、发展党员等内容。张铺村村民群191人,每家每户至少有一人在群里,包含医疗保险缴费、防溺水宣传、交通安全宣传、白事排纸等与日常生活息息相关的内容。晏北街道双庙宋村网格员也向我们展示了她对接的工作微信群,包含管理区网格员群、楼栋群、村干部群和村民群。其中,前两个群聊最活跃,网格员群每天都有消息上传下达和下情上达,人数为500人;楼栋群有30多人,主要是向上反映问题、村民闲聊和工作交流。对一个村干部而言,日常对接的工作群数量相对合理,而对管理区工作人员而言,日常对接镇里和村里的微信群一共有100多个,数量之多令人咋舌。

微信群更多地实现了国家意志的向下传递,而"微连心"小程序则更侧重村民自下而上向政府反映诉求。"微连心"小程序包括村社介绍、三务公开、社区服务团、便民服务、平安问卷、党员入格、微心愿、微活动等不同的功能,最主要的功能在于该平台关联了各村的网格员,只需点击"我要报事",简明扼要地描述事件状况,就会有专门的网格员来受理此事,而且报事人可以根据需求选择办理此事的网格员。"微连心"小程序给予村民极大的便利性,足不出户就可以上报问题,也使网格员及时掌握网格内社情民意动态,排查各类风险隐患。

(二)双层社区在治理中的作用

线上社区逐渐成为一个反映民意的渠道和农技落地的通道,其兴起弥补了线下社区的真空,降低了组织成本,在技术与制度的密切配合中,治理程序走向规范化与智能化,村级组织在治理结构的扁平化过程中强化了系统力量。① 以微信群为主的线上社区展现出新的社区生态模式,为村民提供了一个平等沟通、协商对话的公共话语空间,提升了乡村治理能力和乡村自治能力。

在齐河县的乡村中,乡村事务通知的方式主要有两种:村民微信群和乡村大喇叭。由于外出务工人员较多,村民微信群缓解了乡村治理过程中"主体不在场"的难题,并由于其覆盖面更广、信息传达更清楚、互动性更强,逐步替代了乡村大喇叭的功能。村民微信群逐渐变为一个治理工具,秉持技术理性的准则搭建了一个线上"乡村大舞台",在晏北街道小安村土地流转过程中就发挥了这样的作用。小安村每年根据"增人增地,减人减地"的原则实施一次土地调整,农户田块分散。同时,小安村位于齐河县经济开发区,靠近齐河县城,就业机会多,外出打工和在县城买房的人较多。因此,小安村全村1109亩耕地由5个大户种植。而关于土地流转的相关事宜不是通过线下召开村民大会讨论,而是在村民微信群里发放通知、征询意见,村民若是同意土地流转可以直接在群里发"同意",不同意也可以在群里表达意见。小安村村民微信群人数在100人左右,户主基本在群里,若同意人数过半,村集体就和大户签订土地流转的合同。通过微信群缩短了信息上传下达的时长,更为便利地收集和统计村民的意见,节约了村民参与治理的时间成本。此外,微信群也作为农业技术传播的渠道,让农业技术顺利进村入户。一方面,农技站每次举行农技培训,都会以乡镇为单位建一个微信群,用以交流和解决百姓在农业生产过程中所遇到的难题。另一方面,农技站每年都要进行苗情调研,在产前、产中、

---

① 熊万胜、徐慧:《技术整合:数字技术推动行政村社区整合的机制研究》,《社会科学》2022年第3期。

产后制定生产指导意见,通过微信群将农业生产技术传播到每家每户。

值得注意的是,在关注到数字技术在乡村治理实践中日益显著的积极作用时,也要注意到数字技术的引入给乡村治理带来的负面影响。数字化、表格化使村干部叫苦连天,本就不太熟悉数字化办公设备的他们,需要填报大量的表格,上报各种事件。在技术给治理带来便捷性的同时,也由于技术主义的泛化和滥用给基层干部带来了各种条条框框。因而,这一现象也成为必须警惕和改进的问题。

(三)双层社区在交往中的作用

线下社区的人情关系网络也延展至线上社区,通过微信、抖音、快手等平台,拉近了村民的社交距离和交往频次。除日常见面交流外,哪家发生什么事情,通过线上社区就可以知晓,也加强了外出务工人员与村庄的关系。线上社区成为一个展现家长里短的平台,红白事、务工信息、升学情况等大大小小的事情都在线上社区图文并茂地展现出来。

通过调研发现,大多数村庄都会将红白事在村民微信群里公布。仁里集镇张铺村的"白事排纸"展现了微信群在交往中的联结作用。由于白事礼仪复杂,用工较多,所以张铺村白事采取轮流出工的方式。事主在亲人逝世第二天张贴榜单,榜单上写清楚抬棺、喊丧等任务分工。村民微信群会发布老人去世的通知,在家的村民会前去事主家看看榜单上有没有自己的名字,在外打工的村民会通过微信或电话询问村支书榜单上有没有自己的名字。若榜单上有自己的名字,则需要到场帮忙。微信群扩大了消息传递的范围，外出打工的村民也可以通过微信群实时关注村庄情况。此外，微信群还是村民找临时工作的重要途径。除线下去劳务市场"上市"找临时工作外，村民们还可以通过微信群结成业缘群体。在劳务市场中，一位受访者加了40多个自发成立的或劳务公司成立的微信群，群里会发布用工时间、工作内容和具体工资。村民通过微信群比较用工价格，找寻适合自己的临时工作。微信群将村民的生活和工作都纳入了其中，俨然一个秩序井然的小社区。抖音、快手等短视频平台进一步赋能线上社区，通过记录乡村生活、展示乡村风光、创编搞笑剧情等原生态乡土生活的呈现，吸纳了众多村民进入其中。村民们或将其作为自我展演的空间平台，展示线下社区未能展现的精彩一面，或将其视为了解周围人生活状态的场域，促进了彼此之间的熟悉度，也为线下社区的进一步发展提供了契机。

第二节　村社组织在社会化服务中的中介作用

　　进入21世纪，随着农村经济体制改革不断深入，农业社会化服务应运而生，农村合作经济组织星罗棋布，农业龙头企业异军突起，农业产业化经营势头强劲，促进了农村经济又好又快发展。村民富不富，关键在支部；村子强不强，要看"领头羊"。村组织在农村改革发展中，肩负着重大的历史使命。村组织是村庄自治的核心，在农业社会化服务方面发挥着中介作用。齐河县村组织秉持着求真务实、开拓创新、真抓实干的精神，引导村民科学种田促增收，带领村民共奔小康路。

一、党支部流转土地集体经营

走进西杨村村委会，一块绿色大牌子夺目而入，上面写着"西杨年丰粮食种植专业合作社"，并配有金色麦穗组成的图标。近年来，齐河县积极探索农村党支部领办合作社的新路子，把小农户手中零散的土地集中起来，共同向社会化服务组织购买服务，降低生产成本，实现提质增效。刘桥镇西杨年丰粮食种植专业合作社便是其中一个典型例子。西杨年丰粮食种植专业合作社是由刘桥镇西杨村党支部领办，通过为全村3305亩土地提供全程农业社会化服务，带动小农户与现代农业有机衔接，实现了农业生产规模化、标准化、集约化。2016年，西杨年丰粮食种植专业合作社被评为山东省农民合作社省级示范社，2019年2月18日，国务院原副总理胡春华莅临合作社视察指导。对齐河县刘桥镇西杨年丰粮食种植专业合作社生产经营模式给予高度认可。

（一）支部牵头，引领村民创办合作社

刘桥镇西杨村是一个传统农业村，村民以种植小麦、玉米等粮食作物为主，共有320户，1249人，党员23人，耕地3305亩。西杨村既无区位优势，也无资产资源，如何让村庄发展起来成为党支部致力要解决的难题。村支书想出的第一条致富路就是提高粮食单产，从2009年开始，西杨村党支部带领村民整修农田沟渠、改善农田灌溉设施，实现旱能浇、涝能排。农业设施的改善确实提升了粮食单产，但是当时粮食价格偏低，对促进村民增收只是杯水车薪。如何让群众收入更多仍然是困扰村支书的大难题，为此，村支书四处参观取经，学习发展经验。

2013年9月，西杨村党支部李书记等5名干部带动15个党员

户,注册成立"年丰粮食种植合作社",对合作社500亩耕地实行统一管理运营。合作社只用了半年时间,就降低生产经营成本5.1万元,相当于亩均增收100元。群众看到了效益,打消了心中疑虑和质疑,但是也有一些不明就里的农民议论纷纷,认为合作社赚了大钱,带头入股的村支书也要赚大钱了。村支书敏锐地察觉到了民情民意,在全村村民面前做了以下承诺:合作社不以营利为目的,村民自愿入社,种业公司给的管理费全部归村集体所有;以农机入股的社员保障有合理利润,每亩地耕、种、收等服务价格比市场价格低10元;以土地入股的社员享有合作社提供的低价格服务;合作社账目定期公开,接受村民监督。这些承诺打消了村民的疑虑,2014年,312户村民全部入社,3305亩耕地全部入社。村里耕地委托给5人管理,提供除灌溉之外从种植到收获的全过程服务,300多名劳动力得以安心外出打工,大幅降低了传统种植模式所带来的人力、物力浪费,人均年收入达到3万多元。

(二)对接企业,带动群众多渠道受益

西杨年丰粮食种植专业合作社成立之后,生产经营成本显著降低,如何增加群众收入和集体收入,通过合作社带动群众多渠道受益,成为西杨村党支部进一步需要谋划的发展思路。村组织充分利用西杨村处于粮食高产创建核心区、配套设施齐全、水利设施完善的优势,积极主动同市场对接。合作社与齐河县绿丰种业公司签订良种供应合同,又与齐力新农业服务有限公司合作开展药物防治,成功打造出"村党支部+合作社+企业+农户"的运行模式。

2013年夏天,李书记听说齐河县绿丰种业公司想要打造小麦育种基地。他萌生出带领村集体发展小麦育种的想法。于是,李

第四章 村社不老：新双层经营体系中的村社传统

书记主动联系了绿丰种业公司，并邀请企业领导来西杨村考察。公司有需求，村庄有意愿，二者一拍即合。但是公司提出了两个条件：一是全村3305亩耕地必须全部用于育种，不能播种其他品种的小麦；二是10天内必须交齐原种购置资金，完成合同签订。面对这两个难以完成的条件，村支书为了表达合作的诚意满口答应下来，继而先后组织召开党员会、干部会、群众代表会商议这件事。大多数人都认为这是一件大好事，也有少数人质疑"如果公司不回收培育出来的种子怎么办"？村干部对村民的质疑一一作出解释，用了3天时间做通所有群众工作，同意耕地全部用于育种，花了5天时间收齐原种购置资金。2014年夏天，村民培育出的小麦种子以高于市场价0.1元/斤的价格定向卖给了绿丰种业公司，同时，绿丰种业公司又给予合作社0.04元/斤的管理费，初步形成订单式农业生产。通过与绿丰种业公司合作，村民每年增收40多万元，村集体每年增收16万元。

在合作社的运营下，党支部发挥自身市场信息渠道优势，加强领导和服务，全村土地实现"八统一"管理，即统一技术指导和服务、统一良种供应服务、统一测土配方肥供应服务、统一药品有机肥供应服务、统一深耕服务、统一播种服务、统一机收服务和统一病虫草害防治服务。为进一步提高"八统一"管理服务效益，合作社与齐力新农业服务有限公司合作，在农业生产中采用更专业的飞防飞治和更先进的农业机械。村民和村组织共同算了一笔经济账：全村统一良种供应能节省8.3万元，统一肥料供应能节省13.2万元，统一播种服务能节省3.3万元，统一药物防治能节省12万元，统一浇水灌溉能节省13.2万元，统一深松深翻能节省12万元，统一收割服务能节省6.6万元，一年算下来全村能节省

68.6万元。村民们真真切切地尝到了合作社带来的甜头,大家都纷纷称赞党支部的引导,村民现在种地既不费力,还能获得更多收益。

(三)扩大服务,辐射其他村庄共同发展

从2014年到2016年,合作社不断发展壮大,到2016年,合作社已有3台1204型拖拉机、3台翻转犁、4台玉米收割机、7台小麦收割机、8台播种机、3台旋耕犁、12台背负式喷雾器。西杨村党支部带领合作社,在服务好本村农业生产的同时,也逐步将业务扩展至周边村庄。结合本村实践操作经验,合作社尝试走出去托管其他邻近村庄的土地,扩大本社的服务范围,影响带动周边村庄共同发展。2020年,西杨年丰粮食种植专业合作社为周边村庄提供植保服务3万亩,其中为禹城几个村庄植保1万亩,参与深松深翻服务6000多亩。2022年,合作社新增购置100余万元农机,提供社会化服务能力达每年10万亩,充分发挥了示范引领作用。经过多年发展,截至2023年5月,合作社自有各类农业机械设备达到69台(套)。

目前,西杨村已发展出18个农机专业户,17个运输专业户,在为合作社服务的基础上,也将服务辐射到周边20多个村。几家以农机入股的社员说:"虽然给村民提供的服务价格低于市场价,但是我们都是成片作业,不用天天东奔西跑,来回换地方,并且直接与合作社结算,亩数也真实,现在业务逐步在扩大,慢慢也就挣着钱了。"同时,西杨村带动周边6个村,发展万亩玉米良种基地,将本村的优秀种植经验成功复制到周边村庄,带动其他村庄也走上了村集体经济增收致富路。合作社主动接轨市场,服务社会,既

第四章 村社不老:新双层经营体系中的村社传统

促进了合作社和农业社会化服务的发展,又降低了农民的生产成本,实现了良好的经济社会效益。

(四)实现"双增收",提升党组织凝聚力

西杨年丰粮食种植专业合作社的运营提高了村集体和村民的收入,主要收入来源于两个方面:一是与绿丰种业公司合作挣的钱。绿丰种业每年向村集体支付管理费,同时又以高于市场价的价格收购良种,全村一年可收益56万元。二是与齐力新公司合作省下的钱。全村通过统一良种供应、统一肥料供应、统一播种服务、统一药物防治、统一浇水灌溉、统一深松深翻、统一收割服务,一年可节省68.6万元。土地里蕴含的"大文章"被西杨村充分挖掘出来,通过在自己的土地上做经济文章,村集体和农户获得了外部资金收益。

近年来,西杨村先后投资400余万元进行美丽乡村建设,硬化道路,绿化街巷,修建文体公园,实施旱厕改造,进行"美丽庭院"建设,村容村貌焕然一新;投入20余万元,建设文明实践大舞台,购置音箱、锣鼓,组建广场舞队、秧歌队、锣鼓队,开展广场舞大赛、太极拳展演等活动,丰富群众文化生活。

西杨年丰粮食种植专业合作社建立了"村党支部+合作社+企业+农户"的发展模式,为本村及周边村民开展植保、耕播、收储等农业生产作业服务。党支部构建了企业和农户之间的交流平台,提升了经济效益和生产效率,推动了村民和村集体可持续增收。如今,合作社不断发展壮大,村民收入节节攀升,村集体经济显著增强,村庄工作运转有序。西杨村党支部带领村民敢闯敢试,走出一条党建带社建,社富带民富,强村与富民"双赢",集体与群众

"双增收"的新路子。

二、党支部领办农机专业合作社

截至2022年年底,齐河县发展专业合作社1466家,其中农机专业合作社超过600家。在专业合作社中由村党支部领办的有819家,其中有多少属于农机专业合作社尚不可知,但在我们的调研中确实注意到,很多支部办合作社都具有农机服务能力。相较于直接流转耕地经营,为农户的耕地提供服务经营风险更小,对村"两委"干部的组织能力的压力也小一些,因此成为"党支部+合作社"的一种重要形式。

(一)国家政策引导,财政积极扶持

我国农机专业合作社的发展历史可追溯到20世纪80年代。为了解决农业机械化水平低、机械化服务缺乏、农机配备不足等问题,中国第一个农机专业合作社于1982年在山东省成立,随后各地纷纷效仿,成立了众多农机专业合作社。然而,这些合作社主要依赖政府补贴和贷款的方式发展,面临管理和运营等方面困难。为缓解合作社成立初期发展困难,1991年,国家发展改革委颁布《关于在农村地区发展经济合作组织的指导意见》,明确提出"扶持和引导农村各种经济合作组织发展",为农机专业合作社的发展提供了政策支持。随后,各级地方政府出台相关细则落实该项政策,我国农机专业合作社迈入一个快速发展阶段。2014年,中共中央、国务院印发《关于全面深化农村改革加快推进农业现代化的若干意见》,提出"积极推进农机合作社和机械农民经济组织建设",进一步明确支持农机专业合作社发展的政策方向。

齐河县紧跟国家政策大方向,在购机补贴上,对农机专业合作社实施优先补贴;在资金使用上,对农机专业合作社的全面建设进行补助;在服务措施上,及时提供技术指导和培训,农机示范推广项目重点安排有条件的农机专业合作社承担。齐河县仁里集镇北潘、花赵、石桥3个村党支部领办合作社在2021年分别获得中央财政扶持资金50万元,在2022年享受农业银行"鲁担惠民贷"政策,分别获得50万元资金贴息贷款,为合作社发展提供强大资金支持。北潘、花赵、石桥利用购机补贴政策,购买了多台大型农机设备,为开展农业社会化服务奠定了坚实基础。农机专业合作社成立以来,不断整合资源,提高服务能力,为村集体增收、村民致富、农业增效探索出新路径。目前,我国农机专业合作社已成为农业社会化服务的重要组成部分,在增加农民收入、推动农业现代化、促进乡村振兴方面发挥积极作用。

(二)农机集体所有,保障服务效能

每逢秋收时节,走进齐河县刘桥镇大刘村,五六台大型农机正在地里作业,金灿灿的玉米槌从玉米收割机中"欢乐"地翻滚出来,大型拖拉机紧随其后进行耕地,厚厚的黑泥被翻起,耕地又被赋予了一次新的活力。村民们站在地头,观望着来来回回忙碌的农机,一点也没有"忙完秋收忙秋种"的紧张与疲惫。而这一切都要归功于大刘村腾达农机专业合作社提供的收、耕、种一条龙服务。村民们纷纷称赞:"合作社的服务很好,我们很满意。""多亏了村里的农机合作社,我们都不用操多少心。"

大刘村腾达农机专业合作社具有两个特点:一是所有农机归集体所有;二是全村群众都是社员,这在全县所有合作社中都是少

有的。之所以能够达到所有农机归集体所有,一方面,这是大刘村的传统。大刘村坚持壮大集体经济,增加集体资产,让村集体能够有钱有物为村民服务,农机合作社便是村里的"传家宝"。另一方面,这也是村支书坚持的结果。由于当时农机使用年限较长,时常出故障,管理维修费用高,有村干部建议将农机处理或承包给群众。村支书坚决反对这一提议,并且认为村集体的东西只能多不能少,一旦农机卖出去,村里就失去了定价权。最后,在村支书刘某某的坚持下,合作社保住了"集体所有"的身份。之所以能够做到全村群众都是社员,是因为合作社有吸引力,群众愿意加入合作社。小小合作社为何有如此大的吸引力,这就必须从合作社提供的社会化服务说起。一方面,合作社农机不断更新换代,服务质量有保障。2011年,合作社购置了2台拖拉机;2012年,合作社购置了1台深松机;2013年,合作社购置了2台自走式收割机;2014年,合作社购置了6台自走式喷雾机。此后,合作社随着农业机械的更新换代也在不断添置新农机。另一方面,合作社服务价格便宜,服务全面周到。村里的农机合作社拥有定价权,在为村民服务时每亩地比市场价格便宜10元,每季村民至少能节省20元,而且收、耕、种"一条龙服务",免去村民劳心劳力找农机。

(三)优化农机技术,扩展服务平台

据中国乡村之声《三农中国》报道,消费者对农机的需求越来越多,要求也越来越高。市场需求促使农业机械加速更新换代,国家也在积极鼓励和引导老旧农机及时报废更新和升级换代,降低农机作业能耗,促进农业绿色生态发展。仁里集镇花赵村积极响应国家号召,借助村党支部领办合作社的政策购买大量新型农机,

开展社会化服务。仁里集镇花赵村共有580多人,140多户,常住人口230人,耕地面积1500多亩。合作社成员由6位村干部组成,成立合作社的初衷是为了解决大量村民外出打工,低价流转土地的问题。因此,合作社一边以较高价格流转村民土地自己种植,另一边以较低价格为村民开展社会化服务,切实保障农民获得收益。花赵村在2021年秋季利用国家政策补贴,一次性购买了小麦联合收割机、拖拉机、植保无人机、播种楼、秸秆粉碎机、旋耕机、小麦播种机等农机,合计花费53.98万元。通过此项举措,花赵村农机装备的先进性、实用性、针对性、可靠性得以提升,促进了农业机械化转型升级和农业社会化服务提质增效。

有了合作社,有了农机,还需要有农机驰骋的土地,这样才能让农机合作社真正发挥作用。仁里集镇大田党建联合社推进产业一体化,凝聚发展合力,实现社会化服务的规模化。大田党建联合社是由大田、韩胡、北潘、花赵、石桥5个村党支部领办合作社组成,现有社员25名,拥有大型联合收割机7台、播种机6台、无人喷药机4台,以及拖拉机、六轮农用车等多种农机设备。北潘、花赵、石桥3个村党支部领办合作社利用财政扶持资金和贷款资金购置了大型农机具20多辆,合作社每年8%的收益上交给村委会,通过农机作业每年为联合社盈利15万元以上。合作社的服务范围不仅包含本村,还包括大田党建联合社及附近村庄的土地。刘桥镇大刘村在党支部的引领下,通过市场考察,开阔发展思路,全村农户与齐河县绿丰种业公司达成合作育种协议,大刘村3600亩耕地全部变为育种田。育种基地的建立使农机有了驰骋的平台,开展成方连片集中作业,减少了东奔西走的损失,农机作业效率大幅提升。为进一步提升服务面积,大刘村村干部积极与周边村庄建立联系,目前已有七八个附近村庄成为农机合作社的固定作业基地。农机合作社在立足本村的同时,积极扩展业务平台,充分发挥合作社机具配备合理、技术力量强、作业质量好的优势。

三、村干部协调社会化服务

社会化服务主要有五种形式:一是由村级集体经济组织开展的以统一机耕、排灌、植保、收割、运输等为主要内容的服务;二是由乡(镇)级农技站、农机站、水利站、林业站、畜牧兽医站、水产站、经营管理站和气象服务网等提供的以良种供应、技术推广、气象信息和科学管理为主要内容的服务;三是由供销合作社和商业、物资、外贸、金融等部门开展的以供应生产生活资料,收购、加工、运销、出口产品,以及筹资、保险为主要内容的服务;四是由农技、教育等部门开展的技术咨询指导、人员培训、技术承包为主要内容的服务;五是由农民专业技术协会、专业合作社和专业户开展的专项服务。诚然,一些村庄会内生出社会化服务资源,足以为本村提供订单式服务或"一条龙式服务"。然而,社会化服务形式多种多样,仍需外部社会化服务资源进驻到本村。村干部处于农业生产的第一线,是乡村振兴的直接实践者,地位特殊、作用特殊,在村庄外部社会化服务资源与村庄对接过程中发挥着中介作用。

(一)协调农机,完成抢收抢种

有些村庄有农机专业合作社,合作社可以覆盖所有耕地的社会化服务,而有些村庄没有农机专业合作社,只有几个单打独斗的农机手,不能为本村所有耕地提供社会化服务。每当农忙时节,村

第四章 村社不老:新双层经营体系中的村社传统

干部需要协调外部农机进入本村开展社会化服务,以确保抢收抢种的顺利进行。引入外来农机入村如同分蛋糕,外来农机进入过多则会威胁到本村农机手的生意,外来农机过少,则会耽搁农业生产的时机。这里边看似是市场机制在发挥主导作用,但是在一个村社内部设置了严格的利益保护壁垒,外部农机手的进入需要村干部协调,才能顺利开展社会化服务。

王某的农机专业合作社就遭遇了外部机械入村的危机。王某2008年开始运营农机合作社,现有8台拖拉机、5台玉米收割机、4台小麦收割机、12架植保无人机,每年飞防总面积可达70万—80万亩,收割和播种总面积可达1万亩,主要的托管服务范围集中在两个乡镇。合作社得以完成如此大规模的社会化服务,离不开村干部在其中的协调作用。村干部一般秉持着优先使用本村农机的原则,若本村农机不足,再联系合作社派遣机械进行社会化服务。合作社进行社会化服务的耕地一般是成方连片,这要归功于村干部进行的宣传动员。村干部通过召开村民大会,宣传土地托管给合作社能够降低生产成本、提高生产效率、保障服务质量等诸多好处,在村干部的动员下,村民选择集中托管给合作社。一般情况下,农机专业合作社的整个社会化服务过程都很顺利,但是有一年出现了例外。由于一个村里小麦收割机数量不足,难以在麦收季节及时完成收割,于是村支书联系了王某,希望合作社农机进村来收割小麦。王某本以为这是一次很平常的社会化服务,却没有想到动了本村两个农机手的"奶酪"。两位本村农机手在夜黑风高之际,偷偷进入合作社农机作业的耕地,在作业地块上绑了两条钢丝。合作社的两台小麦收割机在收割时触碰到钢丝,转轴无法正常运转,小麦收割机被损坏。正当王某诧异之时,村支书及时调查

179

这次事件,通过监控发现了作案人员的身影,对两位本村农机手进行批评教育,并交给警察处理。本村农机手影响抢收抢种的事件得以顺利平息,合作社的农机在经过维修之后也得以正常使用。王某自己也表示,"一定要找村里有责任心的干部帮忙协调,否则土地根本无法成方连片,机械也无法运作"。

(二)组织培训,提升种粮技术

种子如何选,打药怎么打,收割在何时等农业生产环节都蕴含着大学问。之前农民种粮依靠长期积累而来的经验,如今,随着越来越多新技术的推广,农民参加农技培训的机会也得以增多。农技专家们将多次试验总结出的经验传授给农民,让农民种粮少走弯路,甚至农技专家下到田间地头,直接手把手指导,做到对症下药。农业技术培训是提高粮食产量的重要条件,村干部在农技培训中起到了组织和协调作用。

在齐河县,农机培训既包含"面上"的培训,也包含"点上"的培训,已形成点面结合、遍地开花的农技培训场景。"面上"的培训没有设定任何条件,所有村民都可以参与。目前,政府对村里"面上"的培训主要有两种方式:一是层层下放明白纸,由村干部张贴在村里各个人员聚集场所;二是政府派农技人员到村里讲课,需要村干部提供场地和宣传动员。"点上"的培训设定了参加培训的条件,必须达到规定的条件才可以参加培训。仁里集镇开展的培训包含"吨半粮"建设区农户培训,耕地在"吨半粮"建设区的农户都要参加培训;高素质农民培训,一个村里派出一个有意愿参加的人来培训,一般是村支书主动请缨,前去参加培训;示范主体培训班,培训对象是种植面积在50亩以上的大户。此外,一些村干部也会主动协调、邀请县和乡镇农技人员到本村实地开展种植技术指导服务。以腐熟剂这一技术推广为例,前期政府会通过村庄进行组织、宣传和动员,每年政府都会对农户进行现场培训,并且张贴测土配方的宣传单。在农户对腐熟剂充分了解之后,农户向村里申请所需腐熟剂的量,然后由村集体统一上报给管理区本村需求量,管理区上报给乡镇。之后,腐熟剂按需免费下放到村庄,再由村组织指导农户自主使用。通过培训,切实强化了粮食种植技术的示范推广和应用,调动了农民种粮积极性,为粮食安全提供了技术保障。

(三) 对接资源,减轻农民负担

农业社会化服务是一个国家(地区)农业乃至国民经济发展到一定阶段的必然产物。我国农业社会化服务经历了公益性服务占主导、公益性与经营性服务相结合、经营性服务占主导等发展阶段,近年来在国家政策引导与支持下,农业社会化服务发展迅速。[1] 随着城镇化进程的深入推进,农村青壮年劳动力不断向城镇转移,农村人口老龄化、兼业化问题日益严重,亟须破解"谁来种地""怎么种地"的难题。村组织积极对接外部社会化服务资源,确保高服务质量和低服务价格,在节省农民种粮开支的同时,也让农民从繁重的劳动中解放出来,破解了小农户种地热情消减的问题。

农业社会化服务不会产生土地经营权流转的生产成本,是在种地和流转之外的一种柔性路径。村干部积极对接农业社会化服

---

[1] 王玉斌、李乾:《农业社会化服务发展的国际经验》,《农民日报》2022年3月26日。

务组织的资源,切实减轻了农民的负担,有效解放了农村劳动力。一是通过村集体集中向服务组织采购农资,可以有效降低农业生产成本。以小麦统一供种为例,齐河县已实施小麦统一供种多年,根据《2020年齐河县小麦统一供种方案》要求,每亩补贴供种20斤,强筋麦每亩补贴15元,中筋麦每亩补贴8.5元。通过政府公开招标采购中筋麦麦种,群众每斤交1.48元,强筋麦每斤交1.4元。政府统一供种的种子价格低、质量好、出芽率高。在供种过程中,由乡镇政府发动宣传,群众自愿向村集体报名,并缴纳购买麦种的费用。村集体将费用交给乡镇政府,供种企业保质保量送麦种到村里,再由村集体向群众分发。二是通过村集体统一对接托管服务,可以提高农业生产效率。为促进农民增收,在不流转土地的情况下,部分村集体将零散小农户的土地集中起来,全权托管给齐河县齐力新农业服务公司。以前每逢农忙时节,在外打工的人需要回家帮忙,不仅来回奔波,还产生了误工费用。但是现在随着托管服务的发展,机耕、机种、机收、植保飞防等都有人提供统一服务,很省心省力。齐力新农业服务公司探索收益"334"分配模式,按照"保底+分红"模式,盈余以"334"比例二次分红,服务组织和村集体分别各占30%,农户占40%,走出了一条服务组织发展、村集体创收、小农户受益的多方共赢之路。三是通过村集体提前联系企业,订单溢价收购农产品,实现优质优价,提高种粮收益。例如,村干部对接绿丰种业公司,建立育种基地,企业以高于市场价的价格收购农产品;各村在种植土豆、菜花、辣根等作物时都初步形成了订单式农业,通过企业统一收购,确保了销路和价格,为农业生产保驾护航。

第三节　村社传统:农业适度规模经营的社会基础

一、"生增死减"的土地调整

(一) 土地调整是块"硬骨头"

农村工作千头万绪,耕地问题最受关注,也最易引发矛盾。在访谈中,大多数村党支部书记都提到:村庄内部出现的主要矛盾都是关于调地,甚至流传一句俗语"要想生个气,你就调个地"。然而,土地调整关系村民切身利益,的确迫在眉睫。"田书记,我两个儿子结婚好几年了,儿媳和孙子好几口人现在还没有地,你让我们一家人吃什么,到时交水费别怪我不给你面子!"这是潘店镇田庄村张某某老人对村支书田某某的"威胁"。在仁里集镇辛南村也同样出现了这一现象,辛南村有730人,1800亩耕地,自2003年土地调整之后,到2016年都没有进行过土地调整,出现了"该退的退不出,该领的领不上"的怪现象。土地是老百姓最为关注、最需要解决的事情。耕地将村庄与村民的关系捆绑在一起,每一位村民都享有集体利益中的一部分,继而使村民对村庄产生认同感。而没有土地作为保障,村民与村庄之间的纽带就会弱化,整个村庄就会变为一盘散沙。

"不患寡而患不均"的公平理念使村民对土地分配不均意见很大,土地调整成为村支书极力推动的工作,然而进行土地调整却是一块"硬骨头"。"村民不团结,根就在这,必须重新分地。"焦庙镇西李楼村村支书李某某此话一出,立马变成了部分村民的"死对头",走在村子里,往日村民的笑脸变成白眼,甚至有村民在背地里对他打击报复。土地调整意味着耕地利益的重新分配,自然会招致一些地多、地好的村民不满。西李楼村村干部顶住压力,仔细排查村内人口、耕地、开荒地情况,先后召开支部会、"两委"会、党员会、群众代表会等多次会议,广泛听取意见。最后,结合本村村情,制定了详细、公平的调地方案,确立"增人增地,减人减地"的土地调整策略,所有土地按照人头均分。在此期间,村干部对有意见的村民挨家挨户上门做工作,消除村民顾虑,提前化解不稳定因素。如今,齐河县大多数行政村都已平稳实现土地调整,晏北街道小安村每年进行一次土地调整,刘桥镇焦集村每五年进行一次土地调整,仁里集镇魏官村每年进行一次土地小调整,十年进行一次土地大调整。土地调整这块"硬骨头"在村干部的努力下得以解决,"要想生个气,你就调个地"的土地矛盾得以消除。

(二)小谢庄的调地难题

魏家庄村位于齐河县仁里集镇,全村总人口400多人,分为120多户,是一个由小谢庄、小田庄和魏庄三个自然村组成的行政村。该行政村共有三个村民小组,分为一组(小谢庄)、二组(小田庄)和三组(魏庄)。全村共有809亩土地,目前一组人均土地3亩,其他两组人均土地1.5亩。本村魏姓占比最多,龚姓占比较多,其余姓氏包含谢、田、汝、姚。

小谢庄是属于魏家庄村的一个自然村,该自然村当时只有12户人家,人均耕地面积多,在龚书记上任之前已经30多年没有进行过土地调整。为什么只有十几户人家组成的单姓村民组会出现调地难题呢?按照龚书记的说法是"别看村小,能人多"。一方面体现在有事时一致对外。村干部只要一提及解决调地的问题,村民们就户户紧闭,压根不让村干部进入家门做动员工作。另一方面体现在没事时相互内讧。只有十几户人家却分成了好几个派别,相互之间矛盾重重。龚书记也无奈坦言:"一开始村里比较乱,主要的矛盾还是在于调地。"

(三)人格化团结化解调地难

老龚自2011年通过村民选举担任村民委员会主任,在此之前干过工程、开过大车,成为党员之后,开始担任村支书,至今任职村支书十几年,是魏家庄村任职时间最长的村支书。2015年,他成立了顺合农机专业合作社,开展社会化服务。从外出打工到回归村庄,对龚支书而言是一个艰难的过程,"说实话,当时村干部一年的工资不如我当时一天挣的工资,跑车一天可以挣1000块钱,年纪轻轻来干村干部真没有什么收入,但是只要我在家,管理区领导就来做动员,最后碍于村里百姓情面和管理区领导动员,'赶鸭子上架'不得不干"。

面对之前30多年没有解决的调地难题,龚支书以壮士断腕的决心立下保证书,"当村干部之后要办的第一件事就是调地,耕地问题解决不了就不干这个村干部"。于是,在2011年当村民委员会主任的第一年,龚支书开始组织二组和三组调地,2012年,开始组织一组调地。如今,本村调地工作平稳运行,一组三年一次土地小调整,二组和三组一年一次土地小调整。耕地平均分配的问题解决了,村里的主要矛盾也就化解了。谈及为什么自己上任之后能够解决调地难题,龚支书说,"除了公平、公正、公开的调地方式之外,也有一些偶然因素。一是小谢庄跑车的人比较多,有5辆车,我以前跑车时经常给小谢庄的人帮忙,这样我去小谢庄说事比较有说服力。二是小谢庄里我有一个干娘,干娘有两个儿子在村里,这样就好说话了。自己的人际关系网络占据了小谢庄的大多数"。

一开始小谢庄根本不听村集体的领导,龚支书上任之后,有什么事情都和小谢庄村民聊,用实际行动改变了村民的想法。龚支书说,"有些事情比较难做,要提前做工作,把工作做通;若是自己做不通工作,就找跟他关系好的人去做工作,总有人可以把思想工作做通"。在调地之前,龚支书先后组织村干部、党员、群众代表开会,充分征询大家的意见,并就达成的村规民约签字、按手印,明确了调地是符合村庄大多数人利益、符合村庄实际情况的举措。等到村民意识到每个人都要经历生老病死、婚丧嫁娶的时候,村民也就接受了"增人增地、减人减地"这种土地调整策略。

为了最大限度地保障公平,魏家庄在调地时先抓预备阄确定调地的顺序,再抓"实阄"确定地块,第一次参与抓阄与第二次参与抓阄的人不能是同一个人。为防止作弊,谁参与写阄也要回避,由其家庭成员来抓。一旦没有这种公平心,百姓就容易闹意见。但是调地之后仍有个别地多、地好的农户闹情绪,依然种植原来的地块。这个时候龚支书还要给这些农户做思想工作,"你看我干这十几年,我没有一户不拉的,我都进去过家门,到他家里多去几次,说好话,和他磨呀"。

于理,要秉持公平心,于情,要葆有同理心,情理兼具才是一碗水端平的真正要义。小谢庄有一户人家老谢,当年60岁左右,家中一共有七口人的耕地,因老人去世、两儿子户口迁出、女儿外嫁需要退出五口人的耕地,让出耕地也意味着让出金钱。面临如此巨大的工作难度,龚支书首先请老谢的两个兄弟给他做退地的思想工作。老谢同意退地,但也提出把两口人的地集中在一个地块的要求。龚支书如实说,"这个事情我觉得我可以做到,但是也要考虑其他人的想法,因此请老谢自己在群众代表大会上公开提出来,不会给他留出最好的,也不会给他留出最差的,而是留一块中等地"。最终,在村民代表同意的情况下,这件事情得到了圆满解决。

龚支书说,"村干部真不能把自己当成官,老百姓烦这一套。同时,公事上一套是一套,说一不二,酒场上不能轻易许诺,不能轻易参加酒局"。心胸坦荡、心系村庄才是做好农村工作的前提。小谢庄的民风也得以改善,有什么事都会想着去村委会协商解决。龚支书通过人格化团结的调地方式,化解了村民矛盾,提升了村庄凝聚力。

二、适度规模经营的形成逻辑

当前,我国粮食种植领域变化极大,农业生产高度分工,从事种植的主体出现分化,因而形成了不同的适度规模经营范畴。在齐河县,适度规模经营分为三种类型:,一是"老人农业"的适度规模经营,这是一种传统小农"小而散"但集约程度相当高的形式,从事种植的大都是老人,种植土地的规模多为自家承包地。二是以家庭为单位的适度规模经营,这些务农者大多因家中有事无法外出打工,或因在家种地可以取得和外出打工相当的收入而选择在家务农,但是仅种植自家土地难以维持经营家庭的重担,通过流转一部分土地达成一定的种植规模,再辅以自己的种粮技术和种粮设备能够最大限度地获得粮食收益。这部分群体的种植规模一般在20亩至30亩,通过流转亲友或邻里的土地形成这种种植面积。三是政策导向下的适度规模经营,通过集中的、大规模的土地流转而形成的农场式经营,这也是种粮大户的形成逻辑,是国家政策通过对种粮大户、合作社、家庭农场的补助和引导而形成的。这类群体的种植规模一般在50亩以上,甚至有达到上千亩的超级大户。

(一)"老人农业"的适度规模经营

"老人农业"依然是当前齐河县农业经营的重要特征,这种农村经营模式存在的原因在于劳动力剩余。随着近年来各地发文进一步规范建筑施工企业用工年龄管理,高龄建筑行业作业人员失去就业机会,返回农村种地。老人得以借助社会化服务完成原先繁重的农业劳动环节,并且可以在家干点兼业来维持生计。村庄内部的低消费水平、熟悉的邻里关系以及种地取得的收入成为老人愿意留在农村种地的原因。借用仁里集镇魏官村一位老人的话来说,"六七十岁的老头壮得像个小伙子一样,正是种地的好时候"。说这话的时候,他正推着小型播种耧准备下地。种地对老人而言是生活保障,也是维持长者身份的途径。不想向子女伸手要钱,还可以给孙辈压岁钱成为他们不愿抛弃土地的重要原因,也是他们获取尊严感的关键途径。而住在村里的老人也成为在外打工或在外安家的年轻人与村庄之间的连接,年轻人农忙时节回来帮忙也是一种孝道的传承。

义合村和刘善村的四位老人具有"老人农业"的适度规模经营的典型性。晏北街道义合村有100多户人家,务农户数有80多户,耕地面积1000多亩,人均耕地面积2亩。义合村有两个种粮

第四章 村社不老：新双层经营体系中的村社传统

大户，其余农户种植面积每户平均 10 亩。刘善村有 653 人，182 户，常住人口 200 人左右，常住户 50—60 户，一组人均耕地 2.5 亩，二组人均耕地 3 亩，三组人均耕地 3.5 亩。本村有两个大户，种植规模分别为 107 亩和 110 亩，其他均为 10—20 亩的散户。在义合村，访谈了两位老人：一位老人 63 岁，耕地分为两块，总面积为 20 亩；另一位老人 70 岁，耕地分为四块，总面积为 12 亩。在刘善村，访谈了两位老人：一位老人 68 岁，耕地分为两块，总面积 10.5 亩；另一位老人 73 岁，耕地分为四块，总面积 19.5 亩。与其他地方"一亩三分地"狭小的种植面积不同，齐河县的人均耕地面积更大。四位老人种植的土地多来源于夫妻二人以及子辈和孙辈的耕地，他们多把种植子孙土地的收入还给子孙，只将自己土地的收入保留下来。他们用自己在子孙土地上的义务劳动换取子孙的尊重与爱戴，而老人对子代和家庭的责任感构成他们兢兢业业种粮的精神动力和生活追求。"老人农业"的适度规模经营维持在自家所分耕地的范围内，而这种农业生产模式虽然与现代化和资源下乡背景下的规模种植相比，所产生的经济利润较少，但是"老年农业"由于"船小好掉头"而带来的应对自然灾害的韧性、充分配置劳动力而带来的经营家庭的黏性以及村社集体守望相助而带来的农村共同体意识成为不可替代的关键因素。

（二）以家庭为单位的适度规模经营

以家庭为单位的适度规模经营多为中年夫妻二人共同劳作，通过种植自家土地和流转的土地达成种植的适度规模。以家庭为单位的适度规模经营面积的确定是夫妻二人的生产投入最少，收益最大的种植面积。种植面积通常在 20—30 亩，过小则达不成家庭经营的规模化,过大则难以在农忙时节完成抢收抢种。而这种种植面积由于没有签订合同常常具有波动性。同时,种粮并非家庭的主要收入来源,在农闲时他们中的一方或双方多在本村附近或齐河县城打零工。

以家庭为单位的适度规模经营是在社会关系网络运作中达成的适度规模。在齐河县,"中农"的形成得益于村民通过"合阄"的方式自发成方连片。村庄内部由于土地质量的差异一般分为一类地、二类地和三类地,一类地土地质量最好,二类地土地质量居中,三类地土地质量最差。"不患寡而患不均"的分地理念使每家每户都按照人头平均分有一类地、二类地和三类地,虽然达成了公平,但是却造成了地块分散,难以形成规模化种植。例如,在仁里集镇辛中村,一类地每人1.3亩,二类地每人0.9亩,三类地每人0.2亩。每家每户耕地分散为流转给一个人进行规模化种植提供了前提。有些村民想要外出打工,有些村民想要在家种地,关系好的村民、邻里或亲戚自发协商谁愿意在家种地,其余几家将土地流转给愿意在家种地的农户,熟人社会使此类协商较为容易。为实现土地集中化,关系好的几家在分地时"合阄",由愿意种地的人抓阄,并后续进行种植。根据齐河县农业农村局的估算,齐河县耕地总流转率可以达到70%—80%,其中签订合同的流转率只有20%。选择流转给亲友或邻里的农户抵御住了种粮大户的高地租诱惑,而选择以不签订契约的私下流转方式交给身边人种植,低地租也是半耕半工的"中农"得以维持的前提。这种流转方式不仅体现出村庄内部的道义和信任,也为流转土地的村民上了一道"保险"。若是外出打工年景不好,流转土地的人可以选择将土地要回自己种植,承包土地的人也会和气地给出,毕竟大家都是熟人,要顾忌彼此的生活境遇。

(三)政策导向下的适度规模经营

在政策鼓励和引导下,齐河县形成了众多种粮大户,政府财政对种粮大户多有补贴,农业技术也会第一时间传播到种粮大户,这是当前政府最为提倡的一种种植模式。由于当地农业种植条件好,一些大企业、大资本愿意进驻其中开展规模化经营。2022年,齐河县有1019位种粮大户,其中,种植面积在50—100亩的大户有747位,在100—200亩的大户有208位,在200—300亩的大户有37位,在300—400亩的大户有12位,在400—500亩的大户有3位,在500—700亩的大户有5位,在700—1000亩的大户有2位,在1000亩以上的大户有5位。在种粮大户中,50—100亩种植面积的大户占据多数,超过200亩的大户只有几十个,但是其总体种植面积却不容小觑。

大户得以形成,一是资本与中农之间的竞争。亲友邻里之间的流转一般地租较低,而如果大户流转一般地租较高,高地租冲淡了人情关系,一些中农也会意识到自己付不起如此高的地租选择主动退出。在齐河县赵官镇,大量农户之前将土地以500元/亩的价格流转给亲友或邻里,村党支部领办合作社以后,合作社以800元/亩的价格流转土地。于是,很多农户将大地块耕地从亲友手中要回,流转给合作社,只留下小地块给亲友或邻里种植。二是所有权与经营权之间的竞争。村集体如要防范大户带来的经济和政治风险,就要加强对土地的控制权。晏北街道小安村共有四个大户:本村大户有三个,种植面积分别为90亩、120亩、130亩;外来大户有一个,种植面积为800多亩。外来大户的引入是村集体主动为之的结果,由于本村大户在行情不好时随意压价,损害大多数村民的利益,于是村集体主动寻求外来大户流转土地。村集体牢牢掌握着土地的所有权,决定着土地承包给谁,与外来大户进行对接,采取"先给钱后种地"的模式,规范种植大户的行为,保障村民利益不受损。而"两田制"为大户的形成提供了政策依据。所谓"两田制"就是把耕地分为口粮田和承包田。口粮田面积因村制宜,一般人均0.7—1亩,其余土地均为承包田(承包田包括粮田保护方和经济田保护方),允许集体经济留一少部分机动田。仁里集镇魏官村延续并创新了这一做法。魏官村大约有60户已在县城买房,不打算种植承包地,想要流转出去。在2020年土地调整时,魏官村将不种地的农户分为一个小组,派出一人抓阄,实现土地集中。村集体与不种地的农户签订十年合同,以每年740元/亩的价格由村集体统一流转出去。村集体不需要再从村民手中流转土地,而是直接将承包田对接大户,掌控了耕地的所有权。

三、农机手之间的竞争与合作

(一)齐河县农机手概况

随着农业机械化水平的不断提高,"农机手"成为"新农人"的抢手职业。在齐河县,几乎每个行政村都有农机手。在晏北街道有70多个农机手,购买农机的原因在于有的以开农机为职业,农忙时开农机赚钱,农闲时出去打零工,有的本身是大户,购买农机能够方便自己使用。例如,在晏北街道柳官社区安付村一共有五个种粮大户,其中有三个种粮大户有农机,各自分别有拖拉机、收割机和旋耕机。这三个种粮大户农忙时开展社会化服务,农闲时

第四章 村社不老:新双层经营体系中的村社传统

做建筑工。

齐河县粮食种植所需农机包括小麦联合收割机、玉米联合收割机、拖拉机、铲车、播种耧、秸秆粉碎机、旋耕机、植保无人机等农机。农机既有以合作社集体的名义所有,也有散户自己购买的农机。在农忙时节,本地农机若是服务不过来会有外地农机进来服务,例如,河南、安徽或本省其他地区的农机。本地农机也会组队去内蒙古、河南、广西等地开展社会化服务。农机手一般为20—40岁的青年人,若是农机手自己的农机则按照农机服务面积来算收益,若是农机手没有农机,一般使用合作社提供的农机,则合作社按照天数或服务面积来给农机手开工资。在润圣农机专业合作社中,除植保无人机之外,农机手工资一般为一天500元左右,在农忙时由合作社召集农机手回来。农机手虽然日薪高,但是每天工作时间长,每季能够干的时长短,风吹日晒很是辛苦。由于植保无人机科技化水平更高,技术要求也更高,但是消耗体力小,从事植保无人机的农机手更为年轻,也呈现女性化倾向。一架植保无人机需要一人操纵飞机,一人配药,一般合作社按照每亩地一共3元开给两人工资。由于飞防作业时间短、作业面积大,所以合作社会提前设立候补机手,每天工资为300元。

(二)农机手之间的竞争

耕地面积是固定的,而固定的耕地面积所形成的分配格局就是农机手之间竞争的结果。由于农业生产具有固定的时间节令,需要在短时间内快速完成抢收抢种。农机手若想获取最大收益就需要在这个时间节点内找到尽可能多的服务面积,而且这种服务面积最好是固定的、成方连片的,以减少农机手作业的时间成本和经济成本。但是面对农机市场的日益饱和以及农机的快速更新换代,现在农机手之间的竞争关系日益激烈。农机手之间的竞争包括本村农机手之间的竞争以及外来农机手与本村农机手之间的竞争。

通过访谈发现,农机手之间的竞争并非完全遵循市场逻辑,而是村社内部拥有相同农机的农机手以自身社会资本为基础形成了稳定的作业面积。农机手充分运用自己的亲友关系,再凭借自己的服务质量以及基于人情关系的减价策略来形成自己固定的服务对象。因此,一到农忙时节,农机手就会开着农机找自己的老客户开展社会化服务。拥有相同农机的农机手之间虽然是同质化竞争,但是处于一种"井水不犯河水"的状态。然而,也存在本村农机手设置村社壁垒来阻止外来农机手入村的恶性竞争。对村庄外部农机入村,本村农机手则会一致对外,不留情面。例如,一村庄由于村内只有两个农机手,无法按时完成小麦收割,村支书则组织润圣农机专业合作社的农机进入村庄开展小麦收割。但是这一行为在本村农机手眼里视为触动了自己的利益,本村农机手联合起来,通过在田间设置钢丝障碍,故意损坏外来农机,阻止外来农机作业。因此,在这种竞争局面下,农机手的服务范围一般以本村耕地为主。

(三)农机手之间的合作

农机手之间的竞争关系更多是受市场逻辑影响而形成的,农机手之间的合作关系更多是受村社传统的影响。村社传统中的守望相助、同舟共济以及农业生产的脆弱性使农机手在竞争的同时不得不考虑合作。一味竞争只会使抢收抢种时雪上加霜,通力合

第四章 村社不老:新双层经营体系中的村社传统

作才能减少自然灾害带来的意外后果。农机手之间的合作既包括农机手与农机手之间的合作,也包括农机专业合作社和农机手之间的合作。

农机手与农机手之间的合作表现在一个村庄内部,农机手之间的农机尽可能不重叠,例如,义合村有一台收割机、三台大型拖拉机、三台播种机、一台打药机,但是有意思的是每位农机手都只有一种农机。村庄内部抬头不见低头见的关系使村庄内部的农机手之间都是有商有量,形成合作关系。农机专业合作社和农机手之间的合作表现在,合作社农机拥有覆盖全村所有耕地的能力,但是却只服务一部分耕地。在仁里集镇梅庄村,全村共计610人,198户,实际在村200多人,基本上是老年人在村,年轻人外出较多,耕地面积1195亩。梅庄村采取村党支部领办合作社的形式,政府在2021年给予了50万元的补助,该村用于购买了玉米联合收割机、小麦联合收割机、铲车、拖拉机。但是在此之前本村已有村民个人出资购买农机,已有2台小麦收割机、2台玉米收割机和5辆拖拉机。由于合作社的机械新,收粮更干净,更具有竞争力。但是,合作社农机只在村里收割了大约600亩耕地,其余的留给村民个人所有的农机收割。此外,合作社还统筹农机手开展社会化服务,合作社提供农机,在农忙时节召集农机手集中作业。例如,在仁里集镇辛屯村润圣农机专业合作社,该合作社在开展社会化服务时并不整合本村散户的小型机械,而是整合外部合作社的大型机械,对农机手主要采取雇佣形式。农机手不需要提供农机,而是使用合作社的农机,合作社付给农机手薪资。在农忙时节,由于农机作业的高薪资,农机手也愿意回来。

四、水井自治与水利秩序

(一)水是农业生产之要

耕地是农民的"命根子",水利是农业的命脉。要想耕地旱涝保收,就必须兴修农田水利设施,实现旱能浇、涝能排。为变黄河水患为灌溉用水,齐河县积极发展引黄兴利事业,结合引水淤改土地,使涝洼盐碱地变为良田,千年害河开始造福于齐河百姓。今日齐河县,沟渠纵横交错,园田成方连片,为粮食高产创建奠定了坚实的灌溉基础,可谓是"命脉兴,百业兴"。

水利粮安民心定。自2010年启动实施小型农田水利重点县项目工程建设以来,全县小农水工程总投资20284.69万元,发展高效节水灌溉总控制面积23.03万亩,其中河灌、渠灌区管道输水灌溉工程10.52万亩,井灌区管道输水灌溉工程10.61万亩,低温大棚固定式滴灌工程0.2万亩,自流灌区末级渠系和田间工程1.7万亩。建成主要工程:新建泵站46座,新打维修机井955眼,新建维修各类桥涵建筑物1706座。齐河县政府采取"以奖代补"的办法给予水利建设支持,农田水利工程开展以后,齐河县分段进行观摩评比,分等级进行表彰奖励。同时,齐河县倡导和推动小型水利工程产权制度改革,坚持"谁受益,谁投资"的原则,鼓励单位和群众投资水利项目建设,采取承包、租赁、股份合作等形式,吸引民间资金投入小型水利工程建设与管理,不断为水利资金注入"新鲜血液",盘活水利资产,促进水利投融资模式的多元化。[①]

[①] 张玉华:《黄河粮仓:齐河县粮食高产创建纪实》,现代出版社2016年版,第138页。

(二)郭庄村水井自治

郭庄村位于仁里集镇北部,距离镇政府2千米。全村下辖7个村民小组,共237户879人,耕地面积2561亩,人均约3亩耕地。郭庄村是仁里集镇"吨半粮"创建的核心区,2015—2019年先后实施了两批高标准农田建设项目,实现了高标准农田全覆盖,水井、沟渠、道路等农田基础设施建设较为完善,是全镇水利条件最好的村庄之一。全村目前共有50眼机井,其中,16眼机井是2004年左右由村集体自筹资金建设,该年村集体将卖树的10余万元全部投入建造机井,后来又利用高标准农田建设资金进行了提升改造,更新了水泵,改造了电路,建造了水房。其余的34眼为2015年高标准农田建设打造。平均每眼机井的建设费用在1万元,另加上机井配套的水泵、水房、变压器,总投入在4万—5万元。2015年该村的机井建设资金总量达200万元,占该村高标准农田建设资金投入总量的80%(该时期高标准农田建设资金的亩均投入标准为1000元左右)。

当前高标准农田建设的最大困难在于,国家的项目资金大量投入建设成的农田基础设施缺乏长期管护,从而很快衰败,导致国家公共资源投入严重损耗。该问题的核心在于,国家的公共资金投入农村后,并未与农村的广大群众发生实质性联系,群众认为这些不是自己的东西,冷眼旁观,任其衰败。基层政府和村级组织则既无管理的资金,也缺乏管理的组织机制和能力。郭庄村则通过机井自治的方式,很好地解决了这一问题。

经过高标准农田建设后,郭庄村平均一眼机井的灌溉面积在50亩,涉及10余户农户的耕地。根据当地分地时的习惯,一般是关系好的农户选择一起抓阄,当地称为"合阄"。由此,分到的土地能够连在一起,便于平时共同生产,相互帮助。这导致的一个结果是,一眼机井辐射的范围,往往是关系较好的 10 余户农户的土地。这便为机井自治奠定了较好的基础。

机井自治的组织架构是非常扁平化的,"井长"由机井所占用土地的农户户主担任,负责机井的日常管理工作。村干部只负责各机井之间电线线路的管护,不参与机井的具体管理工作。井长并不领取工资,也不从机井的管理中赚取任何费用,主要是基于大家的信任和自己的责任感参与到机井的管理工作中。机井的管理主要有两个方面:一是机井的日常维护,防止人为的破坏,或在自然损坏时,召集这 10 余户农户协商修缮,修缮的费用按亩平摊到每家每户。二是灌溉期间协调每家每户的用水次序,这 10 余户农户按由远及近或由近及远排序,协商好后由井长统一安排,根据安排好的时间逐次通知到相应的农户浇水。

采取自治的方式,由群众自主管理机井,是一种成本极低的公共资源管理模式。这不仅避免了国家公共资源的浪费,提高了公共资源的利用效率,而且,很少发生矛盾。即使发生了矛盾,在群众内部也很容易解决。值得说明的是,2015 年,机井全面建设好后的第一年,郭庄村并没有采取这种群众自治的管理方式,而是由村支书统一管理。结果,村支书忙得焦头烂额,管理的效果也非常不好,群众怨声载道。2016 年开始,村支书果断改变了统一管理的方式,采取机井自治。这样一来,不仅将村干部从繁重的机井管理工作中解放出来,也充分激活了村民的参与感和自主性。2016年以来,该村的 50 眼机井从未出现过大问题,一些小问题也很少需要村里或政府出面,"井长"就能很好地解决。水井自治得以形成离不开以家族为核心的自然村结构,在这种结构体系下,人际关系稳定,凡事都好商量、好协商。

第五章　上下同心：新形势下县域社会中的"粮食共识"

经考古证实，中国拥有跨足百万年的人类历史和跨足一万多年的农耕文明历程。在这片超过500万平方千米的土地上，农耕文明持续发展了一万年之久，从未中断。这种历史背景为亚细亚生产方式在我国长期的发展提供了理想的环境条件和物质基础。在全球范围内审视中国古代文明的发展历程，可以说是一种独一无二的存在。而齐河县，正是这种亚细亚农耕文明的缩影。

在当代，齐河经验与其说是一种文明存续方式和生产惯性，不如说是中国共产党领导下的一种与时俱进的农业生产理念，是国家应对全球化以及复杂的世界格局的探索，更是将粮食安全牢牢掌握在自己手中的使命感和责任感。这就要求齐河县对完成自上而下的制度建设、自下而上的生产激情和上下之间对粮食生产等重大命题形成统一的共识，这也是本章的重点所在：第一节以时间为线索，将齐河县当地对国家的引导所作出的响应及其重要节点进行划分，试图从近二十年的发展历程中找到粮食生产能力得以稳步提升的关键。第二节将视角聚焦于齐河县各级政府部门在粮食生产中的重要作用,通过对政治信念、协调动员机制和财政保障等方面所做工作的梳理,尝试揭示上下贯通的良好政治制度环境对粮食高产所具有的重大意义。第三节则是去往田间地头,通过"粮王"评选活动的梳理以及对"粮王"诞生的描绘,探索齐河农民心中所蕴藏的种粮信念,进而还原出"上下同心"的完整拼图。

第一节 国家导向与齐河选择

一、文明延续与国家安全的保障

农耕文明扮演着维系文明延续与保障国家安全的双重角色。在文明延续方面,农耕文明根植于粮食生产,确保社会的温饱和生活保障,其所涵盖的文化传统、价值观和生活方式,塑造了民族认同与文化传承,形塑了几千年文明的脉络。而在国家安全方面,农耕文明的生产方式除提供较为稳定的产出和生产剩余,还为生产力的进一步发展奠定了坚实的基础,表现在上层建筑上,则是在缔造出绚烂的华夏文明的同时,也将政治体制上的"大一统"倾向深深刻入了民族的基因——"大一统"的政治体制得以为国家安全提供更为稳定的保障,而这正是农耕文明长期存续和发展的必需品。

进入现代社会,在生产力水平突飞猛进的当下,农耕的传统——更确切地,以粮食安全为核心的农业生产,其意义和重要性非但没有削弱,反而随着国际形势的复杂多变更加凸显。由此,我国在粮食问题上从不轻视,而是将粮食问题作为重点工作之一,通过高屋建瓴的战略部署和清晰具体的政策引导各地完成粮食生产。

(一)地里长出的"高分答卷"

2022年,齐河县实现粮食总产28.75亿斤,连续二十年取得粮食生产丰收;连续14年粮食产量超过22亿斤;"吨半粮"核心区平均亩产达1546.33公斤;在全国范围内率先实现20万亩大面积集中连片"吨半粮"生产能力;新建高标准农田20.3万亩、良种繁育基地3万亩;建设粮食烘干仓储服务中心16处;在全国产粮大县中率先实现烘干仓储设施乡镇全覆盖……这一系列耀眼的数字所组成的成绩单背后,是齐河县常年保持在220万亩以上的粮食种植面积,是齐河县50万农业人口辛勤深耕的众志成城,是对上下五千年春耕秋收的文化传承与延续。这张成绩单上,凝结着国家对粮食安全这一关乎国运民生的重大命题高屋建瓴的思索和战略布局,凝结着自上而下的制度构建与政策支持及"饭碗要端在自己手里"这一信念的灌溉和层层传递的责任与担当,凝结着自下而上的"用脚踏实地的种粮确保粮食安全"的使命感和责任感。

(二)黄河灌溉的"齐河名片"

齐河县地处黄泛平原,整体地势平坦,土壤有机质含量高,光热资源丰富,年平均日照时数2347.5小时,年有效积温(10摄氏度以上)4758.1摄氏度,具备粮食种植的天时和地利。拥有超过2000年悠久历史的齐河县,凭借深厚醇正的粮食种植文化及年复一年坚守初心的巨大投入成为黄淮海中强筋小麦、优质玉米优势产业带的重要组成部分,为当地的粮食种植不断加入"科技含量",在农田设施、农技推广、社会化服务等方面勇于探索,坚持深化发展并建立起属于齐河县的优势,而在实现亩均粮食产量从"吨粮"到"吨半粮"的跨越上更是不断尝试、挑战、突破。

2021年以来,先后获得国家现代农业产业园、全国绿色发展百强县、全国科技创新百强县、山东省现代农业强县、秸秆综合利用全国重点县、山东省区域性良种繁育基地等国家级荣誉称号36项、省级荣誉称号28项,全国春季农业生产现场会、全省黄河流域生态文明示范建设现场会等7个国家级、14个省级会议活动在齐河县举办……齐河县是德州市唯一的沿黄县,拥有63.4千米的黄河廊道、万亩林海、黄河国家湿地公园等生态资源,是省会北部重要生态屏障,被誉为"黄河水乡、生态齐河"。"绿水青山就是金山银山",黄河灌溉下的"齐河名片",正让这一方水土养育的百姓欣然受益。

(三)厚积薄发的"齐河经验"

从粮食高产创建到绿色增产,再到"吨半粮"生产能力建设的正式提出,齐河县走过了一段峥嵘岁月,不仅在种粮问题上交出了带有明显齐河色彩的"高分答卷",也为全国各地的粮食种植贡献着智慧和宝贵经验——坚持农业现代化,推动农业向规模化、组织化、标准化、智能化、品牌化、产业化"六化"发展,加快建设绿色优质高效农业强县;与中国农科院、中国农大共建育种中心,成立山东省农科院小麦玉米"吨半粮"技术研究中心;2022年建成连片"吨半粮"20万亩,计划三年内达到50万亩;依托2842家新型经营主体和社会化服务组织,将粮食综合托管率提升至91%;投资5亿元建成粮食综合服务中心、烘干仓储设施各16处,储备规模19

万吨、日烘干能力1.08万吨,在全国产粮大县中率先实现烘干仓储设施乡镇全覆盖;与中国农科院、山东省农科院共建小麦、玉米质量标准中心,"黄河味道·齐河"子品牌达到44个,覆盖产品200余种,与13个省份、500余家商超实现联动合作;完善"粮头食尾""农头工尾"产业链,喜迎新加坡澳亚集团、新疆天润乳业、鲁粮集团等6个项目开工建设……

"吨半粮"从美好设想到理论验证,从下田试验到核心示范方建立,再到整建制推广并实现大面积连片,其间经历了粮食高产创建、绿色增产、生产能力建设等若干阶段,所走的正是科学发展的道路。"齐河经验"正是在党和国家的指引下发展、在新时代针对"谁来种粮""种什么样的粮食""怎样种好粮食"等重大问题所作出的解答,背后所蕴含的,则是齐河县70万人民上下同心所达成的"粮食共识"——以统一的思想和雷厉风行的实际行动彰显捍卫粮食安全的决心,以科学的方法论和脚踏实地的实践在粮食种植上摸索成功的道路,以传统文化和新时代的精神赋予种粮事业全新的文化内核,凭借丰硕的成果和成功的经验谱写了精彩纷呈的独属齐河大地关于"吨半粮"故事的华章。

二、齐河的粮食高产创建之路

(一)2008年之前:粮食生产先进县的多元探索

作为传统农业大县,粮食收入是农民收入的重要来源,农业种植在齐河具有深厚的历史渊源和群众基础。齐河当地人民历来注重粮食生产,并在过去的几十年时间里取得了长足的发展。21世纪伊始,农村发展最突出的问题是农民增收困难。农产品销售不畅、价格低落、乡镇企业效益下降的情况没有根本改变,农民收入增长缓慢,中西部地区特别是粮食主产区甚至出现负增长,城乡居民收入差距进一步拉大。在此背景下,党的"十五"计划指出,推进农业结构的战略性调整,必须牢牢把握住提高质量和效益这个中心环节,面向市场,依靠科技,在优化品种、优化品质、优化布局和提高加工转化水平上下功夫。

2001年,齐河县积极推进农业产业化进程。围绕"富民兴乡强财政"的指导思想,政府引进推广优新品种70多个,各类合作经济组织达682个,吸纳农户3万多户;2002年,齐河县农业和农村经济保持了良好的发展态势,引进培植"农字号"龙头企业26家,建立各类农村合作经济组织732个,吸纳农户5.9万户,订单、合同化种植面积达30万亩。

针对农业产业发展,齐河县在产业化经营上狠抓林、牧、蔬三大服务体系的完善提高,加快"农字号"龙头企业建设步伐,通过积极兴办各类合作经济组织以不断提高农民整体抗御市场风险的能力。2005年,齐河县投资1.05亿元,紧紧围绕建立农民增收长效机制,大力实施"1122636"工程,通过2—3年努力,全县农民实现人均1亩林、1头牛、2头猪、2只羊、6分菜、3分桑、6分粮,探索出了一条"双向延伸、两翼展开"的农民增收新路子。与此同时,齐河县粮食产量稳步增长,被评为全国粮食生产先进县。

2006年1月1日,《中华人民共和国农业税条例》被废止,延续了2600多年的"皇粮国税"退出历史舞台。也是这一年,齐河县新增有效灌溉面积5.1万亩,被评为全国农田水利基本建设先进县。各项惠农政策全面落实,驻村帮扶成效显著,社会主义新农村建设开局良好。

黄河下游新农耕文明的齐河样态

2008年之前,政府的重点工作之一是工业化发展和产业结构优化调整。受此影响,齐河县三次产业比例由2002年的28.6∶43.4∶28调整到2007年的14.6∶56.6∶28.8。其间,经济增长迅猛,实现了24.4%的年递增。

粮食种植方面,连年的丰收奠定了齐河农业大县、全国粮食生产先进县的地位。县委、县政府在农民增收、财政创收上主动尝试,进行多元化的探索,将林业作为农业发展的重要抓手,绿色通道、大地林网、围村林和黄河防护林四大工程为齐河县的绿化工作在创造经济效益的同时也带来了生态环境的优化,在收获"全国绿化模范县"等荣誉的同时,也为进一步发展积蓄着力量,奠定了坚实的基础。

(二)2008—2013年:在全国率先开展粮食高产创建

2006年下半年开始,全球粮食价格暴涨;2007年下半年开始,为限制粮食出口,政府取消了84种粮食产品出口退税,但全年粮食净出口量仍超过830万吨;2008年,美国次贷危机引发的经济危机波及全球,影响深远。在此背景下,粮食安全的重要意义再次凸显。

为促进粮食生产稳定发展,保障粮食有效供给,原农业部决定将2008年作为"全国粮食高产创建活动年",广泛开展粮食高产创建活动。2008年9月,原农业部办公厅印发了《2009年全国粮棉油高产创建工作方案》,齐河县被原农业部确定为全国300个高产创建示范县之一。齐河县不负众望,当年的粮食单产、总产均创历史新高,不仅再获全国粮食生产先进县的殊荣,还在全国率先发布小麦玉米生产、社会化服务2个标准综合体县市规范。从此,齐

第五章 上下同心:新形势下县域社会中的"粮食共识"

河县开始在粮食生产上狂飙突进。

2009年,齐河县农业农村经济稳步发展,粮食生产再创新高,实现了粮食单产、总产、玉米高产3个全市第一;2010年,被原农业部确定为国家新增千亿斤粮食产能规划县和全国整建制粮食高产创建示范县;2011年,齐河县粮食高产创建成为全国的典型,粮食生产实现"九连增",被确定为全国整建制粮食高产创建示范县。第十七届中央政治局委员、国务院原副总理回良玉专程视察齐河县粮食高产创建工作,给予高度评价;2012年,齐河县粮食高产创建再创佳绩,单产全省第一,总产全市第一,实现"十连增";农户王成亮被评为全国种粮大户、俞仁涛被评为"鲁北粮王";2013年,"农业强县"的富民兴农作用日益突出,齐河县粮食生产实现"十一连增",连续6年被评为全国粮食生产先进县。在原农业部20万亩整建制粮食高产创建核心区,小麦平均亩产622.7公斤、玉米平均亩产709.83公斤,夏秋两季亩均产量1332.53公斤,连续刷新全国大面积高产纪录。农业"三大体系"建设快速推进,新增百亩以上种粮大户、家庭农场、农民专业合作社240个;各类社会化服务组织达到68家,规模以上龙头企业达到194家,新增"三品一标"认证43个,认证数量连续四年居全市首位。

1. 示范引领,稳步推进

齐河县粮食高产创建经历了由小到大、由零到整、由低到高的发展历程。规模上,粮食高产创建示范方规模从万亩到80万亩,面积逐步扩大;范围上,高产创建乡镇从2个乡镇开展到打破乡界的整建制推进,对促进全县粮食大面积均衡持续增产起到了至关重要的作用;质量上,示范方建设标准由低到高,坚持全县一张蓝图,规范有序推进,集中打造高标准大方田,为后续统一的社会化服务奠定了坚实的基础。

2008年10月,根据原农业部文件精神,山东省农业厅印发了《2009年山东省小麦高产创建活动实施方案》,为齐河县开展粮食高产创建提供了政策指导和技术支撑。在国家导向和时代召唤前,齐河县当仁不让,即刻根据粮食生产的实际情况,科学规划,制定《2009年齐河县小麦高产创建实施方案》,为指导全县开展粮食高产创建起到了积极推动作用。

在高产创建万亩示范方的地域选择上,齐河县"精锐尽出",很快完成2个高产创建万亩示范方的建设,分别是涉及12个村1368个农户的焦庙镇1万亩和涉及19个村2062个农户的赵官镇1万亩。

2009年1月,德州市农业局下发《关于继续推进粮食高产创建活动的通知》;2009年3月,山东省农业厅下发《关于印发全省玉米、水稻、花生、大豆高产创建活动实施方案的通知》。为大力推广玉米高产综合配套技术,进一步提高全县粮食综合生产能力,齐河县印发《2009年齐河县玉米高产创建活动实施方案》。2009年9月,齐河县成立了专门的高产创建活动领导小组和技术指导小组,定期召开会议,研究解决工作中出现的困难和问题,出台《齐河县粮食高产创建实施方案》,对高产创建的任务目标、工作措施和责任落实等作出了明确规定。各乡镇也成立了党委、政府主要负责同志任组长的高产创建领导小组,具体抓好本乡镇高产创建各项工作措施的落实。设立万亩县长指挥田和千亩乡镇长指挥田,县、乡、村层层签订了高产创建责任书,落实了高产创建责任制。

高产攻关田成绩斐然,示范方亩均产量较全县亩均产量有显著增加(见表5-1)。同时,高产创建活动也促进全县粮食产量大幅提高。2010年,齐河县被确定为全国新增千亿斤粮食生产能力规划县和整建制粮食高产创建示范县。

表5-1 2009—2010年小麦和玉米高产攻关田产量较全县亩均产量

2009年				
高产攻关田 (平均产量)	小麦亩产 (公斤)	较全县亩均 (公斤)	玉米亩产 (公斤)	较全县亩均 (公斤)
十亩	657.9	+119.7	1011.3	+421.9
万亩	615.6	+77.4	635	+45.6
2010年				
高产攻关田 (平均产量)	小麦亩产 (公斤)	较全县亩均 (公斤)	玉米亩产 (公斤)	较全县亩均 (公斤)
十亩	711.9	+167.7	1005.2	+391.3
万亩	623.2	+79	647.4	+58

资料来源:根据收集资料整理。

2. 整建制推进高产创建

2010年9月,德州市人民政府印发《关于整建制推进粮食高产创建的意见》,齐河县开始实施整建制粮食高产创建并制定了《2010年整建制小麦高产创建活动实施意见》。为扎实推进粮食整建制高产创建活动,县委、县政府确定了"整建制推进,大方田引领,社会化服务"的总体战略,这也成为后续"吨半粮"创建成功经验的一部分。

2011年3月,齐河县成立了党政一把手挂帅的农业产业结构调整和粮食高产创建推进委员会。2011年4月,原农业部办公厅印发了《2011年整建制推进高产创建实施方案》,齐河县被原农业部列为全国50个整建制推进粮食高产创建试点县之一。为有序推进整建制粮食高产创建工作,齐河县制定了《2011—2015年齐河县粮食高产创建整县整建制推进实施方案》。推进过程中,齐河县专门邀请山东农业大学有关专家和齐河县农技人员一起对全县粮田进行了深入调研,科学规划。

齐河县委、县政府将全县110万亩粮田规划为高产创建核心区10万亩、示范区50万亩、辐射带动区50万亩,组织开展小麦"十、百、万"和玉米"十、百、千、万"高产创建活动(见表5-2)。同时,按照农业农村部高产创建要求,每个示范片都设立了1处10亩高产攻关田、1处100亩高产示范方和1处50亩以上的新品种新技术试验展示田。

表5-2 小麦"十、百、万"和玉米"十、百、千、万"高产攻关田产量目标

高产攻关田(平均产量)	小麦(公斤)	玉米(公斤)
十亩	>700	>950
百亩	>650	>900
千亩	—	>850
万亩	>600	>800

资料来源:根据访谈资料整理。

2012年4月,齐河县制定了《小麦"一喷三防"项目实施方案》,力争实现全县小麦"一喷三防"全覆盖。为进一步挖掘粮食增产潜力,原农业部启动实施粮食增产模式攻关,2012年10月,全国粮食增产模式试点启动仪式在齐河县举行。2013年7月,齐河县成立整建制粮食高产创建领导小组和技术指导小组,出台《整建制粮食高产创建实施方案》,建立《齐河县整建制粮食高产

创建工作考核办法》,层层签订目标任务责任状,对高产创建任务目标完成情况进行严格考核。县抽调9名同志组成核心区建设指挥部,实施核心区"东扩、北跨"工程,建成了20万亩整建制高产创建核心区。齐河县农业局作为全省唯一县级局,获得"全国粮食生产先进集体"荣誉称号。

(三)2014—2017年:粮食绿色增产模式攻关

粮食连年增产,各种资源要素绷得很紧、环境承载压力不断增大,促进粮食和农业可持续发展是现实而紧迫的任务。继中央经济工作会议上"粮食安全"被前所未有地放在首要地位后,2014年,中央一号文件再次强调完善国家粮食安全保障体系,更加注重粮食品质和质量安全,强调要把"饭碗牢牢端在自己手上"。其中有一个关键的要点是建立农业可持续发展长效机制,促进生态友好型农业发展。在这样的背景下,组织开展粮食绿色增产模式攻关十分必要。2015年2月,原农业部印发《关于大力开展粮食绿色增产模式攻关的意见》。2015年3月,齐河县随即制定了《齐河县开展绿色粮食增产模式攻关推进整建制"吨半粮"乡镇创建工作方案》,大力开展绿色增产模式攻关。

为贯彻落实《中共中央 国务院关于加大改革创新力度加快农业现代化建设的若干意见》和《中共中央 国务院关于加快推进生态文明建设的意见》精神,加快推进齐河县农业现代化和绿色化进程,2015年7月,齐河县决定实施"三化一绿"工程,即农业机械现代化、农田水利现代化、农业科技现代化和农业绿色工程,推动农业绿色、生态、高效、可持续发展。

在规范提升20万亩核心区的基础上,齐河县采取集中整合项目资金和县乡财政投入相结合的方式,累计投资 8.6 亿元,实施了绿色增产模式攻关 80 万亩高产高效创建示范区建设工程。整个示范区由东线片区、西线片区、南线片区、北线片区和 30 万亩核心区"五大片区"组成,区内每 50 亩一眼机井、每 200 亩一网格、每 5000 亩一支专家队伍、每 50000 亩一套(气象、墒情、虫情)综合服务站,实现了"田成方、林成网、路相通、渠相连、旱能浇、涝能排、地力足、灾能减"。示范区的建成对全国粮食高产创建及绿色增产模式攻关起到了推动、引领、示范作用。

1. 耕地质量保护与提升工程

齐河县大力推行测土配方精准施肥,严格遵照《绿色食品肥料使用准则》执行。在耕地质量保护方面卓有成效:2013—2015 年的三年时间,整合资金 4000 万元,实现了全县 100 万亩粮田全部深耕深松。同时,积极推行秸秆还田技术,秸秆还田率达到 100%。

在耕地质量提升方面,30 万亩绿色增产核心区内,在玉米施肥上推广"全元素三位一体施肥法",推广种肥同播和追施缓控释肥技术,提高肥料利用率。大力推广病虫草害综合防治技术,由传统的农户分散防治转变为绿色生态防控。2015 年,落实惠农项目资金 695 万元。其中小麦"一喷三防"项目 475 万元,玉米"一防双减"项目 100 万元,小麦全承包统防统治 120 万元。培育了山东齐力新农业服务有限公司等专业化统防统治服务组织 35 家,全年完成统防统治面积 110 万亩次。实施统一飞防作业,实现科学用药。

2. 集成绿色增产技术模式

在小麦生产上,齐河县全面推广"高产优质品种+深松灭茬+配方精准施肥+规范化播种(包括精细整地、宽幅精播、播前播后镇压)+浇越冬水+氮肥后移+一喷三防"的"七配套"技术模式;在玉米生产上,齐河县确立了以产量目标确定种植密度为基础,以防倒高效群体构建为核心的"增密防倒、前控后促"玉米高产技术路线。集成推广"高产耐密品种+种肥同播+宽垄密植、合理增密+分期精准施肥与水肥精量调控+病虫草害综合防控+适时晚收+全程机械化作业"的"七融合"技术模式。

3. 完善农产品质量安全监管体系

2014年为"农产品质量安全监管年",齐河县农业局制定了《齐河县2014年农产品质量安全隐患排查工作实施方案》,出动执法人员60多人次,检查农资经营门店140余家、农药生产企业3家、农产品生产基地38个,净化了农资市场,保障了农产品质量安全。

2015年,齐河县成为山东省农产品质量安全县。县农业局制定了《齐河县2015年农药质量和使用安全监管整治专项行动实施方案》,深入开展农资打假专项整治行动,切实保护农民利益。2015年4月12日,由原农业部主办的中央电视台农业频道2015"放心农资,助力春耕"首站在齐河县开启。

4. 推进适度规模化经营

2014年7月30日,齐河县出台了《关于齐河县新型农民合作组织(粮食、植保、农机)的奖励扶持办法》,对规范运作、带动能力强的农民专业合作社,县财政给予10万—20万元的补贴。截至2015年年底,全县各类农民专业合作社达到1506家,家庭农场166家,百亩以上种粮大户207个,全县规模化种植面积达到20.2万亩。仅30万亩核心区内,百亩以上种粮大户就达到32个、家庭农场28家,形成了种粮大户、家庭农场共同支撑高产创建的新型格局。

5. 呼之欲出的"绿色"粮食

为响应国家号召,齐河县在粮食绿色增产模式创建上进行了深度思考,在维持原有种粮大县的优良基础上,通过一系列工程和活动的扎实推进,在耕地地力、社会化服务、增产技术推广等方面取得了长足的进步,不妨说,正是这些大胆的尝试,拔高了种粮这件事的技术含量,也让齐河县的粮食种植朝着农业现代化的目标更进一步。

回顾过往,粮食绿色增产模式创建在很大程度上改善了粮食安全的状况和食品安全的进程,随着越来越多的齐河粮食被认证为绿色粮食,齐河县的产量模式被证明是一条正确的、可持续发展、值得不断坚持的道路。这是齐河县再次接受国家引导、身体力行支持国家政策的力证,同时也是齐河县所作出的又一次成功的历史选择。客观上,此次创建行动为齐河县种粮的软实力提升起到了积极的推动作用,也为下一阶段的齐河故事奠定了坚实的基础。

(四)2018—2020年:乡村振兴战略下的砥砺前进

党的十九大提出实施乡村振兴战略,对"三农"工作作出的重大决策部署,是决胜全面建成小康社会、全面建设社会主义现代化国家新征程的重大历史任务,是新时代做好"三农"工作的总抓手。中央按照产业兴旺、生态宜居、乡风文明、治理有效、生活富裕的总要求,对实施乡村振兴战略作出阶段性谋划,分别明确至2020年全面建成小康社会和2022年召开党的二十大时的目标任务,细化实化工作重点和政策措施,部署重大工程、重大计划、重大行动,确保乡村振兴战略落实落地。

在此重大历史事件发生、国际形势风云际会之时,齐河县坚定不移地响应中央号召,紧紧跟随党的坚强领导,以百分之百的努力实施国家的战略部署。2018年,按照党的十九大和中央一号文件实施乡村振兴战略的有关要求,结合齐河县实际,齐河县上下一心,以实际行动积极落实乡村振兴战略。

1. 扎实推进乡村振兴

自2018年起,齐河县从改善人居环境入手,按照"两通三化四清"标准,财政累计投资6.6亿元,一次性高标准打造村庄615个,硬化村内道路1.2万条、2100千米,基本实现街巷硬化"户户通",提前两年完成省定任务。农村电网改造126个村,实现改厕1万余户。"美丽乡村建设"获批国家农村综合改革标准化试点,赵官镇被评为全省美丽宜居小镇。启动农村公路三年集中攻坚,实施赵牛河堤顶路、胡潘路等新(改)建工程,改造乡村公路170千米。以产业兴旺助推乡村振兴,新增省级农业"新六产"示范主体2家,规模以上农业龙头企业达到267家,土地经营规模化率超过30%。创建"三品一标"20个,"齐河牛肉""华夏第一麦"获国家地理商标。启动泉城中华饮食文化小镇、荷香别苑项目建设,荣获全省休闲农业和乡村旅游示范县。

2. 调整优化种植结构

齐河县以农民稳步增收为导向,着力构建"粮经饲"协调发展的作物结构,不断扩大良种培育面积,因地制宜增加强筋小麦种植面积,适度发展青贮玉米、鲜食玉米等秋粮作物,推广粮食作物生态型、复合型间作套种种植模式。

2018年,齐河县发展强筋小麦种植面积20万亩以上,发展青贮玉米7万亩、鲜食玉米2000亩,推广夏玉米—夏花生、夏玉米—夏大豆、夏玉米—红薯等立体间作生产模式5000亩以上,在种植结构上不断进行探索和优化。

3. 稳步提升粮食综合生产能力

在积极引导农民群众保持种粮热情的同时,齐河县实施"藏粮于地""藏粮于技"战略,大规模推进农村土地整治和高标准农田建设,抓好粮食绿色高产高效平台建设,巩固提升粮食生产功能区建设。大力开展粮食绿色增产模式攻关,强化农业科技推广,大面积推广小麦"七配套"、玉米"七融合"绿色高产高效技术,推进良种良法配套、农机农艺融合,提升农业科技创新、推广和服务水平,提高粮食综合生产能力。2018年,确保粮食绿色高产高效技术落实率达到100%,实现粮食生产数量、质量、效益同步提升,巩固全国粮食生产制高点地位,争创"全国绿色高产高效创建标兵县"。2018年,齐河县粮食产量农牧业结构不断优化,粮食总产量达到107.21万吨。

4. 疫情下的艰难选择

在经历了2019年全球新冠疫情的冲击后,齐河县站在了一个新的起点上。这场疫情,无疑是全人类面临的一次巨大考验,数百万人的生命在其中黯然逝去,无数人的生活遭受了前所未有的冲击。然而,正是在这个风雨飘摇的时刻,中国,包括齐河县在内,展现了非凡的韧性与坚定,采取了一系列果断举措,以捍卫人民的生命安全和健康权。

在疫情的阴霾下,齐河县不仅面临着来自疫情的冲击,还要应对经济下行、减税降费等多重不利因素。齐河县财政收入的增幅明显下滑,2020年一般公共预算收入的增速仅为0.1%,财政压力空前加大。面对逆境,齐河县政府没有退缩和动摇,仍然坚定地将粮食生产视作一项重要的使命,继续坚持对粮食生产保持较高水平的投入,不仅延续了既有的农田建设工程,更是积极推动惠农政策的实施,为粮食种植保驾护航,确保每年超过22亿斤的粮食产量。正是在这个严峻的背景下,齐河县紧紧握住这块最坚实的土地,用实际行动践行着"种粮养国"的信念,展现齐河县的坚守与担当。

(五)2021年至今:踏上"吨半粮"生产能力建设新征程

1. 如火如荼的"吨半粮"生产能力建设

2021年9月,齐河县启动"吨半粮"生产能力建设工作,齐河县委、县政府出台了《齐河县"吨半粮"生产能力建设工作的意见》,按照"因地制宜、科学规划、以点带面、梯次推进"的工作思路,在焦庙镇、刘桥镇等6个乡镇集中连片打造30万亩"吨半粮"核心区,其余乡镇分别打造1万—5万亩"吨半粮"示范区,坚持书记抓粮、党政同责,力争三年形成50万亩"吨半粮"生产能力,建成全国第一个大面积"吨半粮"示范区。该项工作已列为"书记工程",建立了县、乡、管理区、村四级书记"指挥田",全面实施"六大工程",挖掘粮食产能,提升粮食安全保障能力,力争把"吨半粮"创建区打造成全国粮食优质绿色高产高效发展样板。

2021年10月,德州市启动"吨半粮"生产能力建设,计划从2021年秋季开始,利用5年时间,实现100万亩核心区单产1500公斤以上(小麦650公斤、玉米850公斤),通过示范创建,带动粮食绿色高质高效高产,力争在全国建成第一个大面积"吨半粮"示范区。山东省人民政府、农业农村部发布《共同推进现代农业强省建设方案(2021—2025年)》,明确提出支持德州市创建"吨半粮"市。

2022年,齐河县粮食种植实现"二十连丰"。全县粮食种植面积229.19万亩,总产28.75亿斤。20万亩"吨半粮"核心区小麦、玉米平均亩产分别为693.91公斤、852.42公斤,全年亩产量达到1546.33公斤以上,实现了20万亩集中连片"吨半粮"生产能力建设目标。计划到2024年实现50万亩"吨半粮"产能,全力打造全国首个"吨半粮"示范县。

2. 多举措推动"吨半粮"创建

从率先开展粮食高产创建,到绿色粮食增产模式攻关,从乡村振兴战略下的努力再到正式踏上"吨半粮"生产能力建设,齐河县都在试图回答"种怎样的粮"以及"怎样种好粮"的问题。而在"谁来种粮"的关键问题上,齐河县则凭借自身固有的"种粮基因"和产量大县的"好底子",从自身实际出发给出了答案:让当地50万农业人口深度参与到种粮事业中,帮助他们收获、增加自己的劳动成果,并在当地产业发展的过程中得到更多"收获感",从而加强其"种好粮"的意愿,实现齐河县种粮的正向反馈和链路闭环。而在整个过程中,齐河县总结出了独树一帜的"齐河经验"。

第一,狠抓领导责任。落实书记抓粮、党政同责,按照县级干部和乡镇党政正职不少于1000亩,乡镇班子成员和管理区、村党支部书记不少于100亩的标准,设立县、乡、管理区、村四级"指挥田"13万亩,实行县级干部包乡镇、乡镇干部包管理区、管理区干部包村、村干部包地块责任制。领导干部的重视不仅体现在"指挥田"的建设上,更在当地形成了强烈的重视氛围,为农民在种粮上的"比学赶超"起到了良好的模范作用。

第二,加大资金投入。每年,齐河县都会将国家的粮食"直补"及时地全额发放到农民手中,通过积极向上争取和县财政落实强农惠农政策。自2014年来,每年的各项补贴资金都在一亿元以上。2022年,县财政安排1700余万元实施了30万亩小麦抗逆保穗和"一喷三防"全覆盖统防统治项目。每年,齐河县都会拿出不少于1000万元,用于加大对合作社、家庭农场和服务组织的培育扶持力度,全面提升农业规模化经营和社会化服务水平;拿出不少于100万元开展"粮王"大赛活动,让种粮不仅有收益还有荣誉,进一步激发农民的种粮热情。通过县财政补贴支持开展深耕深松,对全县小麦实行补贴供种,力促全县小麦良种覆盖率达到100%,农民在新购置大型农机设备时得以享受国家补贴和县级补贴的"双补贴"。

第三,完善基础设施。经过多年的持续投入和不断建设,如今的齐河县20万亩"吨半粮"示范区内,是平整的机耕路、标准化的水渠和林网点缀其间,每50亩一眼机井,每200亩一个生产网格,每5000亩一支专家队伍,每5万亩一套综合服务站。2022年,齐河县投资3.9亿元新建高标准农田20.3万亩,计划明年再建成16.4万亩,并于年底实现高标准农田基本全覆盖。同时,配套实施连片深耕、测土配方施肥等项目,进一步提高土壤地力。

第四,坚持绿色增产。对粮食种植,齐河县追求的不仅是高产量,更是高质量、可持续的绿色增产。为此,齐河县落实黄河重大国家战略,狠抓粮食绿色高质高效创建,围绕控水、控肥、控药"三控"目标,集成推广"全环节"绿色生产技术模式,推广水肥一体化、土壤改良、高效精准施药植保机械、农作物病虫草害绿色防控等技术,实现农田灌溉用水总量零增长,化肥、农药使用量负增长。

第五,坚持节粮减损。齐河县投资5亿元在全县建设16处粮食产后服务中心,建设5000吨以上智能化恒温粮仓38座、粮食烘干塔33座,新增粮食储备能力19万吨、日烘干能力超1万吨,在全国产粮大县中率先实现烘干仓储设施乡镇全覆盖。积极推行粮食代烘干、代加工、代储存、代清理、代销售"五代"服务,实现粮食从地头直接烘干入库,年节粮减损7000吨以上。依托全县各类新型农业经营主体和1885名农机手,加强机收减损作业技术培训,全县小麦、玉米收获环节损失率分别降到0.8%和1.5%以下,分别低于国家规定作业质量标准1.2个和2个百分点,全年可节粮3万吨。

第六,提升科技含量。实施"藏粮于技"战略,聘请省内权威专家担任技术顾问,组建一支超过150人的县乡农技服务队,在粮食生产各关键环节,全部下沉一线指导生产,依托大型社会化服务组织在"吨半粮"核心区全面落实"八统一"技术(统一秸秆还田、统一配方施肥、统一深耕作业、统一良种供应、统一宽幅精播、统一技术服务、统一植保服务、统一收售服务),确保关键技术措施落实到位。与省农科院共建"吨半粮"技术研究中心,集成推广"小麦七配套""玉米七融合"等技术,依托全县2000余家新型农业经营主体和社会化服务组织,粮食绿色高产高效技术推广到位率达到100%。

(六)小结

齐河县"吨半粮"生产能力建设的发展过程,是抓好粮食生产、夯实粮食安全根基的历史责任感和使命感,是扛牢超级产粮大县政治责任。要在全国经济蓬勃发展的大环境下坚持初心,守护农田,不仅需要抵住诱惑、耐住寂寞,尤其要在困难时期仍保持政治定力、不失长期发展的信心,更要在国家导向出现变化时紧跟脚步,克难攻坚,迎难而上。我们欣喜地看到,齐河人民在粮食安全的"国之大者"上身体力行,作出了共同的历史选择。

一路走来,齐河县的粮食生产能力收获了从亩产"半吨"到"吨粮"再到"吨半粮"的长足进步,在这个过程中,齐河县积累了丰富的经验,更丰富了属于自己的"齐河故事"。从最初粮食高产创建示范区的建立,到实现绿色增产,再到"半吨粮"核心产区的建设与提升,尽管各个时期的工作重心有所不同,但本质上都是在做一件事:专注种好粮。随之而来的,是齐河县产粮区的面貌发生了天翻地覆的变化,这些可喜的变化,则源于最初的上下一心:政府与农民之间建立信任,达成共识,共同为这片土地上的粮食生产和粮食安全努力,从而形成合力,不断达成目标,赢得挑战,确保中国人的饭碗牢牢端在自己手中。

在这波澜壮阔的齐河故事里,我们不仅可以看到一幅农业农村现代化的美妙画卷在齐河大地缓缓展开,看到农民们丰收时脸上发自内心的喜悦,更能看到基层干部忘我地在田间地头挥洒自己的热情和汗水。在齐河县,每个人的努力都不会白费,他们的故事会散在风中,随雨而下,滋润庄稼和每一寸土地,化作一个又一个丰产丰收的故事。

第二节 心怀"国之大者":齐心合力推进粮食高产创建

齐河县作为山东省三个20亿斤超级产粮大县之一,素有"黄河粮仓""中国优质小麦之乡"等美誉。在齐河县不断推进农业生产现代化、努力促进主产区粮食的增产增效,不仅契合各级党政部门的中心工作与政治使命,更在工作推进过程中成为齐河全县上下统一的集体共识与社会责任。早在2008年,齐河县便开始启动粮食高产创建活动,先后获得全国首批整建制粮食高产创建示范县、全国粮食增产模式攻关示范县、全国粮食绿色增产模式攻关示范县等荣誉称号。齐河县粮食高产创建的成功,根本在于全县形成重视粮食生产的集体共识,基础在于打造条线权责明晰的组织管理体系,动力在于形成保障涉农项目顺利落地的财政支持。齐河县通过牢固信念、协调动员、财政支持三种举措,成功实现齐河县粮食生产的高产创建。

一、"抓粮食就是讲政治"

在粮食高产创建过程中,政府通过中心工作、书记牵头、政治激励等多种手段在全县范围牢固树立起"抓粮食就是讲政治"的社会信念,充分激发全县干部群众对粮食生产的重视,形成了全县上下全力以赴抓好粮食生产的社会风气。

(一)将粮食生产作为中心工作

齐河县开展粮食高产创建以来,齐河县坚持把扛稳粮食安全责任作为重大政治任务,通过将农业农村部80万亩粮食绿色高质高效示范区作为工作主要平台,实现整建制推进粮食绿色高质高效创建工作。齐河县每年的县委一号文件与政府工作报告都将推进粮食产业的发展作为重要内容,粮食生产是齐河县党委及政府部门的重要工作与中心工作。由此,粮食高产创建工作从农业农村局的部门行为转变为由县委、县政府牵头,多部门联合行动的中心工作。

齐河县构建"全员全域全链条抓粮食"的闭环式工作机制的决心,体现在各项创建工作的力度上。2021年9月30日,齐河县召开"吨半粮"生产能力建设动员大会,标志着"吨半粮"创建工作的全面展开,并将"示范引领、打造标杆"作为"吨半粮"工作的目标定位。2022年4月19日,齐河县召开乡村振兴重点工作推进会议,全面部署粮食生产工作,进一步提高粮食高产创建在全县工作中的重要性。2023年2月1日,县委经济工作会议的召开,将粮食生产纳入全县年度考核任务,提出确保粮食耕作面积不减,产量持续增加的要求。2023年3月31日,在县委农业农村工作会议暨绿色优质高效现代化农业强县建设推进大会上,齐河县不仅对农业农村工作进行了全面的安排部署,还对2022年度农业农村工作中的先进单位和个人进行通报表扬,并颁发奖牌、证书。历数关于粮食生产的政策文件,齐河县先后出台了《齐河县粮食高质高效创建实施方案》《关于开展"吨半粮"生产能力建设工作的意见》《齐河县"吨半粮"生产能力建设方案》等政策文件,齐河县将要人给人、要钱给钱、要政策给政策的"三给三要"指导思想内化为粮食生产工作的中心思想,逐渐形成全县上下一致、协同作战的集体合力。

(二)书记挂帅粮食生产

坚持粮食生产一把手抓、抓一把手。齐河县坚持把"吨半粮"生产能力建设作为重大政治任务,全面落实书记责任制,在县乡两级建立起相应的工作推进机制。齐河县一方面将"吨半粮"创建工作纳入党委及政府的重要议事日程,列为县委书记与各乡镇(街道)的"一把手"工程,要求切实做好"吨半粮"创建中组织领导、资金整合等工作。另一方面,组建县委、县政府主要负责同志任组长,县委副书记、分管副县长任副组长,县直有关部门主要负责同志、各乡镇(街道)党委主要负责同志为成员的"吨半粮"创建工作领导小组,全面统筹协调和安排部署创建工作。进一步地,不断做实"田长制",县委书记、乡镇(街道)党委书记、管理区书记、村党支部书记"四级书记"带头抓,以包片包村的形式建立书记千亩"指挥田",以书记担任粮食生产工作的第一责任人的形式压实"重农抓粮"信念。

2021年9月30日,齐河县召开"吨半粮"生产能力建设动员大会,正式启动"吨半粮"创建工作。根据齐河县委、齐河县人民政府发布的《齐河县"吨半粮"生产能力建设工作的意见》,齐河县要求各级领导干部坚持一线办公,带头深入一线,县领导至少2月1次、乡镇(街道)党政班子成员和管理区支部书记至少每周1次开展现场调研或专题研究,及时了解"指挥田"的建设和生产情况,协调解决困难和问题,村党支部书记则要盯紧盯牢粮食生产,抓好各项关键技术落实。在"十一五"期间,齐河县委书记孙修炜落实"书记抓粮"要求,前往秋收秋种一线实地开展"吨半粮"创建的督导工作。在乡镇则形成了党委书记亲自抓,乡纪委具体抓,一级抓一级、层层抓落实的粮食生产工作格局。通过乡党委书记的表率作用,带头落实"四个亲自"要求,实现重要工作亲自部署、重大问题亲自过问、重点环节亲自协调以及重要案件亲自督办。

实际上,书记挂帅粮食生产的工作模式在齐河县的粮食工作中具有持续的历史渊源,早在2011年的粮食高产创建工作中就得

第五章 上下同心：新形势下县域社会中的"粮食共识"

以体现。在这个过程中，齐河县采取了一系列创新举措，党政主要领导亲自参与、亲自规划、亲自部署，分管领导负责具体落实，形成了一种高效务实的工作模式。这种书记挂帅的工作方式，不仅在粮食高产创建中取得了显著成效，也在其他农业工作领域得以延续和发展。

以"吨半粮"创建为例，这种书记挂帅的模式在抢收秋粮的过程中得到了充分展示。面对秋汛可能带来的不利影响，齐河县突出"书记抓粮"这条主线，通过县、乡、管理区、村"四级书记"与时间赛跑，抢占秋汛窗口期，因地制宜采取措施，确保粮食颗粒顺利归仓，为"吨半粮"建设奠定了坚实基础。不仅如此，在特殊的时间节点，县委书记孙修炜，县委副书记、县长王玮毅然放弃休假，亲自前往一线督导秋收秋种工作，以身作则，为全县树立了榜样。

在这个过程中，不仅仅是县级领导层的高度参与，各级干部也展现了蓬勃的工作精神和责任担当。在仁里集镇，实行"班子成员包管理区、镇村干部包户"的工作机制，确保了工作的全面推进。镇村干部深入田间，亲自监督指导，力求将粮食颗粒归仓。同时，他们还密切关注各项数据，及时掌握收割进展，确保工作有条不紊。在潘店镇，全镇干部动员，各级领导上岗，通过各种措施，确保了秋收任务的完成。胡官屯镇、祝阿镇等地也积极组织各类志愿者，动员群众，形成了抢收抢种的强大合力。

总之，书记挂帅粮食生产的工作模式不仅是一种行动，更是一种精神，一种责任，一种担当。它体现了领导干部对农业工作的高度重视，对农民利益的真切关心，对粮食安全的坚定决心。通过这种模式的运用，齐河县在粮食生产领域取得了一系列可喜的成就，为全县的农业发展注入了强大的动力,也为其他地区提供了宝贵的经验。在未来的工作中,这种书记挂帅的模式将继续发挥重要作用,为齐河县的农业事业开创更加美好的未来。

(三)将责任落实到人

为全面落实粮食安全党政同责,推动"书记抓粮"机制落实落细,齐河县通过建立县、乡镇、管理区、村四级指挥田体系,不仅明确书记作为粮食生产的第一责任人,而且在具体工作中明确分工职能,努力将粮食生产责任落实到人,从而把"指挥田"抓实为"责任田"。通过坚持"一个地块也不能少"的原则,齐河县建立起"三人四包"工作机制,确保每个弱苗地块都配备一名行政干部,一名包村干部和一名技术人员,实现包技术、包农资、包督促、包转化的工作流程全保障,力争实现"年前一根针、年后一大墩、亩产一千斤"的粮食生产目标。

正如农业农村局干部所言:"领导干部包乡镇进行督导指导,这已经形成一种惯例。我觉得我们有一种潜意识上要做得更好,不敢说最好。自从进入农业农村局工作以来,我们没有喊过冤叫过屈,和其他县比较,我们和农民打交道的关键时间节点都在节假日,如'五一'假期是春季小麦抽穗扬花病虫害防治关键时期,三秋是国庆假期,其他县同行考虑假期去哪旅游,在齐河县却没有这一说。每当三夏三秋、粮食生产、抢收等关键时期,县领导、农业农村局干部、技术人员都要到一线。总在说我们很重视,怎么重视?这就是重视,这就不是虚的。"

例如,在良种推广方面,县、乡镇、管理区、村4级指挥田都明确配备了责任领导与专业技术责任人员,压实粮食安全责任机制,以保障各地块的粮食生产都能获得充分的技术、农资与监督指导支持。

2012年以来,齐河县持续加大科技推广,通过包村指导、骨干培训、示范带动等方式引导农民科学种田。齐河县专门聘请山东农业大学教授担任粮食生产技术指导专家,定期指导齐河县的粮食生产,培训县乡技术骨干。在此基础上,齐河县组建了一支技术指导小组,实行技术人员包村的形式,全程为农业经营主体提供技术指导服务,形成了"万亩有技术专家,千亩有技术骨干,百亩有技术标兵"的三级技术服务体系,从而将责任落实到村、到户、到地块,将"教给农民干"变为"带着农民干,干给农民看"。此外,县里还成立了由专业技术职称的技术员组成的"专家讲师团",组织开展了"千村万户农民培训工程",包乡镇、包村对乡技术人员、村科技带头户、种粮大户等进行技术培训。今年以来累计培训县乡技术骨干500余人,3万多人次,发放明白纸10多万份。在此过程中重点推广了秸秆还田、深耕测土配方施肥、良种供应宽幅精播氮肥后移、配方施肥、一喷三防、病虫害统防统治、技术指导等8项良种与良法配套技术,不仅在高产创建示范片成功做到"八统一",还使全县百万亩小麦"一喷三防"实现全覆盖,从而解决了良种良法示范推广"最后一公里"的问题。

(四)建立综合考评制度

建立完善的综合考评制度,是科学发展粮食生产工作的必然要求。针对粮食增产增收工作,齐河县先后出台《齐河县整建制粮食高产创建工作考核办法》《齐河县现代农业发展奖励扶持政策》《齐河县"吨半粮"生产能力建设考核表彰奖励办法》等文件,要求以县为单位成立督导工作组,对各乡镇(街道)创建工作开展督导考核检查,及时解决存在问题,努力推动各项措施落实。以"吨半粮"创建工作考评制度为例,考核将"吨半粮"创建工作列入全县经济社会发展年度综合考核体系,成立专项督导组,对各镇街开展督导检查,对工作进展情况定期通报。考评制度规定,对年度考核优秀的乡镇(街道)予以表扬奖励,在财政扶持、涉农项目等安排上予以重点倾斜;对敷衍塞责、推进措施不力、成效不明显的降低考核档次;对履职不力、失职渎职的,依法依规依纪严肃追究责任。通过对粮食生产工作建立起科学有效的、多层级的考评体系,综合考评制度切实发挥了指挥棒、风向标和助推器的作用,树立起牢固的实干导向、工作导向,形成了全县各级部门重视粮食生产工作的集体共识。

强有力的领导班子、负责尽职的优良队伍是确保事业成功的关键。针对粮食生产工作,齐河县农业农村局党组高度重视机关队伍的建设。一是强调制度,制订严格的工作纪律。齐河县农业农村局先后制订出台了"上下班签到制度""离岗报告制度""检查处罚制度""卫生制度""安全值班制度""文明礼貌接待制度""学习会议制度"等10余项规章制度,并严格落实县纪委、监察局的有关规定,强化制度约束,把粮食工作全面纳入制度化轨道。二是抓学习,提升政治业务素质。齐河县农业农村局采用集中学习与自学相结合的方式,组织全局干部职工开展政治理论和业务知识学习,先后组织开展针对全体干部职工的"政治、理想工作演讲比赛"和高级农艺师的"专业技术讲座"活动,通过各种形式提升干部职工的政治素养与工作水平,从而更好开展粮食生产工作。三是重考核,激发奋勇争先的氛围。在每年的年终职工先进考评中,齐河县农业农村局通过现场演讲、记名投票、现场排名等方式,评选过去一年工作成绩突出的同志,并对先进工作人员进行奖励,以此激发全局干部职工的工作热情和积极性。通过一系列的有效手段,齐河县农业农村局呈现了良好的机关作风,大幅提高工作效率和服务质量,为粮食高产创建及"吨半粮"创建工作提供了坚实保障。

二、统筹领导与部门协作

(一)"纵向到底"的统筹领导机制

坚持粮食生产工作以县委、县政府为核心,以县农业农村局为牵头部门的统筹领导机制。2019年,齐河县开展党和政府机构改革,农业局更名为农业农村局,将涉农相关部门如农机局、蔬菜局、水产局等并入农业农村局,增强了农业农村局的统筹力度。在权力结构上,县委设立农业农村委员会,县委农业农村委员会办公室设在县农业农村局,由齐河县委副书记担任县委农业农村委员会主任,县农业农村局局长担任县委农业农村委员会办公室主任,该委员会统筹负责全县农业领域的工作。县农业农村局整合县农林局的农业管理职责,县发展和改革局的农业投资项目、县国土资源局的农田整治项目、县水务局的农田水利建设项目管理职责,县财政局的农村综合改革职责,以及县农村工作办公室、县农业综合开发办公室、县畜牧兽医局、县农业机械管理局、县水产局、县蔬菜局承担的行政职能,县农林局所属事业单位承担的行政职能。调整后的齐河县农业农村局成立以后,主要职能包括:扶贫开发工作,负责统筹研究和组织实施"三农"工作规划和政策,协调解决"三农"工作重大问题；承担管理种植业、畜牧业、渔业、农垦、农业机械化、农产品质量安全等职能。由此，齐河县的粮食生产工作以县委、县政府为领导核心，以农业农村委员会、农业农村局为直接负责单位，以各乡镇（街道）为具体执行单位，形成了上下贯通的统筹领导机制。

在乡镇层面，齐河县构建了以党委副书记、副镇长、人大主席等主要领导分管的乡镇农业办公室，这个机制致力于确保农村工作得以切实贯彻落实。同时，齐河县还搭建起了四级联创共建体系，将国家、省、市、县各级农业主管部门连接成一体，实现从中央到基层的精准合作，形成了从国家到地方的强大合力。这种联动机制架起了粮食生产工作的桥梁，让资源、信息和支持能够畅通无阻地流动，确保了各级政府协同合作，共同致力于齐河县的农业发展。

而正是在这样一个联动的体系下，2015年4月，齐河县粮食高产创建的历史性时刻被铭刻下来。当时，一场白粉病的突发疫情，宛如暴风骤雨，让人不得不迅速应对。县委副书记、县长王晓东在紧急电话中通报了信息，农业局技术专家随即行动，展开实地观察，证实了疫情，齐河县各地小麦都受到不同程度的白粉病威胁。

一场前所未有的白粉病防治"大会战"迅速展开。在会议室里，领导、干部、农业技术专家会聚一堂，制定对策、制定方案，紧锣密鼓地备战。然而，面对种植面积庞大、青壮年劳动力外出打工的情况，如何有效喷洒防治药品成为一大难题。晚上，一场特殊的电视电话会议拉开帷幕，通过齐河县电视台传达至每一个村庄。在电视电话会议上，齐河县各级领导齐聚一堂，通过现代通信手段，实现了信息的即时传递，确保了每个环节都能够密切配合。这种

第五章 上下同心:新形势下县域社会中的"粮食共识"

前所未有的联动机制,将领导、干部、农民紧密联系在一起,共同应对突发状况。

在这场白粉病防治"大会战"中,各方人员充分发挥了各自的专业优势,各司其职,共同应对。技术专家提供了精准的作战指导,农民被动员起来,提水喷药,紧急行动。齐力新农业科技服务公司做好了喷药器械的准备工作,小飞机在麦田上空喷洒出希望的彩虹。各级领导积极行动,充分发挥了领导力,为战斗提供了有力的支持。

这次白粉病防治"大会战"的成功,不仅在于技术的应用和农药的喷洒,更在于协同合作和全民动员。在乡村的每一个角落,每一位村民都积极参与,众志成城,共克时艰。正是在这种众志成城的氛围中,齐河县成功地消灭了白粉病,创造了一个农业奇迹。[①]

总而言之,齐河县在粮食生产工作中,充分发挥了各级政府的作用,建立了紧密的联动机制。在关键时刻,各级领导、干部、农民共同奋斗,展现了团结协作的强大力量。这次白粉病防治"大会战"的成功,不仅展示了齐河人民的智慧和勇气,也彰显了农业工作中上下合力的重要性。粮食生产是一项复杂而艰巨的任务,需要各方的通力合作,才能取得最终的胜利。这次的成功经验,将为齐河县未来的农业发展提供宝贵的借鉴,也为其他地区的粮食生产提供了有益的启示。

(二)"横向到边"的部门协作机制

农业作为一项系统的工程,高度依赖各部门之间的充分协作。

[①] 张玉华:《黄河粮仓:齐河县粮食高产创建纪实》,现代出版社2016年版,第39页。

如今，在从农业大县向农业强县的转型期，齐河县更是成立由县委、县政府主要负责同志为总指挥（县委书记孙修炜和县委副书记、县长陈光春二人是总指挥），县委、县政府分管负责同志为副总指挥，县有关部门单位和乡镇（街道）主要负责同志为成员的农业强县建设工作推进指挥部，负责指导、推进和协调农业大县建设工作，及时研究解决遇到的重大问题。其中，领导小组办公室设在县农业农村局，负责农业大县建设工作的统筹协调、督导考核；各乡镇（街道）党政主要负责同志作为农业强县建设的第一责任人，要亲自研究、成立专班，统筹解决辖区内遇到的各种问题，推进农业强县建设落到实处。

自2019年农业农村局机构改革以来，实现了农业领域良好有序的统分结合。以高标准农田建设为例。在2011年以前，齐河县就开始进行高标准农田建设，只是当时实施项目的名称不一，例如，水利局叫小农水项目，负责农田水利设施建设，包括打井、修路、修桥等工作；国土局则叫土地综合整治项目，也包括修路、修桥等内容；农业综合开发办公室于2014年开始建设高标准农田，这是当时唯一一个叫高标准农田建设项目的科室。由于项目的类型不同，各个单位的职能、建设的内容都有所侧重，投资和建设标准也有差异，总体上，这一阶段属于单打独斗，农业农村部要求统计实施项目类型时，才厘清了高标准农田建设的具体亩数。这一相对混乱的时期在机构改革后得以解决，所有的项目名称正式统一为高标准农田项目。此后，投资的标准也逐年提高。在统合的过程中，也注重明晰责任归属和以往工作的延续，如农机局在改革后成为农业农村局的下属机构，更名为农机服务中心，但其主要还在负责深耕深松项目。

除县农业农村局内部的协调外,还有对外委办局的协调。在具体的工作中,发展改革部门主要负责向上争取国家政策项目支持,并精心抓好各类支农项目的整合,确保政策资源的充分利用;人社部门需积极引进农业科技人才,与专家团队进行紧密对接,全力以赴为农业领域提供优秀人才的支持和服务保障。财政部门则重点关注资金保障工作,为粮食高产创建、"吨半粮"创建活动提供充足的经济支持。农业农村部门负责科学规划各项工作,争取更多的资金和项目支持,并积极提供专业的技术指导服务。水利部门主要负责加强水利工程建设,特别是农业灌溉用水的保障力度,确保农作物的灌溉需求得到充分满足。科技部门着力于推动科研成果的转化,并安排农业科技特派员提供指导服务,使先进科技成果在田间地头得到充分应用。气象部门加强气象保障工程建设,提供精细化气象监测服务,为粮食生产提供准确可靠的气象数据,并在防灾减灾方面提供必要的支持。此外,自然资源、应急管理、供销、粮食安全保障、金融风险安全保障、齐源集团、乡村振兴集团、电力等相关部门,都是齐河县农业发展过程中不可或缺的力量。通过各级各部门的紧密协作,形成工作合力,才能推动齐河县农业迈上新的台阶。

三、财政项目的持续保障

财政支持是保障粮食安全、推动粮食高产创建的重要动力与物质基础。齐河县通过提供多种形式的财政补贴,积极推进涉农项目有效落地等方式,在保障粮食生产安全、推动产量持续增长上为农业经营主体提供了充分的支持与帮助,几乎覆盖粮食生产的全部环节,充分彰显齐河县的财政支持在维护粮食安全、推动粮食生产中的重要意义。

（一）落实各项涉农惠农补贴

财政支持与政策补贴为粮食生产提供了充足资金保障。粮食生产需要大量资金投入，涵盖了土地耕作、种子购买、农药施用、灌溉设施维护等多个环节。相对其他生产项目，粮食生产周期长，投入产出的周期也相对较长，许多农业经营主体往往难以承受巨大的资金压力。齐河县通过提供财政补贴，能够帮助农业经营主体减轻负担，确保生产资金的到位，从而保障了齐河县粮食生产的正常进行。

2021年4月，齐河县周边出现条锈病扩散蔓延情况。金穗粮食种植专业合作社袁理事长不由得愁眉紧锁："条锈病防治需要投入大量人力、财力，按照每亩12元喷防价格算，预计需要60万元。"当得知县里招标安排植保无人机统一进行飞防作业，所有费用全部由县财政支付时，袁理事长兴奋不已。与袁理事长一样，提起县财政惠农补贴，刘桥镇西杨村党支部李书记赞不绝口。在秋收秋种期间，齐河县遭遇持续降雨天气，对农业生产造成影响，为加快秋收秋种进度，县委、县政府发布关于实施玉米收获补贴和深松补贴公告，对10月15日前收获完成的玉米地块每亩补贴20元，对小麦种植地块进行深松作业的每亩补贴15元。李书记算了一笔账，他们合作社共有1.5万亩土地，今年一共可以获得补贴52.5万元。

根据统计，2021—2023年齐河县累计落实耕地地力保护补贴、种粮农民一次性补贴、轮作休耕补贴、农机购置补贴等上级财政一揽子支持资金5.6亿元。以齐河县2022年的直接财政补贴为例。第一，齐河县 2022 年核定小麦种植面积 1080001.55 亩，按耕地地力保护补贴标准 137.26 元/亩计算，全县共计补贴 14824.10231 万元。第二，2022 年度的政策性农业保险的保费为 34 元/亩，全县小麦参保面积 994778.6 亩，保费总额 3382.24724 万元，齐河县政府补贴 80%，共计补贴 2705.797792 万元，参保率达到 92%。玉米完全成本保险参保面积 974899.67 亩，保费 42 元/亩，齐河县政府补贴 80%，总保费 4094.58 万元，共计补贴 3275.664 万元，参保率达 90%。第三，实际种粮农民一次性补贴是以小麦、玉米、水稻、大豆等粮食作物的实际播种面积为依据进行发放，2022 年共计发放三批：第一批涉及种植户 9.87 万户，108 万亩，补贴标准 25.42 元/亩，总金额 2745.36 万元；第二批涉及种植户 9.91 万户，217.25 万亩，补贴标准 5.67 元/亩，总金额 1231.81 万元；第三批涉及种植户 10.01 万户，215.37 万亩，补贴标准为 7.09 元/亩，大豆及大豆玉米带状复合种植涉及种植户 799 户，2.95 万亩，补贴标准 20 元/亩，均向农民发放落实。上述系列补贴对农业生产的资金压力缓解具有重要意义，有利于提高农民的种粮积极性，为促进粮食生产稳定增长提供了必要的经济支持。

（二）坚持统一供种

政府统一供种需要承担很大风险，必须拿出过硬的品种给老百姓。政府在推动农业发展中，采取了精准引导的策略，通过引导农户选择特定品种，并重点推广济麦 22、良星 77、鲁原 502 和登海 605、郑单 958 等小麦、玉米良种。通过前期的摸排、万亩方示范田的展示、技术指导与帮种、优惠低价等系列举措，历经数年，让农民切实感受到利好并逐步接受,实现了良种的有效覆盖,为高质高产打下坚实的基础,同时也增加了农户对政府的信任度。

良种推广在齐河县政府的决心和担当中取得了显著的成效,如济麦 22 已然成为当家品种,遇到特殊天气和冻害不受影响且丰产能力强,农户都看在眼里,形成了购买的习惯。然而,齐河县政府仍然持续发放补贴,统一供种。每年以村为单位报到乡镇,乡镇报到县农业农村局,政府进行招标采购,每亩补贴 10 元,市场价每斤 1.6 元,补贴后每斤 1.2 元。2014 年,齐河县落实小麦直补面积 115.13 万亩,发放直补资金 1.44 亿元。2015 年,在全省取消补贴供种项目的情况下,齐河县自筹 1000 万元继续开展小麦统一补贴供种,筹资 1000 万元继续实施 30 万亩核心区玉米统一补贴供种。这一补贴至今仍在继续。通过持续发放补贴、推行统一供种,政府不仅稳定了农民种植信心,也进一步巩固了农业生产的稳定性和可持续性。

(三)完善农业生产设施

财政支持与补贴也激发了农业生产设施的更迭和生产技术的创新。建设农业现代化不仅需要大量人力、物力,还需要通过科技手段不断提高产量和质量。齐河县通过对农业生产设施、生产技术等给予财政补贴,鼓励农业科研单位加大技术攻关力度,为农业技术创新提供了强有力的资金支持,不仅促进农业生产方式升级,还提高了粮食生产的效率和质量,极大地推动了农业现代化进程。

在农业生产设施方面,齐河县着力推进高标准农田建设,以满足当地农业生产的技术需求。齐河县在 2020—2022 年成功完成超过 30 万亩的高标准农田建设任务,投入资金超过 5.37 亿元。

通过积极提高土地质量和合理规划田块结构,有效地提高了农田的产量和质量,为粮食生产提供了坚实的基础。同时,齐河县积极推动农业产业向机械化和智能化升级。2022年,齐河县整合产粮大县奖励资金6700万元的基础上,总投资5亿元在全县15个乡镇建成粮食综合服务中心16处、智能恒温粮仓38座、粮食烘干塔33座,新增储备规模19万吨、日烘干能力1.1万吨,应用"物联网+智能化"储粮技术,实现粮食库存"低温、低氧、低能耗",实现粮食从地头直接烘干入库,大大减少了中间环节的损失损耗,年节粮减损7000吨以上,相当于粮食增收1亿元。这一举措使齐河县在全国产粮大县中成为首个实现烘干仓储设施乡镇全覆盖的地区,为粮食后续处理和储存提供了强有力的支持。另外,齐河县也为农机装备的升级换代提供大量财政支持。仅在2022年,齐河县获得国家农机补贴资金1225万元,用于补贴640台农机的购置。同时,县级农机设备更新补贴资金达763万元,用于补贴393台农机的更新,这进一步带动了农机装备的升级。总体而言,这些补贴政策不仅促进了农业生产设施的升级与完善,也为农业生产提供了更现代化、高效率的技术支持,进一步推动了农业的发展。

(四)打造技术高地

在生产技术创新方面,齐河县致力于将齐河县打造为技术高地。2023年,由山东农业大学、德州市、齐河县三方合作共建的"现代农业产业园综合服务中心"基本建成。小麦育种全国重点实验室、山东农业大学德州(齐河)小麦产业研究院在此落地,主要面向国家粮食安全和种业振兴重大战略需求,围绕小麦"重要性状基因发掘与种质创新、育种技术创新、重大品种培育、绿色优质高产高效生产、高质量种子生产关键技术、精深加工、功能食品研发产业发展战略研究"7个主攻方向开展研究。该项目整合了中国农业大学、西北农林科技大学、中国科学院、中国农科院等国内小麦权威研究单位，由院士、国家杰青、长江学者、泰山学者领衔，组建500人规模的30个研发团队，通过相关项目的研究实施，搭建一批高水平的科技创新平台，创建科技成果转化基地，形成了一批引领产业发展的关键共性技术成果，助力齐河县创建全国第一个大面积"吨半粮"示范区和国家粮食生产创新中心，为农作物品种改良和创新提供了坚实基础。

（五）培训农业技术人员

此外，齐河县还注重在农业技术人员培训上发力，为粮食高产提供必要的专业技术支持。为提升粮食产量质量，齐河县在2022年举办了"潍柴雷沃杯"粮食机收减损技能大比武。这项活动通过提高机手作业质量和机具操作水平，成功将粮食收获环节的损失率降低至1%以下，全县各乡镇已广泛推广了全链条的节粮减损措施。另外，齐河县还在农机防灾救灾应急作业方面取得了重要成就，成为全国首家设立农机防灾救灾应急作业服务队的地区，这为农业生产的稳定和应急处理提供了有力支持。

通过上述种种努力与投入，使齐河县农业从各种涉农惠农补贴的投入、农业生产设施的更新与优化到粮种这一关键"芯片"的研发与落地等各个环节得以顺利推进，为进一步推动产能提升和粮食产业的可持续发展提供了源源不断的动力。

第三节 "粮王"评选与齐河农民的种粮信念

如果说,在齐河县粮食生产快速发展的过程中,齐河县政府对粮食生产能力建设发展的极大重视、跨部门跨层级的有效动员及不断完善的工作机制和保障机制共同构成了齐河县种粮的硬件设施,那么,以齐河县"粮王"评选活动为代表的评优活动,则极大地提升了"软件"运作的效率:50万农业人口的种粮积极性彻底被激发,受"粮王"头衔的吸引和良好的榜样力量激励,农民种粮的信心、决心得到了保护,粮食增产与农民增收的目标得到前所未有的统一,"谁来种粮"的问题在齐河大地上的答案呼之欲出——"政府日积月累地筑基投入"+"农民日益坚定的种粮信念"="齐河县连年的丰产丰收"。

一、真金白银评"粮王"

2011年开始,为挖掘粮食增产潜力,努力营造全社会重视粮食生产的良好氛围,齐河县组织开展"粮王"大赛活动,每年拿出不少于100万元开展"粮王"大赛活动,让种粮不仅有收入,还有荣誉和真金白银的奖励,从而进一步激发农民的种粮热情,提高农民的生产积极性。十几年,"粮王"这个名词早已在齐河农民心中打上了烙印,而"粮王"大赛无疑成为农民关注度极高的一场田地里的较量。

（一）声势浩大的"粮王"评选

作为农民种地"比武"的大擂台，"粮王"大赛由县农业农村局、县融媒体中心主办，活动得到了县委、县政府和齐河农民的高度重视。2011年6月，齐河县首届玉米"粮王"大赛启动，在政府动员、媒体宣传下，成功吸引了4000多户农户参加。当时，评选划分出北部（国道308以北）、中部（国道309与国道308之间）、南部（国道309以南）3个赛区，每个赛区各产生1名"粮王"、2名"种粮先锋"，在3名"粮王"中产生1名"种植状元"。此外，大赛对种植面积超过300亩的农户以及合作组织取总产前10名进行特殊奖励。参赛期间，通过电视台《田园金风》栏目，不定期地对玉米长势以及出现的实际情况进行全程的种植技术指导和跟踪报道。2011年12月，首届"粮王"大赛在公正的实打验收中落下帷幕，依据"种植面积、实收面积、鲜果穗总量、水分、出籽率、总产量"等数据构成的"粮王"大赛测产验收统计表，南部赛区马兰明单季玉米亩产769.2公斤，成为种粮状元，获得价值4998元的笔记本电脑1台和优质肥料1吨。

经过10多年的发展，"粮王"大赛的赛制更加完善、规则更加细化、范围和影响力越来越大，全县所有种粮农户、种粮大户及家庭农场合作社、农业龙头企业等新型农业经营主体均可报名参加。同时，政府的支持力度也越来越大，奖品十分有吸引力，凡是评上"粮王"，都有一枚纯金的奖牌。每年，"粮王"评选按"夏秋两季，两级评比"的原则组织实施，依据夏、秋两季测产结果，分别评出小麦"粮王"、玉米"粮王"、全年"粮王"及优秀农民专业合作社和种粮大户。2023年齐河县评选出1名"总粮王"、14名"粮王"、15

名"种粮能手"、20家新型农业经营主体。齐河县为他们颁发了奖金和证书。"两级评比"则是指分两个层次开展"粮王"大赛。秉持县乡两级联创,"乡有乡'粮王'、县有县'粮王'"的工作思路:一是在全县的各乡镇层面,都要组织开展本乡镇的"粮王"大赛活动,分季节遴选本乡镇具有冲击全县"粮王"潜力的农户,参加县级"粮王"大赛评选。二是县农业农村局要组织开展全县的"粮王"大赛活动。活动过程中,还会组织农业专家对各乡镇推荐的参赛农户进行全程技术指导,并由专家团队开展公平、公开、公正的测产,分季节遴选出具有冲击全市粮王潜力的种植户参加市级"粮王"大赛评选,接受市农业农村局组织专家开展的夏秋两季实打测产评选。"粮王"评选活动俨然已经成为每年两次粮食丰收外的又一次大型"丰收庆典"。

(二)参赛及评选流程

首先,由县里出台"粮王"大赛的实施方案和通知并下发至各个乡镇,以乡镇为单位进行报名和汇总,由种粮农户自主到乡镇报名,填写选手报名表,包括参赛地块方位、种植面积、种植品种、关键技术、预期产量、田间管理等内容,随后参加乡级"粮王"预选赛,参选乡镇"粮王"。在此过程中,乡镇会有意识地发动种粮户踊跃报名,尤其针对本乡镇科技示范户、种粮大户以及"吨半粮"产能核心区内种粮户等开展推荐和鼓励报名工作。

在预选赛的基础上,夏秋两季均按照不低于1个选手/万亩的比例推荐种粮能手、乡镇"粮王"1名。在初赛和初选中,乡镇要组织技术人员对报名农户进行田间初步预测,对长势较好、有望冲击粮食单产冠军的农户做好登记工作,及时上报,统一组织预选。参加县级"粮王"比赛的连片种植地块面积必须达到5亩以上,参加市级"粮王"的连片种植地块面积必须达到10亩以上。

县农业农村局负责分夏秋两季对辖区内报名的参赛地块粮食产量进行初测,根据初测结果,推荐具有冲击市、县"粮王"实力的种植户(小麦、玉米原则上为同一种植地块,小麦理论产量在600公斤,玉米理论产量在750公斤以上)参加实打,推选市、县"粮王"。

根据初选上报情况,接受市、县农业农村局组织的国家、省、市专家分夏秋两季进行实打,市、县电视台等新闻媒体全程跟踪报道并监督,产量结果最终排序,评选市、县"粮王"和"种粮能手"。根据夏秋两季产量结果,按照单产排序,前15名授予齐河县"粮王"荣誉称号,最终,第一名授予德州市2023年度"粮王"荣誉称号,前100名授予齐河县2023年度"种粮能手"荣誉称号。"粮王"大赛活动结束后,组委会将择期举行颁奖典礼,统一进行表彰奖励,对获奖种植户和组织单位颁发奖品和证书,其中,重复奖项发最高价值奖品,不设重复奖品。

(三)"粮王"成了家喻户晓的明星

开展"粮王"大赛的每个环节,都充分体现了齐河县委、县政府和农业农村局的重视程度。作为"培植亮点,整体提升"的重大活动,齐河县上下积极整合各类优势资源,在组织、宣传、技术等方面全面发力,动员一切社会力量,共同推进"粮王"大赛扎实有序开展。

其一,形成政府主导,各部门通力协作,多方参与的工作机制。县农业农村局负责制定活动的整体策划方案、竞赛规则,负责活动的安排、部署和发动,提供技术支持,组织实施专家测产、评比和总结、表彰。各乡镇皆成立了以乡镇长(党工委主任)为组长的"粮王"大赛领导小组,制定具体工作方案,明确相关单位职责,建立"粮王"大赛技术指导小组,搞好技术服务,确保各项关键技术措施落实到户到田。自德州市强调"吨半粮"创建以来,齐河县进一步明确"粮王"大赛的重要性,县农业农村局把"粮王"大赛活动纳入"吨半粮"创建年度综合考核。

其二,做好宣传工作,最大限度发动农民参与,营造浓厚的评选氛围。充分发挥电视、广播等大众媒体作用,利用科技赶集、发放明白纸等多种形式,全面宣传发动;重点发动种粮大户、科技带头户等报名参赛,力争全民知晓,广泛参与。县融媒体中心对"粮王"大赛进行全程跟踪报道,及时挖掘"粮王"大赛活动中涌现的典型经验,进行重点宣传。对制定出台的扶持粮食生产的政策措施进行重点报道,全力调动政府重农抓粮、农民务农种粮和农技人员科技兴粮的积极性,切实在全社会营造全员参与、共同推进的浓厚氛围。

其三,各级农技人员在扎实开展农技服务的基础上,重点加强对参加"粮王"大赛的农户技术指导和服务,全力培植不同层次的粮食高产典型。实行全程监管和服务,确保各类丰产增产技术措施落到实处。同时,立足农时节点,组织各级农技专家开展不同形式的技术讲座。

齐河县政府的努力扩大了活动的影响,让"粮王"获得了宝贵的尊重和认可,每年的比赛越发深入当地人心,而最终评选出的"粮王"在当地成了家喻户晓的明星。

2022年荣获齐河县"总粮王"的是焦庙镇种粮大户李建国,在颁奖典礼上其接受媒体采访表示,"我的心情非常激动,县里拿出真金白银来褒奖我们,突出了县委、县政府对农业的高度重视,也是对我们工作的充分肯定,同时,对我们更是一种鼓励和鞭策。下一步,我将再接再厉,多种粮、种好粮,通过提升农业机械化、智能化水平,推进农业标准化生产、提升粮食品质,为推进绿色优质高效现代化农业强县建设贡献自己的一份力量"。"粮王"赵金成也有同样的感受:"今天能获得'粮王'这个称号,我真是发自内心高兴,也非常自豪,这个荣誉称号是对我们农民的一种鼓励,也更加坚定了我今后要种好地、种好粮的决心和信心!"

上述两位"粮王"的名字在齐河县可谓是"响当当"——李建国曾多次获得"粮王"的称号,家里挂着分量不等的金牌。赵金成也不例外,2014年就获得了齐河县"粮王"大赛的冠军,荣获两部农用拖拉机、一台玉米播种耧。2015年还上了中央电视台一套《焦点访谈》栏目,过了把"电视明星"的瘾。这两位既是齐河县赫赫有名的种粮能手、齐河农民效仿和崇拜的对象,更是齐河县50万农业人口中的典型,代表着齐河县这座产粮大县的骄傲。

二、"粮王"的诞生记

"妇女能顶半边天",在齐河县,妇女不仅是粮食生产的深度参与者,更是"粮王"的有力竞争者。就在2022年度,齐河县诞生了一位女"粮王"。

(一)热爱土地,真下功夫

"要将快乐像花永远开着,希望所有的人都快乐……"轻松愉悦的铃声与朱学美脸上洋溢的笑容相映成趣。不承想,此次拜访的"粮王"是一位年轻貌美、略显羞涩的女中豪杰。

2023年3月30日14时41分是一个特殊的时刻,晏北街道柳官社区东高村的朱学美接到管理区主任的"神秘来电":

"给你发个短信,你看看,明天穿上正装。"

"哎呀!正装我正好没有!"

"你自己想想办法?"

"噢!外孙女应该有正装,我找她借借!"

挂了电话,朱学美匆忙打开聊天框,方得知这个巨大的"惊喜"。原来,主任发来喜讯,通知朱学美参加"县委农业农村工作会议暨绿色优质高效现代化农业强县建设推进大会"。这场大会对朱学美而言的"特殊性"在于县领导要为2022年度齐河"总粮王"、齐河"粮王"颁奖。由于会议要求领奖人着深色职业装,这才有了上述的一段对话。

与朱学美交流的一会儿工夫,她已经从手机相册中找寻到了当日颁奖的盛况:自己佩戴大红花和身挂"2022年齐河县种粮能手"绶带的照片、荣誉证书以及纯金的奖牌……这份荣誉是朱学美数十年扎根土地、起早贪黑、刻苦钻研的印证。显然,种田不仅是她的一份家业,也俨然成为她的一份事业,乃至铸成了一个不可磨灭的功勋。

"证书和奖牌是不是在家中都挂起来啦?"

"没有,放在柜子里呢。"

这正如见到朱学美的初次印象一样低调、含蓄且质朴。

朱学美属于齐河县农业大军中较为年轻的一员,年仅47周岁。丈夫在村里经营一家农资店,同时夫妻俩也对外提供社会化服务。由于要照顾家中年迈的老人,朱学美一直在家务农。所谓

"干一行爱一行,专一行精一行"。如今,朱学美成了家喻户晓的种粮大户。

对自己种植的土地,朱学美是真下功夫!从玉米出苗开始直至成熟期,朱学美每天4点多就起床,来到地里转上一大圈,看看长势,一晃至少2个多小时。"自从干上农业开始,一直都是这个点起床。"朱学美依旧害羞地笑答。

"起早贪黑往农田里钻"对朱学美而言不仅是一种习惯,也是一种责任。"小麦农忙时,有时候要忙到晚上3点。""浇地的时候五天四夜没有休息。""只要一有空,就上地里转转"……尽管只有只言片语,却足以展现朱学美对土地的辛苦付出。然而,她却丝毫不提"苦"字,反而在其身上尽显喜乐:"看着粮食苗壮成长,心里就喜洋洋的,很有成就感!"村民们经过朱学美的地,都会不禁赞叹:"哎呀!你看看,会种地吧!种得这么美!"说到这,朱学美脸上洋溢着幸福的笑容。

(二)抓住一切学习的机会

农业是个系统的工程,要想把地种得好、种得美,还真不是人人都能做到的。

自党中央强调农民培训以来,齐河县积极响应号召,组建县级师资库,筹备农民培训事宜,一开始,培训的农民规模就达到了两三百人,后来,随着新型职业农民的提出,培训趋于规范化、内容也愈加丰富,还增加了外出培训,培训的对象数量也增加到了六百余人。前期,相关工作人员会征集农民意愿,做一些摸排调研,针对不同类型的农户开展相应的课程安排,尽可能地让农民学有所得。每年,农广校根据省市下达的相关政策文件要求,制订县级实施方案,分配名额,然后下发至各个乡镇,由相关人员进行组织。每次培训,农广校都会租车去各个乡镇接上农民,前往培训基地,培训期间食宿全包。

"哎呀,又有培训可以去了!"自2013年朱学美尝到了农民培训的"甜头"以来,她便一发不可收拾地爱上了培训,有时,一个月就要参加许多次。还记得初次培训时,当朱学美听完专家普及的土地流转相关内容,内心激动不已,课后就积极实践,从10余户村民手中流转了100多亩的土地,成立合作社,开启了规模经营土地之路。之后,凡是听闻有培训,朱学美一定是村里第一个报名的,她也由此成了管理区眼中的学习积极分子。农闲时,朱学美甚至会主动打电话给负责农民培训的农广校校长,积极表达自己想去进一步学习的热切期盼。

"只有一次,管理区主任打电话通知我培训开始了,那次农资店特别忙,要卖肥料,是真的去不了。除此之外,每次培训我都没有落下。"

朱学美的手机相册是其学习的宝库,除自己网上学习的种田和管理等相关视频,还有很多历届培训所得的照片。每次专家授课,朱学美几乎一张不落地拍下了幻灯片,认真做了记录。课后,她还会积极添加专家的微信以便后续请教。朱学美感慨:"培训的内容越来越广了,老师讲课非常细致,近年来还有大户、合作社的成功经验分享,形式越来越多样了。"

培训期间组建的微信群也成为朱学美学习交流的一个重要渠道。此外,每次培训后,农广校会有一个跟踪服务,带农户外出学习先进经验,朱学美也因此和县外的农户建立了联系。

参与那么多次的培训,难免会有重复的内容,"重复的培训内容您也会去吗?"对这个问题,朱学美的脸上掠过一丝羞,但立马拍了一下大腿并无比真诚地说:"去啊,重复的也得去啊,多听听加深印象,不然记不住啊!"

当被问及家中有多少与农业相关的书籍时,朱学美认真思索片刻,却难以答上话来,害羞一笑,"哎呀,很多"!

尽管朱学美每次的回答都很朴素实在,但恰恰是这份略带执着的淳朴,让她得以脱颖而出:培训时学到的知识,绝大部分都会被她应用到田间地头上,对这种"学而时习之"最好的评分,就是每年丰产丰收的粮田和收成。不知不觉地,她从一名普通的农村妇女,成长为远近闻名的粮食种植专家。

(三)田间里的土专家

接近秋收之时,朱学美还在田间地头打药,其他农户很费解,甚至笑话她:"哎呀,都快收获了,你还打药",朱学美听了只是笑笑,没有说话。一场秋汛验证了朱学美的精准判断:很多农户的玉米倒了,而朱学美的土地里,玉米仍然屹立不倒。

此刻,朱学美俨然成为农户眼中的"土专家"。在见证了她的"实力"后,路上遇到的农户总是追问:"哎呀,这个棒子要不要除虫害?"

朱学美去他们田地里看,"挺轻的,不用管"。

"哎呀,我这个抗倒伏的可以打了吗?"

"可以了,可以打了,不打不行了。"

"下腰了就可以打了。你都弄多少年了还不知道呀?"

"我这玉米这么大,可以打除草剂吗?"

"我买了药了,你看看怎么打?"……

第五章 上下同心：新形势下县域社会中的"粮食共识"

这类问题数不胜数。有的人庄稼得病了，就拿着叶子来："唉，你看一下我这个怎么办？"

除了面对面指导，电话咨询也是络绎不绝。农忙时，朱学美从早上一起床就开始接听电话解答疑惑。有人在外打零工，但到了打药、收获等关键环节，就会打电话给朱学美请教："是不是该打药啦？我什么时候回来打合适？"

据朱学美称，最远去过平原县指导。2016年，朱学美通过农民培训认识了平原县的农户，建立了联系方式，"你过来看看，我这里打什么药？"到了第六天，又问她"怎么样？"过了一段时间，又给朱学美打电话，"你再来看看吧！"于是，朱学美三番五次提供上门服务，笑说"县里推行的农业跟踪服务延续到我这了。"

作为当地知名的种粮能手，每个季节向朱学美发来求助的村民估计有上百人，而朱学美也毫不吝啬，总是热情回应，积极把从农民培训班上习得的相关知识传授出去。只不过培训的时候学到的理论知识，在经过了她自己的实践论证之后，变成了更加难能可贵的、理论与实践相结合的经验。正因如此，朱学美已然成为当地农户眼中名副其实的"土专家"。

"粮王"朱学美是特殊而又普通的一位齐河农民，特殊之处在于其凭借自己刻苦钻研和脚踏实地创造了粮食高产的佳绩，夺得"粮王"的殊荣，成为周边村民学习的榜样；而谓其普通，则是因为朱学美是齐河农民的一个缩影——勤勤恳恳、精耕细作、对土地饱含深情，这样的农民在齐河数不胜数。在"谁来种粮"这样的宏大命题前，齐河县的千万个朱学美脸上绽放出质朴而灿烂的笑容。

三、齐河农民的种粮信念

（一）土地是农民最坚实的依靠

在齐河县这片广袤而肥沃的土地上，承载着丰收的希望，滋养着一代又一代的齐河人。这片土地不仅是收获的农田，更是农民的精神家园，承载着种粮信念，是他们最坚实的依靠。站在这片土地上，我们能够感受到农民对土地的深厚情感和无限留恋。据当地干部的描述，齐河县的土地流转率仅有40%，其中签订合同的流转率甚至只有15%，远低于其他市县。这反映出齐河农民对土地的情感扎根之深——他们更愿意亲手耕种、守护这片土地，而不轻易将其流转出去。从农民的口中，我们时常听到一种共识：除非实在没有时间经营或者年纪大了无法胜任，一般情况下他们是不愿意流转土地的。这种情感根植于世代的农耕传统，融入了他们的血脉与生活。

齐河县农业社会化服务的普及，为农民提供了更多的选择。通过"托管"或"半托管"的方式，农民能够降低不少人力成本，实现农业、零工和家庭的兼顾，普遍形成了半工半耕的生计模式。然而，不论是何种模式，农业始终是家庭经营中不可或缺的一部分。对老一代农民而言，"一分耕耘就有一分收获"，土地成为他们的"养老保险"。这片土地，承载了老一代农民的青春与汗水。他们在农田间奋斗了一辈子，用辛勤的劳动和智慧的耕耘，一次次创造了大丰收的奇迹。土地不仅赐予了他们物质财富，更赋予了他们自食其力、自给自足的尊严。有了这片土地，老一代农民在日常生活中不需要向子女伸手要钱，甚至在节假日还能慷慨地给孙辈包上一个红包。这份经济的支撑，不仅让他们安享晚年，更让他们在家庭中担当起长辈的角色,彰显着家族的尊严和责任,为子代的发展提供支持,为家族的延续添砖加瓦。因此,土地对子代而言,是推动其城市化的重要支撑和依靠。

齐河农民对土地是有感情的。这份深情,不仅在言语中表露,更在行动中得以彰显。例如,老夫妻俩平日里在上海帮子女照看孙辈,然而在农忙时节,他们毫不犹豫地乘坐高铁返乡,为了赶上收割的季节,他们支付着昂贵的车费,以实际行动捍卫着土地的价值。又如,有的子女已经大富大贵,拥有上千万的资产,但在丰收时依然回老家帮忙,这无疑是对土地的最真实的情感表达。像这样的例子数不胜数。正是有了农民的坚守和奉献,有了对土地情感的倾注与延续,这片土地才得以传承光大,成为齐河人心中最坚实的依靠。

(二)种多光荣,种少羞耻

天色刚蒙蒙亮,董大爷已经从睡梦中醒来,踏上了一天劳作的旅程。走在乡间小路上,清晨的空气清新宜人,微风拂过,带来的是田间土壤的阵阵清香。此刻,农村的一切都显得格外安宁,与自然融为一体。微弱的灯光照亮着前方,朦胧的田野逐渐显现出轮廓,董大爷已经习惯了这种规律的生活,戴上他那破旧的草帽,背上农具,走进他心爱的田地,细心地观察着庄稼的长势,判断是否需要施肥或防治病虫害。这片土地,是董大爷的家族代代相传的产业,是他父辈辛勤劳作的结晶。每一寸土地都熟悉得让人难以置信。董大爷精心照料着这片土地,将自己的爱与心血倾注其中。当庄稼渐渐长高、最终展露出金黄的麦穗,董大爷的脸上洋溢着满足且幸福的笑容。

黄河下游新农耕文明的齐河样态

对像董大爷这样的农民来说,土地不仅是他们生活的家园,也是他们辛勤劳作的见证,承载着他们对生活的美好憧憬和希望。于是,他们用心呵护这片土地,从清晨到日暮,日复一日,年复一年,直至人老力衰。或许他们无法用言语表达对土地的深情厚谊,只不过,日复一日在田里的默默耕耘,就足以表明对农耕生活的热爱。不仅是热爱,他们把种地视为一项光荣的事业,是对家乡的热爱和责任的体现。

谁种得好,谁种得差?二者产量差距多少?这些疑问对熟人社会中农民而言一清二楚。在齐河县,粮食高产被认为是一种光荣,种植能手成为大家赞叹和争相学习的对象;而产量低、管理不当的农户则被称为"懒汉",为此他们也会感到羞耻和难堪。可见,在齐河农民的心里存在一种农田里的较量:农户除对自身土地很上心以外,也会去其他人的田间地头看一看,学习和交流经验。例如,西高村56岁的张叔叔一直在家务农,看到长势好的庄稼,就会虚心请教"你这地庄稼长得那么好,什么时候上的肥料?用的什么化肥和农药?"因此,在张叔叔心里有份学习对象清单,通过比较他们的种地和田间管理情况,将其作为重要的参照。此外,关于谁家粗放式管理、谁一年到头只浇了一两次水、谁不怎么除草打药……张叔叔也基本上心里有数,坦言种田"懒汉"会被认为糟蹋土地,要被人耻笑。

在相互比较中,齐河农民展现出一种积极向上的动力。粮食大丰收意味着农民在农业生产中取得了优异的成绩,是对他们辛勤劳作的认可和鼓励,也激发了农民进一步投身到粮食生产中。相反,粮食没种好则会让农民感到羞耻和愧疚,在社会压力下更加用心地对待土地。一位农户将数十年的种粮经验总结为"人勤地不懒",这句简短的话语饱含着对勤劳耕作的认同和坚持。农民深知,只有用心耕耘,才能获得丰收的喜悦;只有对土地倾注真挚的情感,才能感受到大地的回报。种多光荣、种少羞耻业已成为齐河农民心中的准则。

(三)种地心里得有谱

种地是一门技艺。在齐河县,农民对土地的用心不仅表现为心理层面的重视,也体现在实践中对土地的付出和用心钻研。从播种到收获,其间要经历施肥、浇水、打药等各个环节,且不论天气状况多变,就连病虫的种类都多达上百种,化肥、农药的品种多得更是令人眼花缭乱,此外,还要精准到长庄稼长第几片叶子、多少高度进行打药……每个环节的时间把控、农药的种类和剂量、产品和机器的选择,这些都是摆在农户面前的问题。"种地心里得有谱,不能完全照搬别人,要看自己地里庄稼的长势,该管理就管理。"在农户口中时常听到上述这样的话语。的确,每一块土地都有其独特的特点,只有细致观察、精准判断,并根据土地的实际情况采取相应的管理措施,才能取得丰收的果实。这种精耕细作的理念,让农民对土地充满了敬畏之情,也让他们在种植过程中更加细心和用心。

这丰收的背后,既包括齐河农民自身对土地的上心和数十年种植经验的积累,也包含着在政府大力引导和投入下,新的种植技术和管理经验的有效推广,二者相互结合,实现了粮食的优质高产。农户深知,农业生产不断发展变化,新技术的应用能够提高产量和质量。因此,他们时刻关注着农业科技的最新进展,通过参加培训、观摩示范田、请教专家、购买新的机械等方式不断学习新知识和技能,将其应用到自己的田地中,取得了显著的效果。唯有不断学习、多交流请教,更新自己的知识储备,才能适应农业发展的需求,实现更好的农业生产,让种地变得更加有谱。例如,刘善村的73岁老人爱研究,买东西喜欢自己亲自去农资店,和农资店店主交流经验,根据自己的土地情况进行讨论。在他看来,向别人取经很重要,"不能总是自己想怎么种就怎么种,不过听别人的话,自己心里要琢磨人家是什么意思,而且也要看是什么人,有的人诚实,不会说谎"。除了与农资店店主交流,他也比较相信专家,有一次政府专家来村里上课,专门准备了问题去听讲和请教。针对专家反映的农民施肥难题,他讲了自己的一个处理方式,得到了专家的肯定。"火候"在他看来很重要,在打药、施肥、浇水等环节,不仅要精准把握时间,还要把握使用的种类,不花冤枉钱。像这位刘善村老人一样对土地钻研上心的农户不在少数,他们凭借钻研的精神,抓住各种交流学习的渠道,加之政府的各种技术推广和良种补贴,实现了齐河县农业领域长足的发展。

(四)子孙三代的"种田接力"

在齐河县的乡村,种田已经成为一项代代相传的家族事业,子孙三代接力,绵延不断。令人钦佩的是,在访问的农户中,几乎都是高龄农户,他们年过花甲,却依然在田间地头忙碌,75岁、77岁,甚至80岁的高龄农民们依旧精神矍铄地打药除草,展现出对农田的无尽热爱和奉献精神。这些年迈的农民,他们的背上沉甸甸地扛着岁月的痕迹,但心中却依然燃烧着对农业的热情。他们深知土地是农业生产的命脉,是家族血脉的延续,因此他们坚守在田间,用他们坚毅的信念和辛勤的汗水,维护着土地的生机与活力。

第五章 上下同心：新形势下县域社会中的"粮食共识"

他们是农村生产中的宝贵财富，是一张张岁月的名片，也是年轻一代的榜样和楷模。

家乡的土地是根植着情感的地方，也是维系代际关系的纽带。尽管年轻一代基本上已经实现城市化，在外工作繁忙，但农忙时几乎都会回家帮忙。年轻人的回归，让家乡的农田充满了活力，更让高龄农民深感欣慰和安慰，感受到了家族的传承和血脉的延续。更有年轻人扛起了农田的责任，投入农业发展与建设中，积极探索现代化农业技术，尝试新的种植方式和管理模式，用科技手段改进传统耕作以提高农田的产量和质量。他们用自己的实际行动诠释着对土地的热爱和对农业的坚持，展现了新时代农民的奋斗精神和创新意识。

在齐河县涌现出诸多子孙种田接力的鲜活故事。例如，有一位77岁的王大爷，家里有五口人，拥有15亩的农田，孙子刚刚大学毕业在晏城上班。王大爷骄傲地说："虽然孙子已经开始在城市里打拼，但每当家里需要干农活的时候，只要一个电话他就立即回来。"问及原因，大爷乐呵呵地说道："我们家教好。孩子也知道土地的重要性，回来种地不仅是孝顺老人，也是一份很重要的家业啊！"对如何打药、施肥，孙子已经熟练掌握，完全不在话下。这无疑是令人欣喜的，种田在齐河县后继有人。这片土壤在年轻血液的投入中将焕发出新的生机和活力，继续孕育着丰收和希望。年轻人的种田之路，是对土地的传承，更是对乡土情怀的真切诠释，他们坚定着农耕文明的脚步，为家乡农业的发展贡献着青春和热血。

（五）一首未完的"齐河农曲"

当四大文明古国中的其他三者消散在历史长河中，人们对其的印象也随之模糊。而当提起中华文明，在经历了五千年漫长的风雨侵蚀之后，她的形象不可思议地随着脚下的土地变得越发清晰起来。

自古以来，中国就是农耕文明的代表之一。种粮，始终是中国传统文化的重要组成部分。土生土长的中国农民，从小就浸润在春种秋收的农耕文明里，深受朴素的"一分耕耘一分收获"价值观的熏陶和影响，没有人比他们更清楚土地的重要性和农业的深远意义。种粮对他们而言，与其说是一门手艺、一种生产技能和生活方式，不如说是一脉文化认同，是数千年的历史积淀和精神传承。

当我们把目光转向齐河大地，这里的土地承载着的绝不仅是关于种子、灌溉、除草除虫、施肥的集体记忆：黄河流经此地，与日月星辰共同见证着人们的辛勤劳作，而当地农民通过种粮，践行着祖辈的智慧和经验，并在不经意间完成了农耕文明代代相传，民族精神也由此得以赓续和拓展。

通过"吨半粮"，我们得以重新认识齐河农民，在他们身上，我们看到了一种珍贵的精神财富和文化宝藏，也看到了一份深深的感恩和责任担当。他们是农耕文明的亲历者、见证者，是各自家族的经营者、传承者，是农业事业的追求者、守望者。粮食种植，不仅是农民重要的生计来源，更早已内化为其心中的图腾。他们终其一生写就的关于"种粮"的故事，读起来或许枯燥，却是对"种好粮"和"粮食安全"最好的注解。

第五章 上下同心:新形势下县域社会中的"粮食共识"

"吨半粮"所蕴藏的,是齐河人民对美好生活的向往,而在建设"吨半粮"生产能力的路上,他们不曾停下的脚步是如此笃定和坚持,以至于当我们看到这一串串脚印,内心忍不住涌起最炙热的敬意:这是国家的引导,更是齐河县的选择。

第六章　让齐河农耕文明展现新的魅力

　　前面的章节介绍了齐河农耕文明的新形态,农业拥抱了现代科技,农民发展了新家计模式,各种生产经营主体借助社会化服务体系搭起了新双层经营模式,政府上下也在新的形势下形成了新的粮食共识。那么,这样的新的农耕文明对现代人尤其城市人意味着什么呢,它除了意味着更多更好的食物,还有什么可以打动人心吗?

第一节　让城市发现乡村之美

一、天人合一的自然

　　乡村之美首先是自然之美。

　　华北大平原上的自然是天人合一的。齐河县的乡村一马平川,上千平方千米的地面上,坡度只有几千分之一,这不仅仅是自然之力,也是万千年来人类的努力。自然之道与人类心愿紧密地融合起来,使天地之美质朴而亲切,它当然也能吸引人。

第六章 让齐河农耕文明展现新的魅力

齐河县的乡村旅游是从黄河边上开始的,它是当时县委、县政府的先见之明。2008年,预留作为泄洪区的"黄河二道坝"解封,拉开了齐河县旅游业也是乡村旅游业的正式开篇。在讨论如何开发这块面积63平方千米的风水宝地时,县委、县政府决定在这块与济南市隔河相望的处女地上大力发展旅游业,建设黄河生态城。不然的话,这里完全可以变成一片工业园区或者住宅区。这使我们再次看到自然之美背后的人力因素。从2011年泉城海洋极地世界建成,到2014年泉城欧乐堡梦幻世界开业,2017年泉城欧乐堡水上世界投入运营,再到2020年泉城欧乐堡动物王国开园,以及中国驿·泉城中华饮食文化小镇、黄河文化博物馆等龙头项目的接踵落地,黄河国际生态城实现了从"一个项目、一条路"到"一个集群、一大板块"的华丽嬗变。

由于疫情的影响,黄河生态城的旅游业经历了一个高开低走的过程,还在缓慢地重新启动过程中。但是,政府与旅游资本的选择揭示了齐河县的新定位。齐河县在行政上属于德州市的一个偏远县,这里能够成为山东省旅游大县,就因为它不仅在地理上,也在经济和生活上属于济南大都市的近郊区。能够发现齐河县乡村之美的来客不仅出自本地县城,更是来自省城济南,又由于济南市的交通便利可能吸引到更加远处的人。

在齐河县北部的安头乡有一块黄河泥沙淤积地,面积2600亩,总部在济南市的山东昌润生态农业有限公司2012年在这里开发了昌润致中和有机农场,秉承"自然之道、天人合一"的理念,生产各种有机果蔬,也开展传统文化培训、健康养生培训、青少年文化夏令营、团队管理培训等活动。我们去调研的时候,正有一队年轻人在树林里体验军事训练。开阔地上的玉米按规定套种了大豆,还有数十个面积1000平方米的大棚。在旺季的时候,每天能有数百人到这里做各种体验,同时消费了大量的特色产品。如果说齐河县的乡村之美首先是天人合一的自然之美,致中和农场应该是一个典型的代表。

二、乡村是一种生活方式

乡村之美也是乡村生活方式之美。城市社会学家说城市意味着一种生活方式,这句话的前提是乡村是另外一种生活方式。

今天,城里人尽可以享受到乡村生活,实现个人与家庭的城乡融合。这种城乡融合可以是一天之中的,比如,早出晚归,将就业和住宿分别布置在城乡两处;可以是一周之中的,在城市工作和常住,周末回到老家看望家人,帮助做家务和农活;也可以是一年之中的,在节假日回到家乡,看望亲友,参加各种仪式;也可以是一生之中的,多年的打拼之后,无法或不愿留在城市,重返田园和村社。这样的城乡往返,并不仅限于职场和故乡之间,今天的乡村已经开放到可以欢迎任何一个外来的人。

在赵官镇的大徐村,有一对济南市来的夫妻花了10多万元装修了一套农家大院,在面积300多平方米的院子,花草、蔬菜、鱼池、亭子和花间小径,还有一个大照壁,几乎是城里人想要的所有乡村标配,房客老陈都在这个院子里集齐了。他们在这里已经住了大半年,暑假把孙子们都拉过来一起住。这种民宿和我们在江浙一带看到的高端旅馆式"宿"一晚两晚就走的民宿还不同,它是一种"住"了不走的"民住",是宅基地使用权交易的一种形式。发展各种各样的民宿是赵官镇正在努力的一个方向。

在各种形式的民宿中,给我们带来的一个思考是,乡村将要成为谁的乡村。它是只能属于出生在这里的人,还是说也可以属于任何喜欢这里的人。就目前而言,它主要属于出生在这里的人。但是,在我们走过的村庄里,户籍人口中常住人口的占比通常不到1/2,还有一定比例的房屋空关了。房主和他们的后代是否对这个房屋有着长远的打算,或许可以从屋顶上看出来。近年来,齐河农民与其他地区一样,会以一种很简陋的方式加固屋顶,也就是在屋顶上覆盖彩钢板,防止房屋漏水和倒塌。这样的房屋大多数也是有人居住的,但这种处理方式也代表了他们不想或者无力进行深度的修缮。而齐河县的农家住宅如果没有深度的修缮,它提供的生活品质与城市住房之间的距离是比较大的,而且越拉越大。

乡村生活的美将会属于两种人,一种是无法或不愿意享受城市生活之美的人,比如,他们一直在家务农,然后在乡村老去;另一种是既有能力享受城市生活之美,也有能力享受乡村生活之美的人,他们可以获得农家大院的长期或短期的使用权。

三、多姿多彩的乡村文物

乡村之美也是乡村的文物之美。

乡村有风物,指的是各种土特产,更有文物,千百年的人来人往,留下了各种各样的精彩。

赵官镇的孟家大院是出人才的地方,曾经一门三进士,这种人才培养密度,在华北地区属于比较罕见的情况。在民国时期,孟家人积极参加了各种革命运动。孟家出过一个国民党的重要人物孟某某,他参加过国民党一大,是这次会议上的六位山东省代表之一。孟某某提携了本镇大马头村的一位年轻乡党,也就是后来成为抗日名将的李将军,李将军先后参加过居庸关长城抗战、忻口会战、徐州会战、武汉会战、枣宜会战、豫中会战等12次大的会战。孟家大院的另一个重要人物孟若玄参加了共产党,在孟家大院成立了黄河以西地区第一个党组织——中共河北特别支部。

站在厚重精美的孟家会客厅,感受齐河县的耕读传奇,遥想曾经的诗书家礼和大革命时期的风云激荡,孟家人既得名利之盛,也得风气之先,虽然事关个人功名,但也确实饱含了家国之念。社会精英人物的所思所想与一般百姓还是有很大的不同,但他们也都生长于同一片乡土。今天,普通的百姓也能走进孟家的会客厅,参观各种展览。这样的文物增加了乡村的深度,也增加了往来者的精神世界的厚度。

2023年,安头乡的后仁里村入选第二批山东省红色文化特色村。山东省最早的一个农村党支部就出在这个村!1924年春天,山东省早期共产党员贾迺甫在家乡成立了后里仁村党支部,党支部直属中共济南地方执行委员会领导。支部成立后,贾迺甫放手发动农民运动,组织农民抗粮抗捐、拉神扒庙、提高工资、男子剪辫、女人放足等一系列反封建反军阀反剥削的革命活动。这个支部是山东省农村党组织的第一支星星之火,山东省农村的党员人数从几人发展到今天的数以百万,故事正是要从后里仁村说起。今天,这里建立起了"后里仁庄党史学习教育基地"。展馆占地不大,信息量不小,讲清了山东省尤其齐河县党建的简史。

这个教育基地的展馆建设,也能给人留下深刻的印象。展览馆就建在村边上,隔壁就是农家大院,展览馆的屋顶和隔壁农宅正房差不多高。山东省村庄里的民宅的屋脊高度受到各村村规民约的限定,党史馆也不能突破这个村规。这是一个很好的寓意,党建就要入乡随俗,方能长远。村干部也在展览馆边上的一个偏房里办公,减少了房屋的闲置。在展览馆的外面,修了两个红色的新式凉亭或雕塑,现在成了老人们闲坐聊天的场所。这种高度的融入感,让人安心。笔者看了太多的高大上的党史学习教育基地,对"高大上"已经有点审美疲劳了,齐河县后里仁村的这个教育基地,算是扎下了根。

第二节　在现代发扬村社之美

一、尚存的礼仪之邦

山东人比较讲究"礼",这是山东人生活方式中的特点。最受全国网友关注的例子是他们的磕头式拜年礼。这种古老的礼节能够穿越一波波的时代巨变保留到现在,是一种非物质文化遗产的奇迹。另外一种注重礼节的场合是宴请,有一种说法是山东人宴客有点像是开会,程序比较固定,主次非常鲜明。山东人还非常注重葬礼,齐河县的每个村都建立了红白理事会,集体经济比较发达的村会给红白理事会的成员发补贴。家里有人去世,首先向村党支部书记报丧,然后村党支部书记组织村干部和红白理事会搞好全程安排,有板有眼,主家几乎不用操心。虽然,这些礼仪也在衰退中,相比而言,山东省的礼仪衰败还是相对慢一些。在齐河县,北部乡村受到城市的影响更大一些,南部乡村的农耕色彩更加浓厚,传统礼仪也保存得相对完整一些。

张士闪是山东省《民俗研究》杂志的主编,他在解释为什么山东省农村的民俗比较丰富时,提出的一种解释就是山东省的自然村比较大，大村庄需要更多的机制来协调人际关系，这些机制既是"俗"，也是"礼"，总体上是以礼入俗，礼俗互动。

在重视面子也重视礼节的地方，人比较本分，显得敦厚。齐河人在解释磕头拜年的好处时，通常都会说道，平时有矛盾的人，经过这么一拜，也就冰释前嫌了。我们也能理解为什么山东省的农村村庄规划能够做得这么好，真正是普遍做到了屋舍俨然。也能理解为什么山东省的计划生育工作能够做得这么好，农村人口出生率是华北各省市最低的。不为人们所注意的是，在调田盛行的山东省，关于土地承包与流转的纠纷数量反而是很低的（见图6-1）。民风敦厚，所以能治理有效。

图中的数据分布很有规律性，体现了两个变量的重要性：一个是文化区域，不同文化区域发生土地相关纠纷的可能性是有差异的；另一个是社会转型的深度，在同一文化区域内，越是靠近经济发达地区越是容易发生土地相关纠纷。

礼节很重要与能够维持礼节的生命力是两回事。一般认为，山东人还能这么重视礼节与这里是孔孟的家乡有关，儒家文化传统比别处更加深厚。这种解释是有道理的。在晏北街道东高村调研时，我们有幸拜访了退休在家的中学校长奚兴华老师。奚校长对国学很有研究，齐河县党校也曾请他到党校给干部上课。奚校长自己对国学是身体力行，每年都要给长辈拜年，也给自己在世的老师拜年。他的儿子在湖南省机关工作，回家来过年，今年大年初二，各种礼毕之后，父亲给他开讲"大学之道，在明明德，在亲民，在止于至善"，仅第一个"大"字，就讲了一个上午。大者无形，大者无外，何为大？何以为大？古人何以为大？今人又如何为大？我们坐在奚校长高敞的堂屋里，顿感古意森然。奚校长的三个小

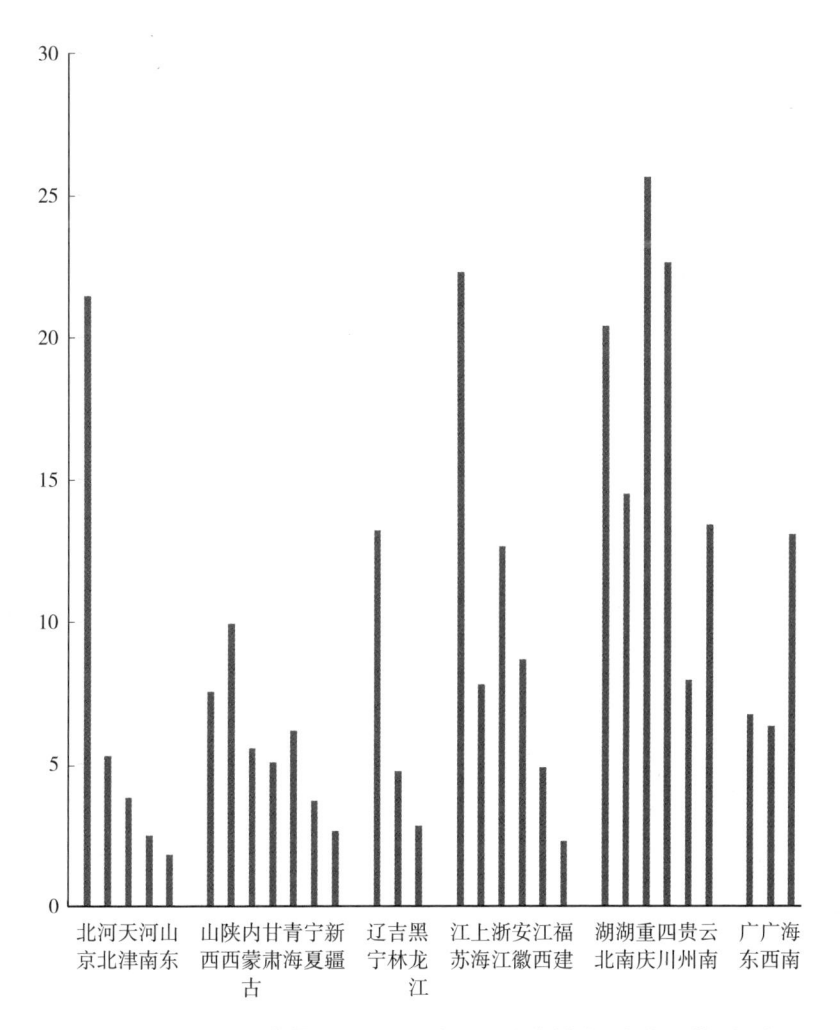

图 6-1　2016—2020 年不同文化区域每万亩集体耕地承包与流转纠纷数

资料来源：原农业部农村经济体制与经营管理司、原农业部农村合作经济经营管理总站编的 2016—2020 年的《农村经营管理统计年报》，中国农业出版社。

孙辈在堂前嬉闹，奚校长坚决不让他们在城里补课，就是要让他们在一起玩耍。此时，稍微年长的一位男孩受到两位弟妹的攻击，他手持木枪，在拿捏攻防的分寸，踌躇再三，所谓的礼大概就是这样生发出来的。

山东省的自然村治理得好，与山东省以自然村为行政村是分不开的。在中国的山东省、河北省、天津市、北京市和山西省等地不仅是编户齐民的,也是编村齐民的。在齐河县,即使只有几十户的小村,也一定有一个村支书,一个辅助村支书的文书,还有两三个村"两委"委员。他们都是通过投票海选出来的,同时也基本是符合组织意愿的,两者的成功结合体现的是齐河基层党建工作的功力。

传统文化博大精深,可惜的是,我们既没有说清楚它,也没有很好地传承和发扬它。齐河人的生活方式能给我们提供些许启示吗?

二、融入城市的自治传统

"三治融合"被认为是乡村治理的一种理想模式或境界,这"三治"指的是自治、法治和德治。

就自治而言,它是村民与村级组织依靠自己的力量解决问题;就德治而言,齐河县的德治指的不是"小事不出村"的息讼逻辑,而是指向了"无讼"。统一的村庄规划,让每家的宅基地都一模一样,这就是一种"无讼"的做法。调田也是如此,让每个有条件的人都占有一样的土地面积,而且定期举行,人人都可以拥有,或者可以期待拥有,这也是一种真正的"无讼"之治。然后就是高度重视拜年与红白喜事等礼节,重大礼仪都是举村行动。这些集体行动反复发生,人际关系的秩序不断地得到了再生产,所以说,这是一种追求"无讼"的乡村礼治。

包含礼治的自治传统依托于集体土地所有制、自然村治理、规整的聚落形态和村落的宗族性而存在,一旦村落被动迁,农民上了楼,这种自治传统还能维持吗?

第六章 让齐河农耕文明展现新的魅力

根据是否上楼、是否进城和归并村的数量,以及我们调查所收集的资料,可以将齐河县的村落归并区分为四种情况,第一种是不进城、不上楼、平移式的多村归并,第二种是不进城的单村集中上楼,第三种是不进城的多村集中上楼,第四种是进城的多村集中上楼。逻辑上还有其他多种形态,但我们的调查没有接触到。前两种的归并对既有治理模式的影响很小。即使多村平移集中,各村之间也是界限明确的,没有打乱人们的基本空间概念;如果单村集中上楼,只是改变了原来的村民组界限,依然还是本村人住在一起,空间压缩反而有助于交流。第三种不进城的多村集中上楼的做法在齐河县比较常见,它一般是将同一个"管理区"的各村归并在一起,同时,各村村民依然是与本村村民靠近居住的。转型力度最大的,应该是进城的多村集中上楼居住。在这样的新型大社区里,传统的治理资源还是得到了尽可能的发掘与尊重。

尊重民情是齐河农民集中居住的一个明显的特点。从治理的角度来看问题,将原来的村民集中在一起,还是将他们打散开来,取决于政府对治理形势的认知。将原村民集中在一起可以更好地发挥原来村级组织和村集体的治理能力,将原村民打散是担心村民集中在一起可能发生集体抗争或者不利于市民化转型。如果依赖于原来村级组织和村集体治理能力,且信任这种治理能力的话,才会选择尽可能地尊重民情,将原村民集中在一起。在齐河县的四种集中居住形式中,都采取了这一做法。采取了这种做法,一个好处是可以尽可能地调动熟人社区内部的社会资本,实现居民自治,降低治理成本。

我们调研的阳光社区位于齐河县经济开发区范围内,已经属于齐河县城的建成区。阳光社区是一个大型的连片集中居住区,居民3228户,11160人。作为一个城乡接合部或者城市近郊的大型社区,它的内部组成是十分复杂的,这是阳光社区给我们留下的第一印象(见表6-1)。

表6-1 阳光社区各小区(村)人口情况

社区分类	小区性质	小区名称	实际户数(应入住户数)(户)	实际人口数(人)
城市社区	商品房小区	开泰家园	1730(1753)	5962
	企业家属楼	江河小区	404(412)	1436
	回迁商品房小区	北孙小区	126(156)	545
	项目家属楼	项目家属楼		
农村社区(开泰社区)	—	大费村	不详	886
		福王村	不详	600余
		王老实村	不详	650
		贾庄村	不详	670
		双庙宋村	不详	270
		王良村	不详	125

资料来源:根据实地调研资料整理。

首先,分成城市社区部分和农村社区部分。其次,在城市社区部分中包含有5个小区:开泰家园、江河小区、北孙小区、项目家属楼和车站小区里的三栋楼。最早的小区建设于2009年,最晚的开泰家园建设于2014年。这部分社区本来是独立的城市社区,名为铁北社区,在和农村社区合并后改称阳光社区。其中,开泰家园属于纯粹的商品房小区,江河小区属于企业家属院,北孙小区属于北孙村的回迁房,项目家属楼属于单位大院,车站小区里的三栋楼居住的是回迁村民。最后,在农村社区里上楼居住的村民来自6个

第六章 让齐河农耕文明展现新的魅力

村：大费村、福王村、王老实村、贾庄村、双庙宋村和王良村。它们在2009—2014年完成动迁。农村社区的这六个村原本都属于同一个农村片区，即开泰社区。在上楼之后，各村村民各自居住在一起，甚至在楼下有一标牌，比如，"福王村"，意思指这栋楼里居住的是福王村的村民。各村的几栋楼中间，修了一个各村的小广场，这个小广场就由各村自己打理，所以装修的情况是有差异的，有的小广场铺了大理石，有的还是水泥地，一看就不一样。

给我们留下最深刻印象的恰是他们口中的"自治"。这里的自治有两种内涵：第一，采取了一种十分务实的治理思路，尽量发挥自有的治理机制，不轻易转变成统一的城市化的居民区治理机制。社区建设主要体现在公共服务上，而不是体现在把原来的村民或企业家属改造成某种"市民"。第二，这里的自治不是社会转型和利益分化之后的少数服从多数，或者矛盾已经出现之后的小事不出村，而是一种不轻易表达不同意见的互谅互解。

治理思路的务实体现为治理机制的高度灵活。在阳光社区所管辖的5个小区和6个村中，只有开泰家园是聘请了物业公司的，居民需要缴纳物业费。其他小区都没有物业费。江河小区是企业家属院，继续由原来的企业承担物业相关职能。北孙小区继续由原来的北孙村提供服务。项目家属楼的物业由居民自治。而农村社区六个村都是由各村自己解决物业问题，而且，各个村由于集体经济实力的差异、村庄规模的差异或者当初分房方式的差异，具体的治理机制也有差异。

之所以阳光社区的干部可以驾驭这样大规模和高度异质性的社区，主要的原因是11个村或小区中的10个村或小区都是高度自治的，也就是自负其责。如果这11个村或小区都是需要社区干部亲自治理的,那么,阳光社区的 18 个社区干部肯定忙不过来。真正需要社区干部全神贯注的恰是最具有城市社区特色的开泰家园。

开泰家园规模很大,1730 户,97 个单元,常住人口 5960 人。虽然有物业费,但收费很低,多层住宅是一平方米 6 角,高层是一平方米 8 角,这个水平即便在齐河县也是很低的。与此同时,停车位严重不足,开发商为了提高容积率,没有留下足够的停车位,目前缺少 1000 多个车位。与此同时,小区门口的道闸还不能进行车辆识别,无法阻止外来车辆进小区停车。如果不能实现更高水平的也就是制度化的自治,这个小区的物业管理将无法提升,甚至难以持续。

就目前而言,情况还不是很紧迫,房屋的破损尚不严重,尤其是民风尚有几分淳朴。实际上,居民的相互体谅也是这种超级社区可以运转下去的基本条件。即便是开泰家园,居民之间也能够相互体谅。小区有物业公司却没有业主委员会,实际上是社区代行了业主委员会的职责。如果需要动用维修基金,社区则发动党支部或网格员去找各个楼栋的居民签字,完成征询程序。目前进行过一次动用维修基金的修缮工程,据说,在征询过程中也没有人投反对票。

在那些没有物业公司的小区或者村里,还有另外一种特别的互相体谅。比如:楼道的保洁可以是居民自己解决的。楼上每一层楼的居民都往下扫一层,比如:六楼的扫到五楼,然后五楼的扫到四楼,以此类推。到了一楼,如果有明显的垃圾,就收集到楼外的垃圾桶里去。这种结果是减少了人力雇佣。

之所以可以这样做,与这些小区或村里的居民之间还保留了一种相互体谅的风气有关。特别是有的村在分房的时候,依然按照原来村里的门牌号分房,结果,居住在同一栋楼里的可能就是一个家族的或者就是兄弟。因此,这种楼栋自治的基础非常坚实。有时候有人将房屋出租,租客不习惯这种卫生自治,在经过劝导之后,大部分也能入乡随俗。但是,也有不能坚持卫生自治的村,结果就由村里聘请保洁员。

在上楼之后,有的村还坚持了多年的集体拜年的习俗,这几年由于疫情的限制,这个习俗趋于中断。大费村从一上楼开始就中断了集体拜年的习俗,但是开泰社区建设占有的地盘属于原来大费村的,大费村保留了一块20亩的菜地,每家每户都有一块小菜园。在菜地里的劳动和收获之后的销售使大费村的村民之间保持着较高的联系频率。村党支部书记认为,这种经常见面非常重要。

三、村庄发展的新前景

在华北大平原上落实乡村振兴战略有它特殊的难点。乡村振兴的核心是产业振兴和生活富裕,直接表现是生态宜居,最终体现是治理有效和乡风文明。齐河县有它的优势,前面已经详细讨论过。但是在大平原上发展乡村产业却是很难,如果要发展非农产业,就会遭遇空间与人才的短缺,平原地区的建设用地指标尤其紧缺;如果想要发展旅游业,景观资源不如山区丰富;即使是发展种植业,基本农田的用途控制也限制了产业类型。这些困难意味着乡村振兴的内生动力严重不足,使乡村振兴高度依赖于城市的发展与带动。

齐河县的城乡关系至少是两个层次的,即济南市与齐河县城一起影响了齐河乡村的发展。自2000年以后进入城镇化高潮期以来,齐河县的城乡关系经历过两个阶段,齐河县乡村发展也呈现出两种前途。这两个阶段分别是城市发展的集中阶段与城市发展的分散阶段。在第一个阶段,乡村的发展权被尽可能地上收到城市,共同富裕只能在全区域范围内统筹谋划;在第二个阶段,城市的发展权部分地分散到乡村,为乡村振兴和村庄内部的共同富裕带来新的契机。

城市的发展并不是只有不断集中这一个趋势,如同人的呼吸一样,城市发展过程中既有集中的趋势,也有分散的趋势。最典型的例子就是既有集中为主的城市化,也有分散为主的逆城市化。在当前的中国,逆城市化的趋势比较弱,但是也存在中国特色的分散趋势。

在城市化的高潮期,城市发展以集中为主,这种集中对乡村发展的影响体现为"三个集中":工业向园区集中,人口向城镇集中,耕地向规模集中。随着工业向园区集中以及人口向城镇的集中,城市的工业区和建成区不断膨胀,占用耕地越来越多。国家为了保护耕地,就要求耕地占补平衡以及建设用地的增减挂钩,由此形成了城市与乡村在发展空间上的零和博弈,乡村发展必须为城市让步。最直观的结果就是村庄归并和农民上楼,一村一社区或者多村一社区。如果完成了农村社区建设,至少就实现了生态宜居,明显地改善了齐河农民的居住条件。

齐河县曾经在全县 1016 个行政村中,规划建设农村社区 87 个,涉及村庄 352 个。至 2019 年年底共建成、在建社区 57 个,已搬迁入住村庄 162 个,准备搬迁村庄 63 个,涉及群众 2.5 万户。在其中比较大的社区,基础设施配套全部达到"五化八通八有"标准。这些标准指的是:社区环境方面要做到硬化、绿化、亮化、净化、美化;市政基础设施方面要做到通水、通电、通暖、通气、通油路、通宽带、通电话、通有线电视,且要科学排放污水、合理排放利用雨水;公共服务设施方面要按相关标准规划建设幼儿园、小学、敬老院、卫生室、警务室、超市、中心广场、社区服务中心。那么,很显然,这些条件中的大部分在目前大多数的齐河县村庄中还不具备,所以,农村社区建设可以视为乡村振兴的一条路径。

这条路径的落实是以工业化和城镇化的持续推进为前提的,只有当城镇需要建设用地而农村能够通过宅基地归并提供建设用地的时候,这种城乡交换才能兑现。国家推动了"三区三线"的划定,"三区"即农业、生态、城镇三个功能区,"三线"即永久基本农田、生态保护红线和城镇开发边界。"三区三线"的划定写进了2021年版的《中华人民共和国土地管理法实施条例》,通过卫星信息技术严格执行。村庄中是可以形成富余的建设用地的,而工业化的发展确实也是需要建设用地的,问题就在于能否让村庄自己来开发自己的建设用地。在理论上,这是可行的,因为随着"三区三线"的划定,城市开发区对开发区内建设用地的亩均效益更加敏感,更加不能接受亩均效益低的企业,这些企业就只能寻找可以接受自己的新场所,这样的场所就有可能在村庄内部产生。

我们在毛官周村和谭策屯村都看到了这种新的实践。尤其是以谭策屯村最为典型,该村被誉为齐河县乡村振兴的"领舞者"。2017年以前,谭策屯村已经被纳入齐河县经济开发区的建设规划中,位于开发区的最边缘,将来可能要被动迁,村庄的自主发展停滞。随着政策的改变,谭策屯村努力调整了规划,将自己从开发区的统一建设规划中退出来,寻找自主发展之路。2017年,村党支部刘书记带领村党支部创办了谭策屯村土地股份合作社,全村

680亩土地全部入股,建设蔬菜水果大棚和生态鸭养殖项目。这一开始仅是一个农业发展项目。村党支部书记对农户承诺,要让每一户从土地上得到的收益都不减反增。但是,如果仅搞农业,要兑现这个目标是有很大难度的。通过政府组织村支书到浙江去学习,刘书记开始谋划开发村庄的建设用地。这个村首先是制定了一个村级发展规划,获得上级批准。然后根据这个蓝图,盘活全村闲置的30多处宅院,进行宅基地归并,建成20000平方米的高标准库房和5000吨位的冷库,实现资源变资产、资产变资本,年村集体收益突破300万元,全体村民增收240万元。这个做法的成功背后是一种发展权的分配,开发区将一部分发展权让渡或返还给了谭策屯村。这个做法在毛官周村得到了复制,该村将开发区的一块边角地变成了库房和厂房。

将一种理论上的可能变成现实,需要很多的条件。除大形势的改变形成的乡村发展新机会,更多的条件需要村庄自己来满足。动迁农民的住宅,需要得到农民的支持;筹集资金,需要富裕村民的信任;更为特别的是,谭策屯村还在这个计划中注入了先富带动后富的考量,让出资较少的小散户得到比大户更高的投资回报率。一开始是所有的利润在大户与散户之间按五五分成,也就是出资10万元以上的大户们共分得全部利润的50%,而他们的出资占比达到95%。在启动第二期时,为了激发大户的投资积极性,这个分配比例改成了大户获得利润的75%。这也仍然是一个偏向散户的分配方案。

在这两个村的故事里,我们看到了社会资本对乡村振兴的重要意义,也看到了从有效治理转化成共同富裕的齐河之路。齐河县的村社传统中内含的集体精神,再次变成了集体财富。从此,农民的宅基地就不必单调地变成农田里的公寓社区,其实这些房子多数还是要空关,摇身一变成为村庄的发展空间。实际上,早在20世纪八九十年代,当江南的镇域集体经济全面压倒了村域集体经济的时候,山东省的村域集体经济就完全超越了镇域集体经济。如果这种新的村域集体经济之路可以走通,山东省的农村集体经济有可能进入一个新的时代。

第三节 让农业释放创造之美

本书的序言中说到对农耕文明的理解时,提到农耕文明包括三个方面:农耕本身的文明、促进了农耕的文明和农耕促进的文明。本书囿于学识有限以及和在丛书中的分工,主要讨论的是后两个部分的社会层面。但是,在我们讨论农耕文明的前景时,确实要注意到农耕文明的核心始终是农耕自身的文明,是农业生产力的层面。在生产力、生产关系和上层建筑之间,生产力始终是更加能动和更有创造性的部分。但是,如果没有适当的生产关系和上层建筑,生产力的创造性就不能充分地释放出来。

一、如何稳定经营权

无论是种粮食还是多种经营,都需要有稳定的经营权,相比而言,从事多种经营更加需要稳定的经营权。那么,在土地集体所有制下,如何才能确保经营权的稳定性?

经营权分为四种:承包经营权、流转经营权(包括从农户流转,从集体拍卖等)、集体的直接经营权和其他经营权(如自己开荒的地或自留地)。其中最为稳定的是承包经营权,这是国家法律和政策重点保护的对象,其次是在自留地或者自开地上建立的其他经营权,再次是流转经营权,其中,也要区分开始是否签订了合同,一般而言,有合同的要比没有合同的更稳定一些。集体的直接经营权有可能变换成流转经营权,这取决于村干部的决策或上级政策。

我们能够看到一种理想化地权结构的轮廓:第一,以家庭经营制度为基本经营制度;第二,在依法、自愿和有偿的原则下适量地推动适度的规模化经营;第三,实现大中小的合理搭配,形成合理的农业生产经营体系和农业市场体系。就齐河县而言,齐河县目前的地权结构总体上还位于这个理想轮廓之中,但是挑战不小。

就家庭经营制度的稳定性而言,我们可以做一个估计。全县129万亩耕地中,有100.11万亩是承包到户的,实际经营户的数量很难有准确的统计,根据农业农村局的《农经年报》,2022年年底齐河县有农户数157422户,其中未经营耕地的户数为30581户,也就是有126841户经营有耕地。根据农业农村局的数据,2022年发放实际种植户补贴的对象是9.87万户或10.01万户。但是根据我们团队所做的农民生活来源调查,在一个村的常住户数中,实际种粮户只有1/3—1/2,将土地转给父母或亲戚种植的情况比较普遍,那么,真正的农业经营户可能在5万—6万户。这个估算在农业农村局的《农经年报》中也可以得到支撑,该年报中统计的第一产业劳动力数量为106626人。有的户只有一个农业劳动力,但大多数还在种地的农户中都有两个劳动力,那么,估算下来的户数也是5万—6万户。如果按照承包耕地总共100万亩计算,平均每户的实际经营规模在16—20亩,如果去掉大户,普通

第六章 让齐河农耕文明展现新的魅力

农户的实际经营规模在 10—15 亩,农民亦工亦耕,在城乡两栖的过程中维持家庭的运转。这是一种"农民的适度规模"。

就适量和适度的规模化经营而言,齐河县目前的情况还不够明朗。在实地调研中,在政府文件中,有一个数据表明目前全县的流转率达到 30%,但不清楚这是否包括了未签合同的流转。根据调研的情况来看,如果把未签合同的流转也计算在内,流转率就达到了 60% 左右。如果只计算流转给 50 亩以上的大户,那么,流转率可能不会超过 15%。县政府提出的目标是全县适度规模经营的面积达到 65%。问题在于两个方面:一是农民自己确定的适度规模是否也算是一种适度规模。二是规模化集中之后,经营依然可能是不稳定的。比如,齐河县 100 亩以上的种粮大户,2014 年新增 108 户,达到 157 户;2015 年又新增 102 户,总数还是 157 户;2016 年达到 207 户;2017 年又下降到 183 户;2018 年下降到 155 户。相比而言,50 亩以上的大户的数量增长比较稳定,2018 年年底 50 亩以上的种粮大户有 510 家,2019 年达到 633 户,到 2021 年年底上升到 747 户。总的来看,如果不是依托财政补贴硬性推进,社会和市场本身也会遏制过快的规模化经营。也就是说,存在一些土地流转适量化和适度化的内生机制。

就大中小的搭配而言,齐河县做得比较成功,但是也很曲折。齐河县大力发展了农业社会化服务组织。2014 年经营性服务组织 168 家,服务面积 100 万亩;2021 年经营性服务组织达到 486 家,服务面积 880 万亩。农业经营风险不小,农业企业发展的起伏也比较大。自 2014—2018 年,全县农业龙头企业的数量分别是 212 家、230 家、248 家、256 家、267 家。规模以上的农业企业在 2016 年达到 215 家,但疫情和总体经济形势对农业企业的打击很大。到2021年年底,全县农业企业总数只剩下125家,其中规模以上企业只有39家。到2022年年底,情况有所好转,全县农业企业总数达到150家,其中规模以上企业39家,市级以上龙头企业41家。

从以上的数据来看,齐河县的地权稳定性如同全国各地,形势还不明朗。对种粮食来说,由于它按季节种植,受到地权稳定性的影响比较小,对小规模农户来说,更是如此。那么,我们又如何看待大规模农户对地权稳定性的要求呢?从调研的情况来看,对种粮食来说,规模的大小更多的是一种土地收益的分配,很难说规模化经营就可以带来增产。从经营过程来看,决定粮食单产的主要因素是劳动力的素质尤其是责任心,一旦规模过大,就必须雇佣他人,这个被雇佣的人的责任心就很关键,但这恰恰是很难保障的。如果我们把经营类型区分为以下六种:

(1)一般素质农户的小规模经营(15亩左右);(2)较高素质农户的小规模经营(15亩左右);(3)一般素质经营主体的较大规模经营(200亩以内);(4)较高素质经营主体的较大规模经营(200亩以内);(5)较高素质主体的超大规模经营(超过200亩),其中的示范田;(6)较高素质主体的超大规模经营(超过200亩),其中的非示范田。

那么,实际单产的水平很可能是这样的排序:E≥B≥D>A>C>F。也就是说,敢于进行超大规模流转的经营主体,依靠自己的技术水平、管理水平和各种投入,确实有能力创造出最高水平的单产,但这只限于示范田。他们其实也很难将这种水平扩展到自己经营的全部耕地上,一旦他需要雇佣人,这个被雇佣的人的素质如果不能和雇主同等,其管理水平就无法保障,往往还不如种自己土地的普通农户。因此,如果从确保单产的角度来看问题,应该是选择 B、D、A 这三种经营形式比较有效率,但由于 D 是可遇不可求的,也一定会捎带上不少 C 类经营形式。至于 E 和 F 都不值得鼓励。

在一个良好的社会环境中,流入流出都是常事,如果价格合适,想流入就能够流入,想流出就能流出,签订的合同能算数,这就是理想境界。曾经有很多人担心"将来谁种地",从齐河县的情况来看,这个未必是一个真问题。真问题更可能是地好不好种,如果中国的耕地都有齐河县这样的农田水利条件,那么我们不用担心没有人种地。没有人力,还有机械力,甚至还有机器人。即使是前述的超大规模的流转,如果没有财政的硬性补贴,它在经营失败之后,也还是会退出或部分退出耕地,调整自己的经营规模。因此关于农业生产关系和上层建筑,真正重要的问题是这样三个方面:

首先是政府是否组织好了农田水利建设;其次是在耕地流转过程中,双方是否自愿协商且签订了合同,司法系统是否尊重该合同;最后是各级政府是否能自觉地避免"垒大户"的做法。

如何在集体土地所有制下实现经营权的适当稳定,这是一个需要各个地方一起探索的大问题。实际上,任何合法的经营权,无论是承包所得、流转所得,还是继承所得,都应该得到尊重。只有这样,才能释放土地的生产力。

二、农业产业的百花齐放

当前,齐河县农业产业越来越重视品牌建设。经过疫情的洗礼,2022 年年底时,齐河县全县依然新增无公害农产品 11 个,"三品一标"(无公害农产品、绿色食品、有机农产品和农产品地理标志)达到 76 个。又筛选第二批"黄河味道"授权企业 12 家,旗鲁农业、伊康入选第四批"德州味"区域公用品牌,"海特尔(山东)果业集团有限公司海特尔牌果饮果酱"和"齐河强筋小麦"入选第七批省知名农产品企业产品品牌和区域公用品牌,圣喜酱牛肉、康瑞金针菇、鼎泰沣梨入选2021年度"德州味"30个最具影响力特色产品名单。

目前,全县拥有"黄河味道"授权企业56家,"德州味"授权企业13家,农产品企业产品品牌7个,省知名区域公用品牌1个。圣喜、如康、宏康、硒旺农牧入围首批省优质特色畜产品企业名录。新增2个省级农业产业强镇(祝阿镇肉牛、安头乡五彩花生),累计4家;新增14个省级"一村一品"示范村,累计60个。

即使在粮食产业内部,也还可以深挖,并不限于小麦和玉米。2020年,齐河县藜麦种植成功。藜麦被联合国粮农组织研究认为是全球唯一一种单体植物即可满足人体基本营养需求的"全营养食品",国际营养学家称它是丢失的远古"营养黄金""超级谷物""未来食品"。此后,齐河县加大农业种植结构调整力度,统筹推进藜麦高产优质育种、规模化种植。目前,已在宣章屯镇、晏城街道、刘桥镇、祝阿镇、焦庙镇等地完成规模化种植4500亩。可以设想,"齐河藜麦"也很有希望成为一个新的齐河品牌。

即使是小麦或玉米,也并非就只有一种品种。齐河县的小麦实施统一供种,多年统一供种的也不是只有一种。齐河县主打的小麦品种是济麦22,这是一种中筋小麦。但齐河县一直希望做到产量与品质的协调,努力推广一定面积的强筋小麦的种植。2017年推广种植强筋小麦10.7万亩,到2018年时减少到5.5万亩,通过不断努力,在2021年时,扩大到7万亩。这才终于在2022年实现了齐河强筋小麦入选第七批省知名农产品企业产品品牌和区域公用品牌。

我们到宣章屯镇姚庄村调研的时候,走进了一个挺特别的院落,这是参与藜麦种植的一个企业家租住的院落,同住的还有这个企业家的老母亲。他们住在这里,将院子改造成了一个社区养老服务机构,设置了一个免费的老年食堂。原则上是65岁以上的老人才可以来吃饭,但实际上不到这个年龄也可以来,不是这个村里的老人也可以。这就是农业企业的特点,它具有更深的在地性,一定要和周围的社区处理好关系。看来,农业企业不仅能促进产业发展,也能促进社区建设。更有趣的是,这个企业家是个浙江人,我们没有想到在齐河县的乡村深处还能遇到一个浙江的企业家,这说明浙江的企业家确实善于经营和积极经营。同时也说明了齐河县的经营环境合适,能够吸引到远方的客人。可以相信,齐河人凭着自己的良田沃土和淳朴民风,一定能吸引越来越多的人来到齐河县的乡村,发展出千姿百态的农业产业。

在《中庸》中写道:"天地之道,可一言而尽也。其为物不贰,则其生物不测。"其中的"不贰"指的是心思专诚,不是三心二意。天地之道,无处不在,就农业而言,就显得直接明了。天地不二,这是天地对人的启发,人也应该原天地之美而达万物之理。如果人做事情也能如一不二,那么就一定能不断地提高做事情的境界。对农业来说,只要人心专诚,就一定能把农业做好,做到百花齐放。

参 考 文 献

1.白美妃:《撑开在城乡之间的家——基础设施、时空经验与县域城乡关系再认识》,《社会学研究》2021年第6期。

2.德州市统计局:《2022德州统计年鉴》,2023年1月28日。

3.德州市统计局:《德州市第三次农业普查综合资料》,2018年6月21日。

4.[美]杜赞奇:《文化、权力与国家:1900—1942年的华北农村》,王福明译,江苏人民出版社1996年版。

5.费孝通:《乡土中国》,生活·读书·新知三联书店1985年版。

6.费孝通:《乡土中国·生育制度》,北京大学出版社1998年版。

7.国家统计局:《中国统计年鉴》(1981—2020),中国统计出版社对应年版。

8.国家统计局:《第三次全国农业普查主要数据公报》,2017年12月16日。

9.[美]何炳棣:《明初以降人口及其相关问题:1368—1953》,

葛剑雄译,上海三联书店 2000 年版。

10.黄佩民、孙振玉、梁艳:《农业社会化服务业与现代农业发展》,《管理世界》1996 年第 5 期。

11.黄宗智:《长江三角洲小农家庭与乡村发展》,中华书局出版社 1992 年版。

12.黄忠怀:《明清华北平原村落的裂变分化与密集化过程》,《清史研究》2005 年第 2 期。

13.黄忠怀:《从聚落到村落:明清华北新兴村落的生长过程》,《河北学刊》2005 年第 1 期。

14.侯旭东:《北朝村民的生活世界》,商务印书馆 2005 年版。

15.姜波:《文化宗族对乡村治理的影响研究》,福州大学 2015 年博士学位论文。

16.金其铭:《中国农村聚落地理》,江苏科学技术出版社 1989 年版。

17.欧阳静:《简约治理:超越科层化的乡村治理现代化》,《中国社会科学》2022 年第 3 期。

18.齐河县地方志编纂委员会:《齐河县农业志(1949—2010)》,齐河地方志办公室 2014 年版。

19.山东省统计局:《山东省统计年鉴——2022》,2022 年 12 月 28 日。

20.山东省统计局:《山东省第三次农业普查主要数据公报》,2018 年 2 月 3 日。

21.陶颖怡:《"过密化"与去"过密化":中国农业变迁的一个解释框架》,《南昌大学学报(人文社会科学版)》2011 年第 1 期。

22.王玉斌、李乾:《农业社会化服务发展的国际经验》,《农民日报》2022年3月26日。

23.吴毅:《村治变迁中的权威与秩序——20世纪川东双村的表达》,中国社会科学出版社2002年版。

24.熊万胜:《聚落的三重性:解释乡村聚落形态的一个分析框架》,《社会学研究》2021年第6期。

25.熊万胜:《协调乡村基本治理单元规模与形态》,《中国社会科学报》2017年6月7日。

26.熊万胜:《郊区社会的基本特征及其乡村振兴议题——以上海市为例》,《中国农业大学学报(社会科学版)》2018年第35期。

27.熊万胜、徐慧:《技术整合:数字技术推动行政村社区整合的机制研究》,《社会科学》2022年第3期。

28.杨懋春:《一个中国村庄山东台头》,江苏人民出版社2001年版。

29.叶露、黄一如:《新中国成立后乡村营建与设计介入的关联性研究》,《新建筑》2020年第5期。

30.张玉华:《黄河粮仓:齐河县粮食高产创建纪实》,现代出版社2016年版。

后　　记

本书系共计6本。除总论外,从"地、技、义、利、人"五个维度展开深入研究,分别对应"藏粮于地""藏粮于技""政府责任""农民利益"以及"农耕文明"的目标与愿景。本研究以齐河县为代表的山东省县域实践为样板范例和研究对象,对县域整建制、大规模提升粮食单产,保障国家粮食安全的措施、方法、逻辑和机制进行了全面而系统的探讨。通过实证研究,得出了具有启发性的理论与政策层面的结论,期望能为进一步夯实国家粮食安全根基贡献力量,同时也作为山东省扛起农业大省政治责任、打造乡村振兴"齐鲁样板"的一项系统性理论成果。

本项研究于2023年年初正式启动。研究团队在德州市齐河县开展了长时间、大规模的实地调研,并多次召开研讨会和论证会,对观点进行提炼,对提纲进行整理与完善。研究和撰写工作主要由来自中国人民大学、北京师范大学、华东理工大学和中共山东省委党校(山东行政学院)的学者承担。在此过程中,研究得到了中共山东省委党校(山东行政学院)、山东省农业农村厅领导同志以及德州市、齐河县党政领导同志的鼎力支持,为调研工作提供了良好条件;农业专家、种粮农户以及粮食产业链上的各类市场主体给予了我们很大的帮助,为研究提供了丰富的资料和专业建议;人民出版社经济与管理编辑部主任郑海燕编审为本书系的出版付出了诸多心血,提供了大力支持。在此,我们一并表示衷心的感谢。

2024年5月,习近平总书记在山东考察期间,明确提出要求山东建设更高水平的"齐鲁粮仓"。本项研究及本书系的出版,正是贯彻落实习近平总书记重要指示精神的具体实践。在炎热酷暑下,我们深入村落、走访农户,与基层干部、科研人员、农户促膝交流、彻夜长谈,细致查阅各类文献资料、认真研读各级政策文件,正是在这些深入实践、融入实践的过程中,我们对之前学习过的理论知识、政策要求、指示精神有了切实、具体、触达心灵的理解与感悟。如今,在本书系出版之际,回顾2023年研究启动时的场景,我们更加深刻地体会到"把论文写在祖国大地上"的内涵与价值。

本书系献给为保障国家粮食安全不懈奋斗、默默奉献的劳动者们!

策划编辑：郑海燕
责任编辑：孟　雪
封面设计：牛成成
责任校对：周晓东

图书在版编目(CIP)数据

黄河下游新农耕文明的齐河样态 / 熊万胜，孙德奎著． --北京：人民出版社，2025.6． -- ISBN 978－7－01－027316－7

Ⅰ．F329.524

中国国家版本馆 CIP 数据核字第 20253VS149 号

黄河下游新农耕文明的齐河样态
HUANGHE XIAYOU XIN NONGGENG WENMING DE QIHE YANGTAI

熊万胜　孙德奎　著

人 民 出 版 社 出版发行
（100706　北京市东城区隆福寺街 99 号）

中煤（北京）印务有限公司印刷　新华书店经销
2025 年 6 月第 1 版　2025 年 6 月北京第 1 次印刷
开本：710 毫米×1000 毫米 1/16　印张：18.75
字数：220 千字
ISBN 978－7－01－027316－7　定价：92.00 元

邮购地址 100706　北京市东城区隆福寺街 99 号
人民东方图书销售中心　电话 （010）65250042　65289539

版权所有·侵权必究
凡购买本社图书，如有印制质量问题，我社负责调换。
服务电话：(010)65250042